Jürgen Mies

Wetter

Jürgen Mies

Wetter

Motorbuch Verlag Stuttgart

Einbandgestaltung: Johann Walentek

ISBN 3-613-01755-5

1. Auflage 1996

Copyright 1996 by Motorbuch Verlag, Olgastraße 86, 70180 Stuttgart
Ein Unternehmen der Paul Pietsch-Verlage GmbH & Co.
Sämtliche Rechte der Speicherung, Vervielfältigung und Verbreitung sind vorbehalten.

Produktion: Air Report Verlag, 64739 Höchst
Gesamtbearbeitung: Peter Bachmann, 64739 Höchst
Druck und Bindung: Konrad Triltsch, 97070 Würzburg

Printed in Germany

Die Informationen und Daten in diesem Handbuch sind von Autor und Verlag sorgfältig erwogen und geprüft. Dennoch kann eine Garantie für Richtigkeit und Vollständigkeit nicht übernommen werden. Eine Haftung des Autors bzw. Verlags und seiner Beauftragten für Personen-, Sach- und Vermögensschäden ist ausgeschlossen.
Wir danken dem Deutschen Wetterdienst, Offenbach, für die freundliche Unterstützung und das zur Veröffentlichung überlassene Bildmaterial.

Inhalt

Vorwort 11

1. Grundlagen

Die Atmosphäre 14
    Zusammensetzung der Luft 14
    Vertikaler Aufbau der Atmosphäre 14
    Die Standardatmosphäre 15
    Luftdichte und Sauerstoff 15
Die Temperatur 16
    Die Temperatureinheiten 16
    Temperaturunterschiede 17
        Täglicher Temperaturgang 17
        Jahreszeitlicher Temperaturverlauf 18
        Temperaturänderungen mit der geographischen Breite 18
        Temperaturänderungen mit der Topographie 18
        Temperaturänderungen mit der Höhe 21
Luftdruck und Höhenmessung 22
    Luftdruck 22
        Das Quecksilber-Barometer 22
        Das Aneroid-Barometer 23
        Druckeinheiten 23
        Luftdruck an einem bestimmten Platz 24
        Druckunterschiede durch Höhe und Temperatur 24
        Luftdruck in Meereshöhe 25
        Analyse des Luftdrucks am Boden 26
        Ermittlung der Wetterdaten 27
        Vorsicht vor „Bauernregeln"! 28
    Höhenmessung 28
        Die wahre Höhe 28
        Die angezeigte Höhe 28
        Korrigierte Höhe 29
        Druckhöhe 31
        Dichtehöhe 32

2. Wind

Konvektion 37
Druckgradientkraft 37
Corioliskraft 38

Allgemeine Zirkulation 41
    Konvergenz und Divergenz 44
Reibung 45
Strahlstrom 47
Lokale Windverhältnisse 47
    Berg- und Talwind 47
    Fallwind 47
    Land- und Seewind 48
Windscherung 50
Wind und Drucksysteme 50

3. Feuchtigkeit, Wolkenbildung, Niederschlag

Wasserdampf 54
    Relative Feuchtigkeit 54
    Taupunkt 54
    Lufttemperatur/Taupunkt-Differenz 54
Zustandsänderungen 57
    Latente Wärme 57
    Kondensationskerne 57
    Unterkühltes Wasser 58
    Tau und Reif 59
Wolkenbildung 59
    Abkühlungsvorgänge 59
    Wolken und Nebel 59
Niederschlag 60
    Anwachsen der Wasser- und Eispartikel 60
    Flüssig, gefrierend und gefroren 61
    Niederschlag in Abhängigkeit von der Schichtdicke der Bewölkung 61
Wirkungen von Land und Wasser auf die Wolkenbildung 61

4. Stabile und labile Luftschichten

Veränderungen bei aufsteigenden und absteigenden Luftmassen 66
    Ungesättigte Luft 66
    Gesättigte Luft 67
Stabilität und Labilität 68
    Wie stabil oder instabil ist die Luft? 68
    Wolken in stabiler und labiler Luft 68
    Stratiforme Wolken 68
    Cumuliforme Wolken 70
    Ineinanderfließen von stratiformer und cumuliformer Bewölkung 71

5. Wolken

Wolkenbezeichnungen 74
    Hohe Wolken 74
    Mittelhohe Wolken 75
    Tiefe Wolken 75
    Wolken mit großer vertikaler Ausdehnung 76

6. Luftmassen und Fronten

Luftmassen 86
    Veränderungen innerhalb der Luftmassen 86
        Erwärmung von unten 86
        Abkühlung von unten 86
        Aufnahme von Wasserdampf 86
        Abgabe von Wasserdampf 87
    Stabilität 87
    Temperatur 87
    Taupunkt 87
    Wind 87
    Druck 87
Fronten 88
    Kaltfront 88
    Warmfront 88
    Stationäre Fronten 89
    Wellen und Okklusion 90
    Entstehung und Auflösung von Fronten 93
    Wetter an einer Front 93
    Instabilitätslinien 96
    Fronten und Flugplanung 96

7. Turbulenz, Vereisung, Gewitter und Sichtprobleme

Turbulenz 100
    Konvektion 100
    Hindernisse im Wind 102
        Gebirgswellen 105
        Fliegen im Gebirge 106
    Windscherung 109
        Windscherungen bei einer bodennahen Inversion 109
        Windscherung an einer Front 110
    Turbulenz bei Wirbelschleppen 110
Vereisung 114
    Strukturelle Vereisung 115

Klareis	115
Rauheis	116
Komplexe Vereisung (Mischung von Rauh- und Klareis)	116
Vereisung der Ansaugsysteme	117
Vereisung der Instrumente	117
Vereisung und Wolkenarten	118
Andere Vereisungsursachen	119
Fronten	119
Geländebeschaffenheit	119
Jahreszeiten	121
Vereisung am Boden	121
Rauhreif	121
Gewitter	123
Wo und wann entstehen Gewitter?	123
Ursachen für Gewitterbildung	123
Das Innenleben einer Gewitterzelle	124
Lebenslauf eines Gewitters	124
Größe eines Gewitters	125
Stärke des Gewitters	126
Luftmassengewitter	126
Frontengewitter	126
Böenlinien	126
Auswirkungen bei einem Gewitter	127
Turbulenzen	127
Vereisung in einem Gewitter	128
Hagel	130
Niedrige Wolkenuntergrenze und Sichten	130
Wirkungen auf den Höhenmesser	130
Elektrizität im Gewitter	130
Blitz	130
Statische Aufladung und Niederschlag	131
Gewitter und Radar	131
Sichtprobleme	135
Nebel	135
Strahlungsnebel	135
Advektionsnebel	137
Nebel durch Hangaufwind	139
Nebel durch Niederschlag	139
Eisnebel	139
Tiefer Stratus	139
Dunst, Rauch und Staub	139
Sichtbehinderungen durch Verwehungen	141
Niederschlag	142

8. Wetterinformationen und Wetterberatung

World Area Forecast Centres (WAFCs) 146
Regional Area Forecast Centres (RAFCs) 146
National Meteorological Centres (NMCs) 146
Flugmeteorologische Betreuung in Deutschland 146
Wetterschlüssel und Wettersymbole 147
    Bodenwetterkarte 147
        Synoptische Beobachtungen 147
        Spezielle Beobachtungen für die Luftfahrt 148
        Stationskreis 150
        Symbole der Bodenwetterkarte 150
    Significant Weather Chart (SWC) 153
Flugwetterberatung des DWD für die Allgemeine Luftfahrt und den Luftsport 162
    Allgemeines 162
AFWA/GAFOR 163
    Flugwetterberatung über Anrufbeantworter 163
    GAFOR-Einstufungen 163
    GAFOR-Tabellen 165
Mailboxverfahren pc_met 166
    Technische Voraussetzungen 166
    Datentransfer und Kosten 168
    pc_met Software 168
    pc_met Dateiauszüge 169
        Allgemeine Flugwetterübersicht 169
        AFWA/GAFOR 169
        TAF 170
        Stationsmeldungen 170
        AIRMET/SIGMET 171
Bildschirmtext (T-Online/BTX) 172
Telefax 173
    IFR-Programm 173
    VFR-Programm 173
PID - Privater Informationsdienst 174
    Segelflugwetterberichte 174
    Ballonwetterberichte 174
    Flugwetter GAFOR-Gebiete 175
Telefonische Flugwetterberatung 175
INFOMET-Service 176
    GAMET und AIRMET 176
VOLMET (Flugfunk) 178
Internet - World Wide Web 179
    Internet-METAR (Auszug) 179
    Internet-TAF (Auszug) 179

9. Anhang

Prüfungsübersicht Meteorologie 182
    Grundlagen 182
    Meteorologische Beobachtungen und Messungen 182
    Synoptische Meteorologie 182
    Flugmeteorologie 182
    Meteorologische Information und Dokumentation 182
Fragenkatalog Meteorologie 183
Lösungen 214
Abkürzungsverzeichnis 215
Anschriften 219
Literaturverzeichnis 221
Der Autor 222

Vorwort

Dieses Handbuch ist gedacht für die Teilnehmer an der Allgemeinen Luftfahrt, aber auch für die vielen Interessenten, die sich mit Wetter befassen und einen schnellen, jedoch gründlichen Einblick in das Flugwetter erhalten möchten.

Im Vordergrund dieses Handbuches stand das Bemühen, komplizierte meteorologische Vorgänge allgemeinverständlich zu beschreiben, so daß selbst der Laie ohne komplizierte wissenschaftliche Formeln in die meteorologische Praxis einsteigen kann. Informative Zeichnungen und Abbildungen erleichtern das Verständnis der Wetterphänomene zusätzlich.

Die gründliche Kenntnis der meteorologischen Vorgänge in der Atmosphäre ist für jeden Piloten lebenswichtig. Deswegen behandelt dieses Handbuch das Thema „Wetter" pragmatisch und setzt es in ständige Beziehung zur praktischen Flugdurchführung und Flugsicherheit. Allerdings kann dieses Handbuch keine Anleitung sein, unter welchen Wetterbedingungen geflogen werden darf und wie ein Flugzeug in bestimmten Wetterlagen zu manövrieren ist. Jeder Pilot muß selbst entscheiden, was er sich und seinem Flugzeug zumuten kann.
Er muß lernen, bereits vor dem Flug Wetterlagen zu analysieren und während des Fluges kritische Wettersituationen rechtzeitig zu erkennen und zu vermeiden. Dieses Handbuch soll dabei helfen.

Der vorliegende 6. Band schließt vorläufig die Privatpiloten-Bibliothek ab. Bedanken möchte ich mich bei Peter Bachmann, der diesen Band „Wetter" vor dem Hintergrund seiner schon vor Jahren verfaßten Wetter-Handbücher völlig neu erstellt und an die Privatpiloten-Bibliothek angepaßt hat.

Höchst, im Oktober 1996

Jürgen Mies

Kapitel 1
Grundlagen

Die Atmosphäre

Der Zustand der Atmosphäre, das Wetter, beeinflußt erheblich unseren Tagesablauf und unsere persönlichen Lebensgewohnheiten. Im Grunde wird unser gesamtes Leben vom Wetter bestimmt. In vielen Bereichen lassen sich Kompromisse zwischen Wetter und Lebensgewohnheiten finden, in der Fliegerei jedoch ist die Beziehung zum Wetter kompromißlos eng.

Da unsere ruhelose Atmosphäre in ständiger Bewegung ist, zeigt sich das Wettergeschehen meistens nicht programmgemäß. Trotz aller Bemühungen, das Wettergeschehen mit moderner Technologie „in den Griff" zu bekommen, bleibt es doch immer unberechenbar. Dies zeigt sich nicht zuletzt darin, daß selbst kurzfristige Wetterprognosen ausgesprochen schwierig sind und häufig fehlschlagen.

Im folgenden Abschnitt wird zunächst die Atmosphäre in ihrer Zusammensetzung und Struktur behandelt.

Zusammensetzung der Luft

Luft ist eine Mischung von verschiedenen Gasen. In trockenem Zustand enthält sie ca. 78 Vol.-% Stickstoff, 21 Vol.-% Sauerstoff. Edelgase (Helium, Argon, Neon) und Kohlendioxid sowie andere Gase ergänzen mit etwa 1 Vol.-% das Gasgemisch (Abb. 1).

Allerdings ist die Luft niemals vollständig trocken - dies kann allenfalls unter Laborbedingungen erreicht werden. Luft enthält mehr oder weniger Wasserdampf in einer Menge zwischen 0 Vol.-% und 5 Vol.-%. Je nach prozentualem Anteil des Wasserdampfes ist der Anteil der anderen Gase entsprechend höher oder niedriger.

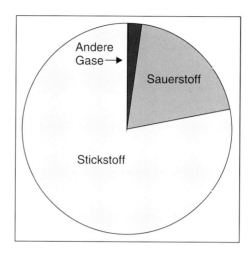

Abb. 1: Zusammensetzung der trockenen Atmosphäre. Sie enthält ungefähr 78 Vol.-% Stickstoff, 21 Vol.-% Sauerstoff und 1 Vol.-% andere Gase. Ist Wasserdampf zusätzlich vorhanden, ändern sich die Werte entsprechend. Wasserdampf hat einen Anteil zwischen 0 Vol.-% bis ca. 5 Vol.-%.

Vertikaler Aufbau der Atmosphäre

In Abbildung 2 ist die Schichtung der Atmosphäre zu sehen. In der Troposphäre spielt sich der größte Teil des Wettergeschehens ab. Geflogen wird vorwiegend in der Troposphäre und in der unteren Stratosphäre.

Die Troposphäre reicht von der Erdoberfläche bis zu einer durchschnittlichen Höhe von etwa 11 Kilometern. Innerhalb dieser Schicht sinkt mit steigender Höhe die Temperatur. Die Obergrenze der Troposphäre ist nicht einheitlich. Sie ist abhängig von der geografischen Breite und den Jahreszeiten und kann von etwa 20.000 Fuß über den Polen bis zu 65.000 Fuß über dem Äquator reichen. Im Sommer ist sie höher als im Winter.

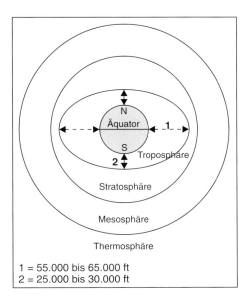

1 = 55.000 bis 65.000 ft
2 = 25.000 bis 30.000 ft

Abb. 2: Schichtung der Atmosphäre auf der Grundlage der Temperatur.

Die obere Grenze der Troposphäre nennt man Tropopause. Dies ist eine sehr dünne Schicht, die den Übergang zwischen der Troposphäre und der Stratosphäre markiert.

Die Stratosphäre ist durch relativ geringe Temperaturänderungen mit steigender Höhe gekennzeichnet. Ausgenommen hiervon ist der obere Bereich, in dem die Luft wieder etwas wärmer ist.

Die Standardatmosphäre

Um vergleichbare Aussagen über Leistungswerte eines Flugzeuges machen zu können, muß man zwangsläufig die Bedingungen, unter denen diese Leistungswerte ermittelt werden sollen, standardisieren. Man entwickelte für die Luftfahrt eine Art DIN, die unter dem Begriff Standardatmosphäre bekannt ist. Um zu solchen Standardwerten zu kommen, waren allerdings einige „Winkelzüge" erforderlich. Um die Standardwerte näherungsweise zu bestimmen, mittelte man alle Daten, die in der Atmosphäre in allen geografischen Breiten, zu allen Jahreszeiten und in allen Höhen vorkommen. Das Ergebnis waren die Daten der Standardatmosphäre mit auf Meereshöhe bezogenen Temperatur- und Druckwerten und mit festgelegten Veränderungsquoten der Temperatur und des Druckes in den verschiedenen Höhen.

Nach diesen Standardwerten werden z.B. Höhenmesser geeicht und Leistungsdaten von Flugzeugen ermittelt. Im weiteren Verlauf dieses Handbuches wird häufig auf die Bedingungen der Standardatmosphäre verwiesen.

Luftdichte und Sauerstoff

Luft ist Materie und hat folglich Gewicht. Durch ihren gasförmigen Zustand ist sie komprimierbar. Der Druck, den die Atmosphäre auf die Erdoberfläche ausübt, entsteht durch das Gewicht der Luft darüber. Deswegen ist die Luft in der Nähe der Erdoberfläche erheblich dichter und auch schwerer als die Luft in größeren Höhen.

Die Abnahme der Luftdichte mit steigender Höhe hat auf den menschlichen Körper einen physiologischen Effekt. Die Fähigkeit der Lunge, Sauerstoff zu absorbieren, hängt von dem Eigendruck des Sauerstoffs in dem gesamten Gasgemisch Luft ab. Da die Atmosphäre aus ungefähr 1/5 Sauerstoff besteht, verursacht er folglich 1/5 des Gesamtdruckes. Normalerweise sind unsere Lungen einem Sauerstoffdruck von ungefähr 205 hPa ausgesetzt. Da der Luftdruck mit steigender Höhe abnimmt, verringert sich parallel dazu ebenfalls der Sauerstoffdruck.

Bei Flügen in größerer Höhe reicht nun aufgrund des niedrigeren Sauerstoffdrukkes der lebensnotwendige Sauerstoff für Piloten und Passagiere nicht aus. Ohne Sauerstoffausrüstung an Bord ist in großer Höhe der Höhenrausch (Hypoxia) vorprogrammiert. Hypoxia ist nichts anderes als eine Sauerstoffmangelerscheinung. Sie macht sich zunächst in einem Erschöpfungsgefühl, einer Beeinträchtigung des Sehvermögens und der Urteilskraft bemerkbar und endet schließlich in Bewußtlosigkeit des betroffenen Piloten oder seiner Passagiere.

Vorsicht ist bereits in Höhen um 10.000 Fuß geboten: Falls man sich schläfrig oder leicht müde fühlt, können dies bereits Anzeichen einer Hypoxia sein. Es ist dringend angeraten, in diesem Fall sofort auf eine niedrigere Flughöhe zu sinken. Ganz auf der sicheren Seite ist man aber, wenn bei Flügen über 10.000 Fuß grundsätzlich eine Sauerstoffausrüstung eingesetzt wird. Bei Flughöhen ab etwa 14.000 Fuß ist sogar eine Druckkabine unerläßlich.

Die Temperatur

Im folgenden Text geht es um die Temperatur, einem wichtigen Parameter in unseren meteorologischen Betrachtungen. Die verschiedenen Temperatureinheiten werden beschrieben, Wärme und Temperatur ins Verhältnis gesetzt und Temperaturveränderungen sowohl auf der Erdoberfläche als auch in der Höhe erklärt.

Die Temperatureinheiten

Obwohl 1978 als Temperatureinheit CELSIUS als internationaler Standard (SI-Standard) gewählt wurde, findet man häufig im Luftfahrtbereich - und hier besonders in den angelsächsischen Ländern - die Bezeichnung Fahrenheit. Da sich auch in absehbarer Zeit die Bezeichnung Celsius allein nicht vollständig durchsetzen wird, sollen beide Begriffe erläutert werden.

Für beide Temperatur-Einheiten sind die entscheidenden Bezugswerte der Schmelzpunkt von reinem Eis und der Siedepunkt von reinem Wasser in Meereshöhe. Der Schmelzpunkt von Eis liegt bei 0° C (32 Grad Fahrenheit), der Siedepunkt von Wasser bei 100° C (212 Grad Fahrenheit).

Die Differenz zwischen dem Schmelzpunkt und dem Siedepunkt beträgt in Celsius 100° (Fahrenheit 180 Grad). Das Verhältnis der beiden Differenzen zueinander entspricht 100/180 (0,555).

Mit den beiden folgenden Formeln lassen sich die jeweiligen Temperatureinheiten leicht in die andere umrechnen (C = Celsius, F = Fahrenheit):

$$Celsius = (F - 32) \times 0,555$$
$$Fahrenheit = (C \times 1,8) + 32$$

Mühsame Rechenarbeit kann man sich aber sparen, wenn man über einen elektronischen Flugrechner verfügt. Selbst mit älteren Modellen (rechenschieberähnliche Scheiben) lassen sich beide Temperatureinheiten schnell umrechnen. Meistens genügt ein einziger Tastendruck, um den korrespondierenden Wert zu erhalten.

Die Temperatur wird mit einem Thermometer gemessen. Was bringt eigentlich die Quecksilbersäule in einem Thermometer dazu, entweder zu steigen oder zu sinken? Die Antwort ist einfach: Das Hinzufügen oder Entziehen von Wärme. Wärme und Temperatur sind jedoch nicht dasselbe. Worin besteht also der Unterschied?

Wärme ist eine Energieform. Wenn eine Materie Wärme enthält, zeigt sie eine Eigenschaft, die wir als Temperatur messen. Eine bestimmte Wärmemenge, die von einer Materie absorbiert oder einer Materie entzogen wird, erhöht oder verringert ihre Temperatur. Die Größenordnung dieser Temperaturänderung ist von den besonderen Eigenschaften der Materie abhängig. Jede Materie reagiert bei bestimmten Wärmeänderungen verschieden. Ein Beispiel soll das illustrieren: Angenommen, eine Erd- und eine Wasseroberfläche haben die gleiche Temperatur. Jetzt werden beide um ein bestimmtes Maß erwärmt. Die Erdoberfläche wird sich stärker als die Wasseroberfläche erwärmen. Umgekehrt ist es ebenso: Beim Entzug einer identischen Wärmemenge wird der Erdboden kälter als das Wasser.

Unser Planet Erde erhält von der Sonne Energie in Form von Sonnenstrahlung. Ca. 55% dieser Strahlung werden jedoch von der Erde und ihrer Atmosphäre reflektiert, die verbleibenden 45% werden absorbiert und in Wärme umgewandelt. Die Erde wiederum strahlt aber auch Energie ab. Diesen Strahlungsverlust nennt man terrestrische Strahlung.

Der durchschnittliche Wärmegewinn durch die Sonneneinstrahlung muß dem Wärmeverlust durch die Erdabstrahlung entsprechen, sonst würde die Erde fortschreitend kälter oder wärmer. Dieses Gleichgewicht ist für die gesamte Erdkugel gültig. Allerdings kann es in den verschiedenen Gebieten unserer Erde zu Abweichungen kommen.

Temperaturunterschiede

Die Menge an Sonnenenergie, die von der Erde in den verschiedenen Gebieten absorbiert wird, ist abhängig von der Tageszeit, den Jahreszeiten und der geografischen Breite. Diese unterschiedlichen Sonnenenergiemengen sind u.a. verantwortlich für die Temperaturdifferenzen. Die Temperaturen aber ändern sich auch in Abhängigkeit von der Topographie und der Höhe.

Täglicher Temperaturgang

Die täglichen Temperaturschwankungen werden durch den Wechsel zwischen Tag und Nacht verursacht. Die Erde erwärmt sich während des Tages durch Sonneneinstrahlung und kühlt durch terrestrische Strahlung ab. Während des Tages ist die Sonneneinstrahlung größer als die terrestrische Abstrahlung, und die Erdoberfläche erwärmt sich. In der Nacht gibt es keine Sonneneinstrahlung. Die terrestrische Abstrahlung aber bleibt erhalten, die Erdoberfläche kühlt ab. Dieser Abkühlvorgang hält auch nach Sonnenaufgang so lange an, bis die Sonneneinstrahlung wieder die terrestrische Abstrahlung überwiegt, und die Erwärmung der Erdoberfläche beginnt erneut.

Die niedrigste Tagestemperatur wird gewöhnlich kurz nach Sonnenaufgang gemessen. Dieses für den Laien unerwartete Phänomen ist auch die Ursache dafür, daß sich Nebel häufig kurz nach Sonnenaufgang bildet.

Jahreszeitlicher Temperaturverlauf

Zusätzlich zu der täglichen Erdrotation läuft die Erde einmal pro Jahr in einer Umlaufbahn um die Sonne. Da die Erdachse gegenüber der Umlaufbahn schräg liegt, ändert sich der Winkel der auftreffenden Sonnenstrahlung auf den Erdhalbkugeln mit den Jahreszeiten. In der nördlichen Hemisphäre ist es im Juni, Juli und August wärmer, da dort in dieser Zeit mehr Sonnenenergie als in der südlichen Hemisphäre empfangen wird. Während der Monate Dezember, Januar und Februar ist es umgekehrt. Die Abbildungen 3 und 4 zeigen diese jahreszeitlichen Temperatur-Unterschiede.

Temperaturänderungen mit der geographischen Breite

Unterschiedlich ist auch der Winkel der einfallenden Sonnenstrahlung. Da die Erde im wesentlichen kugelförmig ist, steht die Sonne in einem steileren Winkel über dem Äquator als in höheren Breiten. Die äquatorialen Gebiete erhalten daher die größte Menge an Strahlungsenergie und sind folglich auch am wärmsten. Mit steigenden Breitengraden kommt immer weniger Strahlungsenergie auf die Erdoberfläche, am geringsten ist sie in den Polgegenden. Entsprechend nehmen die Temperaturen vom Äquator zu den Polargebieten ab.

Temperaturänderungen mit der Topographie

Mit der Gestalt oder der Bewegung der Erde haben Temperaturschwankungen, die durch Wasser und durch die Topographie

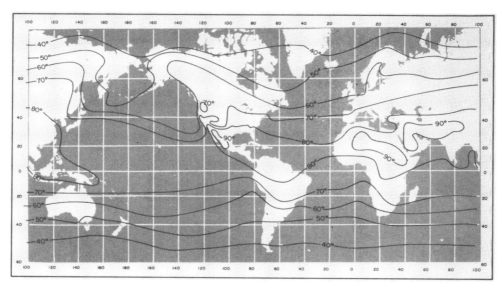

Abb. 3: Durchschnittliche Bodentemperatur im Juli (Angaben in Fahrenheit)

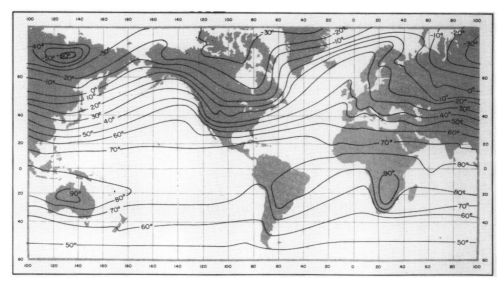

Abb. 4: *Durchschnittliche Bodentemperaturen im Januar. In der nördlichen Hemisphäre herrscht die kalte Jahreszeit, in der südlichen Hemisphäre die warme (Angaben in Fahrenheit).*

der Erde verursacht werden, nichts zu tun. Wasser strahlt Energie mit geringeren Temperaturunterschieden als Landgebiete ab. Über ausgedehnten und tiefen Wasserflächen sind die geringsten Temperaturunterschiede zu finden, über Kontinenten große. Sumpfgebiete (Moore, Marsch u.ä.) entsprechen mit ihren niedrigen Temperaturunterschieden Wasserflächen.

Geringe Temperaturunterschiede gibt es auch in Gebieten mit einer üppigen Vegetation, da hier größere Feuchtigkeitsmengen gespeichert sind, die einen starken Wärmeaustausch zwischen Erdboden und Atmosphäre verhindern. Über trockenem und unfruchtbarem Land findet man dagegen erhebliche Temperaturänderungen. Über felsigen oder sandigen Gebieten liegen in der Regel die Temperaturunterschiede bis zu fünfmal höher als über Wasser, in der Nähe von Küsten oder über Mooren und Sümpfen. Diese topographischen Einflüsse auf die Temperatur sind unabhängig vom Tagesgang oder von den Jahreszeiten.

Zur Veranschaulichung dieses Land/Wassereffektes hinsichtlich der jahreszeitlichen Temperaturveränderungen ein Beispiel:

Im Landesinneren des kontinentalen Nordasiens beträgt die durchschnittliche Temperatur im Juli z.B. 10° C, der Januar-Durchschnitt liegt bei ca. -30° C. Der jahreszeitliche Unterschied ergibt folglich eine Temperaturdifferenz von 40° C.

In der Nähe von San Diego, USA, wirkt sich z.B. dagegen der Pazifische Ozean sehr stark aus: Der Juli hat einen Temperaturdurchschnitt von etwa 21° C, der Januar-Durchschnitt liegt bei 10° C. Die Temperaturdifferenz beträgt ca. 11° C.

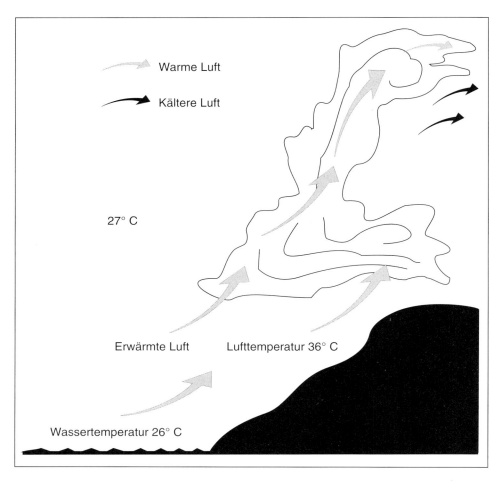

Abb. 5: Temperaturunterschiede erzeugen Luftbewegungen und gelegentlich Bewölkung.

Sprunghafte Temperaturunterschiede gibt es häufig an Küstengebieten. Durch diese Temperaturunterschiede entstehen Druckdifferenzen und lokale Winde. Die Abbildung 5 illustriert diese Vorgänge.

Wenn Winde regelmäßig aus einer ganz bestimmten Richtung wehen, spielen auch sie eine bedeutende Rolle bei der Temperaturregelung.

Weht der Wind beispielsweise vorherrschend aus der Richtung großer Wasserflächen, sind die Temperaturänderungen sehr gering. Aus diesem Grund haben die meisten Inseln relativ konstante Temperaturen. Mit deutlichen Temperaturänderungen muß jedoch gerechnet werden, wenn der Wind aus trockenen, unfruchtbaren Gebieten weht.

Temperaturänderungen mit der Höhe

Da Luft ein hervorragender Isolator ist, wird Wärme von Oberflächen nur langsam in die Höhe abgeleitet. Deswegen ändert sich die Temperatur mit zunehmender Höhe auch nur sehr allmählich, viel langsamer als in Erdbodennähe.

Die Temperatur nimmt normalerweise mit zunehmender Höhe innerhalb der gesamten Troposphäre ab. Diese Abnahme mit der Höhe wird als vertikaler Temperaturgradient bezeichnet. Die durchschnittliche Abnahme der Temperatur beträgt in der Troposphäre 2° C pro 1.000 Fuß. Allerdings ist dies ein Durchschnittswert, einen exakten Wert kann man nicht angeben, da er von vielen Einflüssen abhängig ist.

Unter bestimmten meteorologischen Voraussetzungen kann die Temperatur mit der Höhe in einer bestimmten Schicht auch zunehmen. Diesen Vorgang nennt man Inversion. Hier ist der Temperaturgradient umgekehrt.

Eine Inversion entwickelt sich oft in Erdbodennähe während klarer und kühler Nächte bei leichtem Wind. Der Erdboden strahlt Wärme ab und kühlt viel schneller aus als die darüber liegende Luftschicht. Die Luft, die sich in direktem Kontakt mit dem Erdboden befindet, wird kälter. Die Temperatur der Luft, die ein paar hundert Fuß darüber liegt, ist dagegen nur geringen Änderungen unterworfen. Durch diesen Effekt nimmt die Temperatur mit steigender Höhe zu. Inversionen können in beliebigen Höhen auftreten. Beispielsweise kann auch eine Inversion entstehen, wenn eine warme Luftströmung in der Höhe eine kalte Luftschicht in Bodennähe überlagert. Abbildung 6 zeigt diese beiden Inversionstypen. In der Stratosphäre sind Inversionen häufiger anzutreffen.

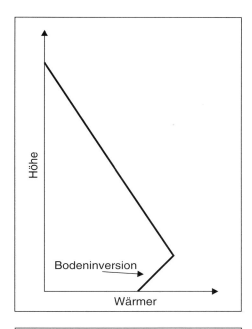

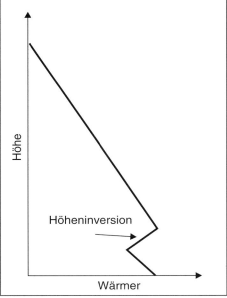

Abb. 6: Umgekehrter Temperaturgradient oder Inversion.

Zusammenfassung

Die Temperatur hat auf die Leistungsdaten von Flugzeugen bestimmte Auswirkungen. In bestimmten Flugkonfigurationen kann sie überaus kritisch die Flugsicherheit gefährden. Nun einige Hinweise über den Einfluß der Temperatur auf flugmeteorologisch relevante Vorgänge:

- Kein Außenthermometer in einem Flugzeug arbeitet genau. Anzeigefehler können beispielsweise entstehen, weil die Sonne unterschiedlich auf den Temperaturfühler einstrahlt. Dies ist bei einem Flugzeug in Parkposition besonders kritisch, wenn die Außentemperatur für die Berechnung der Startstrecke zu ermitteln ist. Während des Fluges bei hoher Geschwindigkeit sind vorrangig aerodynamische Effekte und Reibung die Ursachen von Anzeigeungenauigkeiten.
- Eine hohe Lufttemperatur ist die Ursache für eine geringe Luftdichte und damit für verminderte Leistungsdaten eines Flugzeuges.
- Im Tagesverlauf und auf Grund topographischer Gegebenheiten können Temperaturschwankungen lokale Winde verursachen.
- Die Abkühlung der Luft während der Nacht trägt zur Nebelbildung bei.
- Die Entstehung von stabilen Luftschichten, Wolken, Turbulenz und Gewittern ist abhängig vom Temperaturgradienten.
- Eine Inversion in der Höhe kann die Ursache sein, daß warmer Regen durch darunter liegende kalte Luftschichten fällt. In diesen kalten Luftschichten kann dabei die Temperatur so niedrig sein, daß Vereisungsgefahr entsteht.
- Eine Inversion in Bodennähe begünstigt durch ihre Sperrwirkung schlechte Sichtverhältnisse, da Nebel, Rauch und andere Schwebstoffe in der Luft nicht in die Höhe abwandern können. Man spricht in diesem Zusammenhang von sogenannten austauscharmen Wetterlagen.

Luftdruck und Höhenmessung

Luftdruck

Der Luftdruck ist eine Kraft, die auf eine bestimmte Fläche durch das Gewicht der darüberliegenden Atmosphäre wirkt. Da Luft ein gasförmiger Stoff ist, läßt sie sich nicht mit herkömmlichen Methoden wiegen. Der Physiker Torricelli hat aber schon vor 300 Jahren nachgewiesen, daß man die Atmosphäre wiegen kann, wenn man sie gegenüber einer Quecksilbersäule ins Gleichgewicht bringt. Das Instrument, das er zur Druckmessung entwickelte, ist als Barometer bekannt.

Das Quecksilber-Barometer

Das Quecksilberbarometer, das in seiner Arbeitsweise in Abbildung 7 dargestellt ist, besteht aus einer offenen Schale, die mit Quecksilber gefüllt ist. In diese Quecksilberschale wird das offene Ende eines luftleeren Glasröhrchens getaucht. Der auf dem Quecksilber in der Schale liegende Luftdruck zwingt es, in diesem Glasröhrchen aufzusteigen. In Meereshöhe würde bei diesem Experiment die Quecksilbersäule bis zu einer Höhe von etwa 760 mm steigen. Die Quecksilbersäule dieser Länge ist also genau so schwer wie die Luftsäule gleichen Durchmessers, die von der Meereshöhe bis zur oberen Grenze der Atmosphäre reicht.

Warum wird im Barometer Quecksilber verwendet? Quecksilber ist die schwerste Substanz, die bei normalen Temperaturen flüssig bleibt. Wegen seines Gewichtes wurde es erst möglich, Barometer in einer handlichen Größe zu bauen. Bei Wasser wäre die Barometer-Säule in Meereshöhe über 10 m hoch.

Das Aneroid-Barometer

Die besonderen Merkmale bei einem Aneroidbarometer (Abb. 8) sind eine bewegliche Metalldose und ein Anzeigemechanismus. Die Dose ist teilweise luftleer und zieht sich je nach Druckänderung zusammen oder dehnt sich aus. Ein Ende dieser Dose verformt sich nicht, das andere aber bewegt sich und überträgt diese Bewegung auf den Anzeigemechanismus. Durch bestimmte konstruktive Maßnahmen wird diese Bewegung verstärkt und über einen Hebel auf eine Skala übertragen, die in Druckeinheiten geeicht ist.

Druckeinheiten

Bis vor ein paar Jahren gab es je nach Anwendungszweck und Maßsystem weltweit verschiedene Bezeichnungen für Druckeinheiten.

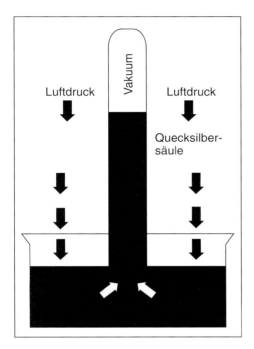

Abb. 7: Das Quecksilber-Barometer. Der atmosphärische Druck drückt Quecksilber aus dem offenen Gefäß in die luftleer gepumpte Glasröhre. Die Höhe der Quecksilbersäule ist ein Maß für den Luftdruck. Zwei Barometertypen werden zur Druckmessung verwendet: Das Quecksilberbarometer und die Aneroiddose.

Abb. 8: Das Aneroid-Barometer. Es besteht aus einer teilweise luftleer gepumpten Metalldose, dem Übertragungsgestänge und einer Anzeigeskala. Die Dose wird zusammengedrückt und expandiert mit wechselndem Druck. Das Übertragungsgestänge führt die Anzeigenadel über eine in Druckeinheiten geeichte Skala.

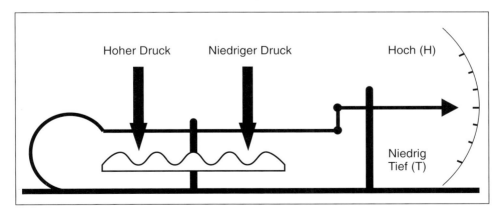

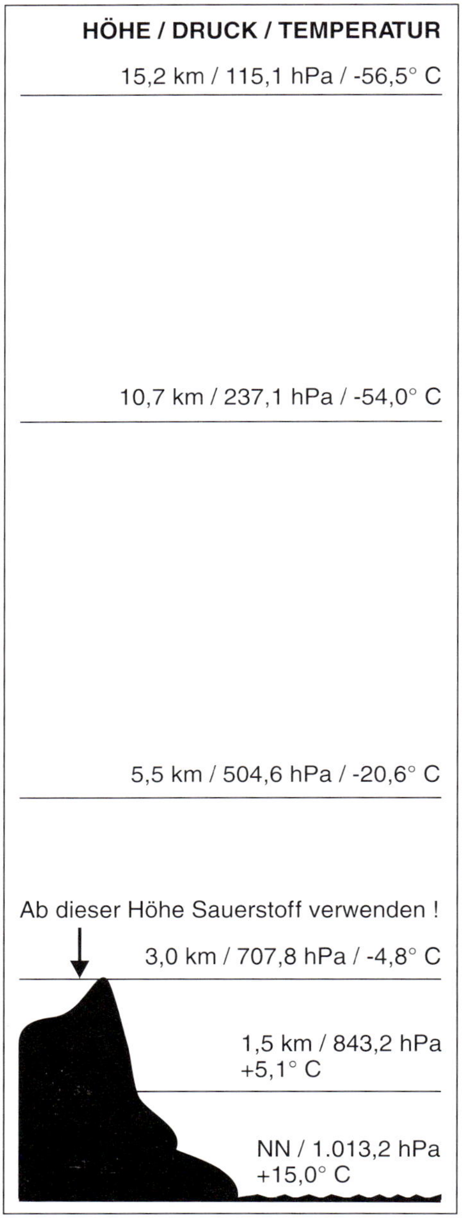

HÖHE / DRUCK / TEMPERATUR

15,2 km / 115,1 hPa / -56,5° C

10,7 km / 237,1 hPa / -54,0° C

5,5 km / 504,6 hPa / -20,6° C

Ab dieser Höhe Sauerstoff verwenden !

3,0 km / 707,8 hPa / -4,8° C

1,5 km / 843,2 hPa
+5,1° C

NN / 1.013,2 hPa
+15,0° C

Abb. 9: Die Standardatmosphäre. Der Druck nimmt mit zunehmender Höhe ab.

Die beiden bekanntesten Druckeinheiten waren Pfund (lbs) pro Square-Inch (in den USA) oder Gramm pro Quadratzentimeter.

Die Bezeichnung Millibar (mb) schließlich beschrieb den Druck exakt als die Kraft, die auf eine bestimmte Fläche einwirkt. Dieses Millibar stellt eine Kraft von 1.000 Dyn (Einheit der Kraft im CGS-System) pro Quadratzentimeter dar. Millibar setzte sich international zwar nicht durch, jedoch fand man schließlich eine Bezeichnung, die uneingeschränkt Verwendung finden sollte: Das Hectopascal (hPa). Ein Hectopascal entspricht einem Millibar.

Luftdruck an einem bestimmten Platz

Der an einer bestimmten Stelle ermittelte Luftdruck gilt nur für diesen Platz. Man nennt diesen Druck den Stationsdruck oder auch den aktuellen Druck. Häufig wird er auch als Luftdruck am Platz bezeichnet. Dieser Druck bezieht sich auf die Höhe der Stelle, an der er gemessen wurde. Der Druck ist in größerer Höhe geringer als in Meereshöhe. Berchtesgaden z.B. hat einen niedrigeren Luftdruck als Frankfurt.

Druckunterschiede durch Höhe und Temperatur

Der Druck ändert sich nicht nur mit der Höhe und der Lufttemperatur, sondern auch durch andere Einflüsse, die wir jedoch hier nicht untersuchen wollen.

Je höher man in der Atmosphäre steigt, um so geringer wird das Gewicht der Luft. Parallel dazu sinkt ihr Druck. In der unteren Troposphäre nimmt der Druck mit ca. 1 hPa pro 8 Meter Höhenzunahme ab. Mit zunehmender Höhe aber sinkt die Rate der Druckabnahme.

Abbildung 9 zeigt die Druckabnahme mit zunehmender Höhe in der Standardatmosphäre. Hier sind bestimmte Temperaturen bestimmten Höhen zugeordnet. In Wirklichkeit jedoch entsprechen die Temperaturen sehr selten einer solchen Festlegung.

Wie die meisten Stoffe dehnt sich Luft bei Erwärmung aus, bei Abkühlung zieht sie sich zusammen. In Abbildung 10 sind drei Luftsäulen dargestellt: Die linke ist wärmer als die Standardtemperatur, die mittlere entspricht ihr genau, die rechte ist kälter.

Es gelten folgende Feststellungen:

- Die Druckwerte am Boden sind gleich. Auch die Druckwerte an den Obergrenzen der Luftsäulen sind identisch. Die Druckabnahme ist bei jeder der drei Säulen von unten nach oben gleich.
- Die wärmere Luftsäule ist höher als die Säule mit Standardtemperatur, die mit der niedrigeren Temperatur ist kürzer.
- Der Druckgradient in der Säule mit der warmen Luft ist geringer als der in der Standardsäule. Der Druckgradient in der Säule mit der kalten Luft ist größer als der Wert in der Standardsäule.

Luftdruck in Meereshöhe

Der Druck variiert mit der Höhe. Deswegen kann man die Druckverhältnisse von verschieden hohen Stationen nicht miteinander vergleichen. Um sie jedoch vergleichbar zu machen, müssen sie auf einen gemeinsamen Nenner gebracht werden.

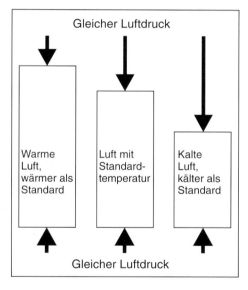

Abb. 10: Drei Luftsäulen zeigen, wie sich die Druckabnahme mit der Temperatur verändert. Die linke Säule ist wärmer, die rechte kälter als der Durchschnitt. Am Boden und am oberen Ende jeder Säule ist der Druck gleich. Der Druck nimmt mit der Höhe schneller in der kalten als in der warmen Luft ab.

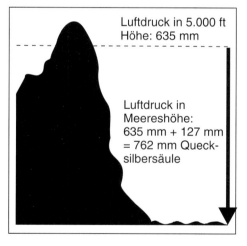

Abb. 11: Reduktion des Stationsdruckes auf Meereshöhe. Der Druck nimmt von der Stationshöhe bis zur Meereshöhe pro 1.000 Fuß um rund 25 mm zu.

Als geeigneter Bezugspunkt bietet sich in diesem Fall die Mittlere Meereshöhe an. In Abbildung 11 beträgt der Druck an einer in 5.000 Fuß Höhe liegenden Station 635 mm Quecksilbersäule. Von der Stationshöhe bis zur Meereshöhe nimmt der Druck nun pro 1.000 Fuß um rund 25 mm zu. Die Addition des Stationsdruckes und der höhenabhängigen Zunahme ergibt:

$$635 \text{ mm} + 127 \text{ mm} = 762 \text{ mm Quecksilbersäule}$$

Analyse des Luftdrucks am Boden

Es wird eine Reihe von Wetterkarten verwendet, um Druckveränderungen nachzugehen. Man zeichnet z.B. den Druck in Meereshöhe in einer Karte ein und verbindet die Orte gleichen Drucks mit Linien. Diese Linien nennt man Isobaren. Die Bodenkarte ist eine Isobarenkarte mit deutlich erkennbaren Druckgebilden. Fünf Drucksysteme werden in Abbildung 12 gezeigt.

Tief
  Ein Tief ist ein Druckzentrum, das auf allen Seiten von höherem Druck umgeben ist. Man nennt es auch Zyklone. Die zyklonale Krümmung ist die Krümmung der Isobaren nach links, wenn sich der tiefere Druck links vom Standort befindet.

Hoch
  Ein Hoch ist ein Druckzentrum, das auf allen Seiten von niedrigerem Druck umgeben ist. Man nennt es auch Antizyklone. Die antizyklonale Krümmung ist die Krümmung der Isobaren nach rechts, wenn der tiefere Druck links vom Standort liegt.

Trog
  Ein Trog ist ein verlängertes Gebiet mit tiefem Luftdruck, bei dem sich der niedrigste Druck entlang einer Linie befindet, welche die maximale zyklonale Krümmung markiert.

Hochdruckrücken
  Ein Hochdruckrücken ist ein verlängertes Gebiet hohen Luftdruckes, bei dem der höchste Druck entlang einer Linie verläuft, welche die maximale antizyklonale Krümmung markiert.

Sattel
  Ein Sattel ist ein neutrales Gebiet zwischen zwei Hochdruckgebieten und zwei Tiefdruckgebieten. Er ist auch der Schnittpunkt zwischen einem Trog und einem Rücken. Der Sattel einer Druckfläche ist vergleichbar mit einem Gebirgspaß in der Topographie.

In Höhenwetterkarten sind gleiche Drucksystemtypen für verschiedene Höhen eingezeichnet. Sie informieren auch über die Temperatur, die Feuchtigkeit und die Windverhältnisse in diesen Höhen. In einer Höhenwetterkarte ist ein konstanter Druck analysiert. Was versteht man darunter?

Nehmen wir als Beispiel einen Luftdruck von 700 hPa. Überall auf der Welt beträgt irgendwann einmal der Luftdruck in irgendeiner bestimmten Höhe 700 hPa.

Wenn man nun diese 700 hPa-Punkte in der Höhe mit Linien verbindet, so entsteht ein „Netzwerk", das wir als Druckfläche bezeichnen. In diesem Fall wäre es die 700 hPa-Druckfläche. Da aber an verschiedenen Meßpunkten unterschiedliche Druckverhältnisse herrschen, ist die Höhe dieser gedachten Fläche nicht konstant. Steigender Luftdruck beispielsweise hebt sie in Hochdruckgebieten an, fallender Druck läßt sie in Tiefdruckgebieten absinken. Diese Drucksysteme wandern wie Wellen auf dieser Druckfläche.

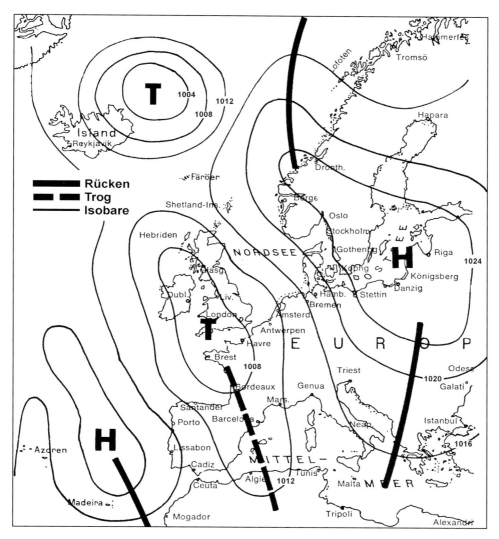

Abb. 12: Drucksysteme.

Ermittlung der Wetterdaten

Neben den modernen Methoden der Wetterbeobachtung mit Satellit führen die Wetterdienste routinemäßig Wetterbeobachtungen in den oberen Luftschichten durch. Dazu verwendet man sogenannte Höhensonden. Ein gasgefüllter Ballon trägt eine Radiosonde in die Höhe. Mit Sensoren werden Meßwerte ermittelt und über einen Sender an die Beobachtungsstation gesendet. Die Meteorologen bestimmen daraus die Windverhältnisse, die Temperatur, die Feuchtigkeit und die Höhe in der ausgewählten Druckfläche.

Solche Beobachtungsdaten werden regelmäßig gesammelt und ausgewertet. Die Höhen einer Fläche gleichen Druckes werden auf einer Karte eingetragen und die Punkte gleicher Höhe mit Linien verbunden. Diese Linien heißen Höhenlinien (Isohypsen, auch Höhenkurven genannt). Was ist nun eine Höhenlinie?

Bei einer topographischen Karte sind verschiedene Erhebungen durch Linien verbunden und dargestellt. Das gleiche Verfahren wird angewendet, wenn man Höhenlinien auf eine Karte gleicher Druckflächen überträgt. Es werden einfach die Höhen der Druckflächen nachgezeichnet. Beispielsweise entspricht die Darstellung einer 700 hPa-Druckfläche einer Höhenlinienkarte mit den Höhen der 700 hPa-Druckfläche. In der Praxis würde eine 700 hPa-Karte einer Wetterkarte entsprechen, die Informationen aus einer Höhe von ungefähr 10.000 Fuß (3.048 m) liefert.

Vorsicht vor „Bauernregeln"!

Oft herrscht in Tiefdruckgebieten schlechtes Flugwetter, in Hochdruckgebieten dagegen sind günstige Flugbedingungen anzutreffen. In der Vorstellung meteorologischer Laien allerdings hält sich seit Jahrzehnten der Irrglaube, in einem Tiefdruckgebiet müsse zwangsläufig schlechtes, in einem Hochdruckgebiet dagegen immer gutes Wetter sein.

Hier ist Vorsicht geboten: Bei unseren mitteleuropäischen Wetterlagen kommt es oft vor, daß z.B. im Zentrum eines Tiefdruckgebietes hervorragendes Wetter mit ausgezeichneten Sichten herrscht. Dies kann man vor allem an der Atlantikküste und im Nord/Ostseegebiet häufig beobachten. Zwar weht dann der Wind wegen der Druckunterschiede sehr heftig, von „Schlechtwetter" kann man jedoch nicht sprechen.

Höhenmessung

Im Prinzip ist ein Höhenmesser ein Aneroid-Barometer. Der Unterschied besteht in der Skalendarstellung. Beim Höhenmesser werden anstelle der Druckeinheiten die umgesetzten Höhenwerte in Meter oder Fuß abgelesen. Höhe ist an sich ein eindeutiger Begriff, der jedem Menschen verständlich erscheint. Aber in der Luftfahrt hat Höhe verschiedene Bedeutungen.

Die wahre Höhe

Da die in unserer Atmosphäre herrschenden Bedingungen nur selten mit der Standardatmosphäre übereinstimmen, ist folglich die angezeigte Höhe oft nicht mit der wahren Höhe identisch, in der sich ein Flugzeug befindet. Die wahre Höhe würde unter den Bedingungen der Standardatmosphäre der genauen Höhe über NN entsprechen.

Die angezeigte Höhe

In Abbildung 10 sind drei Luftsäulen unterschiedlicher Temperatur zu sehen. Die Druckwerte am Boden entsprechen einander, die Druckwerte an den höchsten Stellen der Luftsäulen ebenfalls. Da der Höhenmesser im wesentlichen ein Barometer ist, würde die auf ihm angezeigte Höhe an der obersten Spitze dieser drei Säulen gleich sein. Zur Verdeutlichung sind in Abbildung 13 nochmals 3 Säulen dargestellt.

Die angezeigte Höhe ist abhängig von der Lufttemperatur unter dem Flugzeug. Da der Druck am Boden wie auch am oberen Ende jeder Säule gleich ist, ist auch die angezeigte Höhe auf jeder Säule gleich. Ist die Luft kälter als der Durchschnitt, zeigt der Höhenmesser mehr als die tatsächliche Höhe an, ist sie wärmer, zeigt er weniger als die tatsächliche Höhe an.

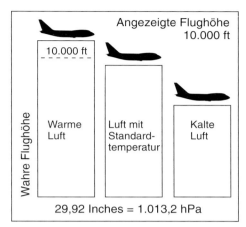

Abb. 13: Die angezeigte Höhe ist abhängig von der Umgebungstemperatur des Flugzeuges. Da der Druck am Boden wie auch am oberen Ende jeder Säule gleich ist, ist auch die angezeigte Höhe auf jeder Säule gleich. Ist die Luft kälter als der Durchschnitt, zeigt der Höhenmesser mehr als die tatsächliche Höhe an. Ist die Luft wärmer als der Durchschnitt, zeigt der Höhenmesser weniger als die tatsächliche Höhe an.

Mit dem Luftdruck verändert sich auch die angezeigte Höhe auf dem Höhenmesser. Mit einer beweglichen Skala kann man den Druck den jeweiligen Druckverhältnissen anpassen. Allerdings hat man in Flugzeugen der Allgemeinen Luftfahrt kaum die Möglichkeit, die Höhenmesser der Durchschnittstemperatur der umgebenden Luft anzugleichen.

Die angezeigte Höhe ist also die Höhe über der mittleren Meereshöhe, wenn der Höhenmesser auf die lokalen Druckverhältnisse eingestellt wurde.

Da die Höhenmesserskala einstellbar ist, kann man sie so justieren, daß sie in einer bestimmten Höhe die wahre Höhe anzeigt. Für einen Piloten ist es sehr wichtig, daß er auf einem Höhenmesser die wahre Höhe, beispielsweise die eines Flugplatzes, ablesen kann. Er muß also z.B. auf einem Flugplatz den Wert einstellen, welcher der tatsächlichen Flugplatzhöhe entspricht.

Abbildung 14 demonstriert die Schwierigkeiten, in die man bei zu sorglosem Umgang mit der Höhenmessereinstellung kommen kann. Man fliegt niedriger als der Höhenmesser anzeigt, wenn der Flug von einem Gebiet mit hohem Luftdruck in ein Gebiet mit niedrigem Luftdruck führt.

In Abbildung 15 ist zu sehen, daß der Höhenmesser beim Flug von warmer in kalte Luft eine zu große Höhe anzeigt. Man ist in dieser Situation niedriger als der Höhenmesser anzeigt. Über flachem Gelände ist dies zwar nicht problematisch. Unter gleichen Bedingungen über gebirgigem Gelände allerdings kann die Differenz zwischen angezeigter und wahrer Höhe so groß sein, daß man auf Kollisionskurs mit Bodenerhebungen ist.

Korrigierte Höhe

Wenn ein Pilot die Durchschnittstemperatur der Luftsäule zwischen seinem Flugzeug und der Erdoberfläche kennen würde, könnte er diese Durchschnittstemperatur bei der Berechnung seiner effektiven Höhe über Grund einbeziehen und käme zu einer relativ genauen Höhenangabe. Er kann jedoch nur die Temperatur ermitteln, die außerhalb seines Flugzeuges in der ihn umgebenden Luft herrscht. Korrigiert er die angezeigte Höhe um diesen Temperaturwert, kommt er zu einer genaueren Höhenangabe. Diese Korrektur basiert auf der Abweichung der festgestellten Temperatur von der Temperatur der Standardatmosphäre. Man spricht bei der so errechneten Höhe von der berichtigten Höhe.

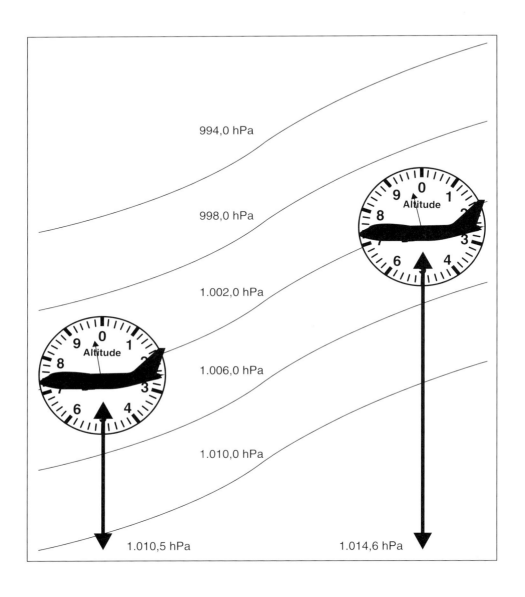

Abb. 14: Bei einem Flug von einem Gebiet mit hohem Luftdruck in ein Gebiet mit tiefem Luftdruck verliert man ohne Nachstellen des Höhenmessers Höhe.

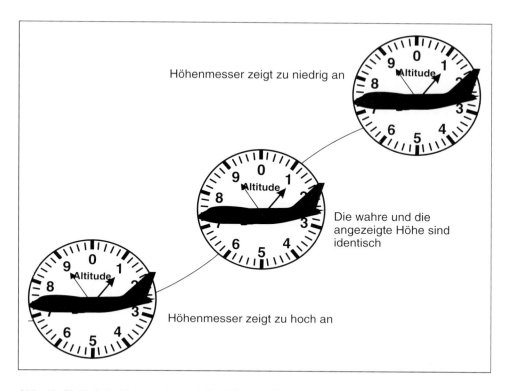

Abb. 15: Einfluß der Temperatur auf die Höhe. Ist die Luft wärmer als der Durchschnitt, fliegt man höher als der Höhenmesser anzeigt. Ist die Luft kälter als der Durchschnitt, fliegt man niedriger als angezeigt. Bei einem Flug von warmer in kalte Luft mit einer angezeigten konstanten Höhe verliert man an Höhe.

Druckhöhe

Die Basis für Druckhöhen (auch Druckflächen) ist die Standardatmosphäre. Zur Erinnerung: In der Standardatmosphäre ist der Druck in NN 1.013,25 hPa. Entsprechend ist auch die Abnahme des Druckes mit zunehmender Höhe festgelegt. In dieser hypothetischen Atmosphäre wird jedem Druckwert eine bestimmte Höhe zugeordnet. Da der Höhenmesser nach der Standardatmosphäre geeicht ist, kann man die Druckhöhe unmittelbar ablesen, wenn man ihn auf 1.013,25 hPa einstellt.

Fliegt man mit dieser Standardeinstellung in einer konstanten Höhe, befindet man sich auf einer bestimmten Druckfläche bzw. Druckhöhe.

IFR-Flüge werden nur nach Druckhöhenanzeige durchgeführt. Wichtig ist die Übergangsfläche zum Landeanflug und zum Erreichen der vorgeschriebenen Flughöhe nach dem Start. Besteht die Gefahr, daß die angezeigte Flughöhe der Druckhöhe entspricht, werden in der Nähe großer Verkehrsflughäfen die Übergangsflächen (Transition Altitudes) entsprechend verändert.

Dichtehöhe

Angenommen, man fliegt in einer Luft mit einer bestimmten Dichte. Überträgt man diesen Dichtewert auf die Dichteskala der Standardatmosphäre, ist diesem speziellen Dichtewert eine ganz bestimmte Flughöhe zugeordnet. Diese Dichtehöhe ist aber keine feste Höhenangabe. Sie ist lediglich eine Markierung für die Leistungsdaten eines Flugzeuges.

Die Luftdichte wird vom Druck, der Temperatur und der Luftfeuchtigkeit bestimmt. An einem heißen Tag wird die Luft dünner oder auch leichter. Der Start auf einem Flugplatz mit einer Platzhöhe von z.B. 1.300 Fuß müßte aufgrund der geringeren Luftdichte so geplant werden, als befände man sich auf einem höher gelegenen Flugplatz. Die Startstrecke wird länger. In diesem Fall spricht man von einer großen Dichtehöhe. An einem kalten Tag dagegen wird die Luft schwerer. Beim Start von dem genannten 1.300-Fuß-Flugplatz hätte man noch einige Sicherheitsreserven, die Startstrecke wird kürzer. Hier spricht man von einer niedrigen Dichtehöhe.

Niedrige Dichtehöhen verbessern die Leistungsdaten eines Flugzeuges, große Dichtehöhen können gefährlich werden, denn sie vermindern die Leistungsdaten mitunter drastisch. Dies wirkt sich gleich dreifach aus:

- Die Motorenstärke läßt nach, da weniger Sauerstoff für den Verbrennungsvorgang des Kraftstoffes zur Verfügung steht.
- Der Vorschub beim Start wird durch die geringere (dünnere) Luftmasse reduziert. Dies gilt sowohl bei Propeller- als auch bei Düsenflugzeugen.
- Der Auftrieb ist durch die dünnere Luft verringert.

In der Praxis hat man bei einer großen Dichtehöhe eine längere Startrollstrecke, eine längere Landerollstrecke und eine verminderte Steigleistung. Auch ist die angezeigte Geschwindigkeit niedriger als die wirkliche Geschwindigkeit über Grund. Dies ist vor allem beim Reiseflug wichtig, wenn Zeit- und Geschwindigkeitsberechnungen über Grund durchzuführen sind. Beim Steigflug muß außerdem berücksichtigt werden, daß der Steigwinkel wesentlich flacher als normalerweise sein wird. In Abbildung 16 ist die Auswirkung der Dichtehöhe auf die Startrollstrecke und die Steigleistung zu sehen.

Eine große Dichtehöhe kann auch problematisch beim Reiseflug sein. Bei sehr warmer Luft vermindert sie die Dienstgipfelhöhe des Flugzeuges. Liegt z.B. die Temperatur in 10.000 Fuß Druckhöhe bei +20° C, entspricht die Dichtehöhe 12.700 Fuß. Ein Flugzeug wird unter diesen Voraussetzungen dann nur noch die Leistungsdaten bringen, als wäre man in 12.700 Fuß wirklicher Flughöhe mit einer normalen Temperatur von -8° C.

Neben Tabellen, auf denen man die Dichtehöhe bei gegebenen Temperaturen ablesen kann, ist heute nahezu jeder Flugcomputer mit einer speziellen Rechenroutine ausgestattet, um die Dichtehöhe per Knopfdruck ermitteln zu können.

Nun noch ein paar praktische Tips für den Flugbetrieb:

- Vorsicht ist geboten mit der Bauernregel „Tiefdruck = schlechtes Wetter, Hochdruck = gutes Wetter". Häufig stimmt diese Betrachtungsweise nicht.
- Lassen Sie sich grundsätzlich einen vollständigen Überblick über das gesamte Wettergeschehen entlang Ihrer geplanten Flugroute geben.

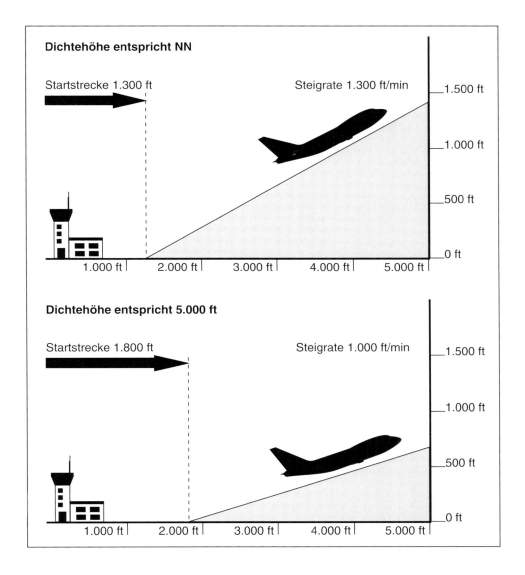

Abb. 16: Einfluß der Dichtehöhe auf Start- und Steigflug. Eine große Dichtehöhe verlängert die Startrollstrecke und verringert die Steigrate. Es ist sehr wichtig, sich vor allem in der wärmeren Jahreszeit bei höher gelegenen Plätzen eingehend mit den Leistungsdaten Ihres Flugzeuges in bezug zur vorhandenen Dichtehöhe zu befassen. Dies gilt vor allem bei Start und Landung auf hochgelegenen Plätzen. Auf dem Flugplatz von Samaden (bei St. Moritz, Schweiz, Platzhöhe 5.800 Fuß) gibt es häufig spektakuläre Start-Unfälle, weil Piloten neben anderen leistungsvermindernden Faktoren die Dichtehöhe dieses hochgelegenen Platzes unberücksichtigt lassen.

- Wenn Sie von einem Hochdruckgebiet in ein Tiefdruckgebiet in konstanter Flughöhe fliegen und den Höhenmesser nicht entsprechend korrigieren, fliegen Sie tiefer als Ihr Höhenmesser anzeigt.
- Wenn die Temperatur niedriger als der Standardwert liegt, fliegen Sie niedriger als Ihr Höhenmesser anzeigt. Liegt die Temperatur über dem Standardwert, fliegen Sie höher.
- Achten Sie bei einem Überlandflug immer darauf, daß Ihre Höhenmessereinstellung dem aktuellen QNH des nächstgelegenen Platzes entspricht.
- Wenn Sie aus wärmerer Luft kommend bei kalten Wetterlagen über hohen Erhebungen fliegen, müssen Sie immer Ihre effektive Flughöhe überprüfen, um nicht in Kollisionsgefahr zu geraten.
- Die Dichtehöhe müssen Sie grundsätzlich berechnen, wenn Sie ca. 75% bis 80% der Zuladekapazität Ihres Flugzeuges erreicht haben, die Temperatur über den Normalwerten liegt und/oder der Druck niedriger als normal ist. In solchen Fällen müssen Sie sich eingehend mit den Leistungsdaten Ihres Flugzeuges (Flughandbuch) auseinandersetzen. Dabei ist wichtig, daß die zur Verfügung stehende Startstrecke in jedem Fall ausreicht und man nach dem Start völlig hindernisfrei in den Steigflug übergehen kann.
- Wenn Sie einen Start oder eine Landung auf einem hochgelegenen Flugplatz planen, berechnen Sie ungeachtet der Beladung auf jeden Fall die Dichtehöhe. Starts und Landungen auf hochgelegenen Flugplätzen sind besonders kritisch, wenn die Temperatur sehr hoch oder der Druck sehr niedrig ist. Kalkulieren Sie bei einem hochgelegenen Platz, hoher Lufttemperatur und relativ kurzer Landebahn ein, daß Sie bei der Landung unter Umständen durchstarten müssen.

- Überprüfen Sie öfter die Genauigkeit Ihres Höhenmessers. Auf den Flugplatzkarten der AIP VFR können Sie die Platzhöhe eines jeden Flugplatzes an einem bestimmten Punkt dieses Platzes ablesen. Rollen Sie mit Ihrem Flugzeug möglichst an oder in die Nähe dieses Punktes und vergleichen Sie die Angaben aus der AIP VFR mit Ihrer Höhenmessereinstellung nach dem aktuellen QNH. Wenn Sie eine Differenz von mehr als 20 Fuß feststellen, sollten Sie den Höhenmesser neu justieren lassen.

Zusammenfassung

- Drucksysteme können ein Anhaltspunkt für Wetterursachen und Bewegungen von Wettersystemen sein, aber sie tragen nur zu einem Teil zur Wetterentwicklung bei.
- Der Druck nimmt mit zunehmender Höhe ab.
- Der Höhenmesser ist ein Aneroidbarometer, der anstelle einer Druckskala in Höhenwerte eingeteilt ist.
- Die Druckabnahme mit steigender Höhe wird erheblich durch die Temperatur beeinflußt. Davon sind auch die Anzeigewerte des Höhenmessers betroffen.
- Die Temperatur bestimmt auch die Luftdichte bei gegebenem Druck (Dichtehöhe).
- Die Dichtehöhe ist ein Bezugswert für die Leistungsdaten eines Flugzeuges. Berücksichtigen Sie die Abweichungen der Druck- und Temperaturwerte von den Werten der Standardatmosphäre und beziehen Sie diese Abweichungen in Ihre Berechnungen ein.

Kapitel 2
Wind

Druckunterschiede werden durch Temperaturunterschiede verursacht. Diese Druckunterschiede steuern ein komplexes Windsystem, in dem Gebiete mit hohem und niedrigem Luftdruck bestrebt sind, ständig ein Gleichgewicht zu erreichen. Der Wind transportiert Wasserdampf und erzeugt Nebel, Wolken und Niederschläge. Um den Wind in Beziehung zu Drucksystemen und Bewegungen von Wettersystemen setzen zu können, werden in diesem Kapitel die Konvektion (vertikale Luftströmung) und die Druckgradientkraft erläutert.

Außerdem werden die Auswirkungen der Corioliskraft und der Reibungskräfte beschrieben.

Die Konvektion und die letztgenannten Kräfte werden in den gesamten Wetterkreislauf integriert, lokale Winde und Windscherung werden behandelt.

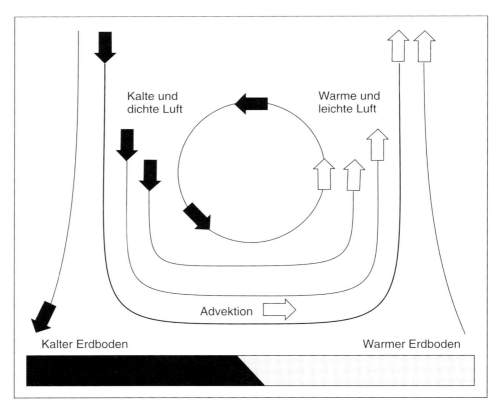

Abb. 17: Konvektionsströmung, die von einer ungleichen Erwärmung der Luft (verschiedene Bodentemperaturen) verursacht wird. Die kalte, schwere Luft zwingt die wärmere Luft zur Bildung einer konvektiven Zelle in der Höhe..

Konvektion

Wenn zwei Punkte einer Oberfläche verschiedene Temperaturen haben, erwärmt sich die darüber liegende Luft ebenfalls unterschiedlich. Die wärmere Luft dehnt sich aus und wird leichter bzw. weniger dicht als die kalte Luft. Da jedoch die kalte Luft dichter ist, bleibt sie wegen ihres größeren Gewichtes am Boden. Die warme Luft dagegen strömt aufwärts. Die aufsteigende Luft dehnt sich aus und kühlt ab, eventuell sinkt sie wieder in Bodennähe, um den Konvektionsvorgang zu vervollständigen. Solange Oberflächen verschiedene Temperaturen haben, herrscht ein andauernder konvektiver Zustand. In Abbildung 17 ist das Prinzip der Konvektion dargestellt.

Den horizontalen Luftstrom in einem konvektiven System nennt man Wind. An der Entstehung von bestimmten Wettersystemen ist folglich die Konvektion immer beteiligt. Dabei ist es ganz gleich, ob es sich um großräumige Zirkulationen in der Hemisphäre oder um lokale Luftwirbel handelt. Wenn der so entstandene Wind warme oder kalte Luft und Wasserdampf transportiert, wird diese horizontale Verschiebung von Luftmassen als Advektion bezeichnet.

Druckgradientkraft

Die Kraft, die durch Druckunterschiede entsteht, heißt Druckgradientkraft. Diese Kraft ist verantwortlich für die Bewegung des Windes. Sie bewegt sich von dem höheren Druck in Richtung des niedrigeren Druckes und wirkt senkrecht auf die Isobaren.

Immer, wenn sich ein Druckunterschied über einem Gebiet aufbaut, bewegt die Druckgradientkraft die Luftmassen quer zu den Isobaren.

Je geringer der Abstand zwischen den Isobaren ist, um so größer ist der Druckgradient. Je größer der Druckgradient, um so stärker weht der Wind. Daraus ergibt sich, daß eng zusammenliegende Isobaren auf einen starken Wind hinweisen, weiter auseinanderliegende Isobaren dagegen auf einen schwächeren.

Durch die ungleichmäßige Erwärmung der Erdoberfläche stellt sich in äquatorialen Breiten ein niedriger Bodenluftdruck als in den Polarregionen ein. Es herrscht folglich ein Druckgefälle von den Polen zum Äquator. Würde die Erde nicht rotieren, so wäre dieses Druckgefälle die einzige Kraft, die Luftmassen transportieren und damit Wind erzeugen könnte. In Abbildung 18 ist zu sehen, daß in diesem Fall die Zirkulation lediglich durch zwei gigantische, hemisphärische Konvektionszellen geprägt wäre, in denen die erwärmte Luft am Äquator aufsteigt, in großen Höhen zu den Polen strömt, dort absinkt und in bodennahen Schichten zum Äquator zurückfließt. Auf der rotierenden Erde kann sich jedoch eine derart einfache Zirkulation nicht einstellen. Wie in jedem anderen rotierenden System wirken noch zusätzliche Kräfte, die eine wesentlich kompliziertere Zirkulation auslösen.

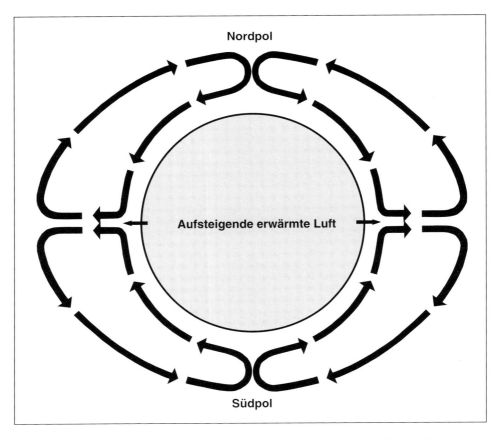

Abb. 18: Zirkulation um eine nicht rotierende Erdkugel. Die intensive Erwärmung über dem Äquator verringert die Luftdichte. Dichtere Luft fließt von den Polen zum Äquator und drückt die weniger dichte Luft in die Höhe. Von dort fließt sie in Richtung Pole.

Corioliskraft

Eine in Bewegung gesetzte Masse bewegt sich geradlinig, bis eine andere Kraft auf diese Masse einwirkt. Betrachtet man aber eine sich bewegende Masse von einer rotierenden Plattform aus, wird die Strecke, die diese Masse relativ zur Plattform zurücklegt, als gekrümmte Linie erscheinen. Zur Illustration dieses Vorgangs folgendes Experiment: Man schaltet den Plattenspieler ein, nimmt ein Stück Kreide und ein Lineal, fixiert das Lineal in der Mitte des Plattentellers und zieht einen Strich entlang des Lineals. Der Plattenteller muß sich natürlich bewegen und das Lineal muß festgehalten werden. Nun stoppt man den Plattenteller: Es ist keine gerade Linie, sondern eine Spirale vom Zentrum nach außen entstanden. Dieser Vorgang ist in Abbildung 19 illustriert.

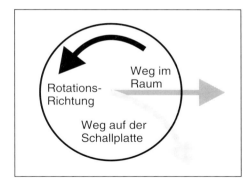

Abb. 19: Ablenkungskraft, entstanden durch Rotation einer ebenen Plattform.

Abb. 20: Auswirkung der Corioliskraft auf den Wind. Die Corioliskraft lenkt den Wind so weit ab, daß er isobarenparallel weht. Der Druckgradient entspricht der Corioliskraft.

Eine ähnliche Kraft lenkt auch sich bewegende Teile auf der Erde ab. Da die Erde kugelförmig ist, ist die physikalische Ursache der auf sie einwirkenden Kraft schwerer zu verstehen als die der Kraft, die auf den scheibenförmigen, rotierenden Plattenteller wirkt. Diese Kraft wurde erstmals von dem Franzosen Coriolis entdeckt und trägt auch seinen Namen: Die Corioliskraft.

Sie beeinflußt den Flugweg von Flugzeugen, Geschossen, Vögeln, Ozeanströmungen und Luftströmen. Sie ist dafür verantwortlich, daß die Luft in der nördlichen Hemisphäre nach rechts und in der südlichen Hemisphäre nach links abgelenkt wird. In diesem Buch geht es vorwiegend um die Ablenkung in der nördlichen Hemisphäre.

Die Corioliskraft wirkt im rechten Winkel zur Windrichtung direkt proportional zur Windgeschwindigkeit. Das bedeutet, daß sie bei einer Zunahme der Windgeschwindigkeit ebenfalls zunimmt.

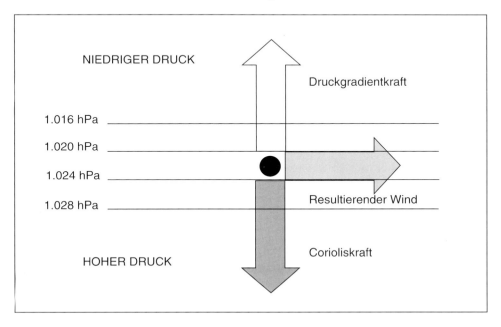

39

Bei einer bestimmten, gegebenen geographischen Breite entspricht eine Verdoppelung der Windgeschwindigkeit einer Verdoppelung der Corioliskraft. Sie variiert innerhalb der geographischen Breiten von Null am Äquator bis zu einem Maximum an den Polen. Die Windrichtung wird überall auf der Erde - mit Ausnahme am Äquator - durch sie beeinflußt. Die Corioliskraft ist am größten in den mittleren und hohen Breitengraden.

Zur Erinnerung sei noch einmal gesagt: Eine Luftbewegung wird durch den Druckgradienten ausgelöst. Der Wind weht direkt vom hohen zum tiefen Druck, also senkrecht zu den Isobaren. Da aber parallel dazu die Corioliskraft einwirkt, wird der Wind solange aus seiner ursprünglichen Richtung abgelenkt, bis er isobarenparallel weht, also um 90 Grad abgelenkt ist.

Unter dieser Voraussetzung stehen Druckgradient und Corioliskraft im Gleichgewicht (s. Abb. 20). Allerdings weht in der Praxis der Wind nicht ausschließlich parallel zu den Isobaren. Oberflächenreibung der Erde bewirkt eine zusätzliche Ablenkung.

Abb. 21: Auf der Nordhalbkugel, etwa in 30 Grad Breite, verwandelt die Corioliskraft die südlichen Höhenwinde in westliche und verhindert dabei vorübergehend deren nördliche Grundrichtung. Die nördlichen Bodenwinde vom Pol werden in östliche verwandelt, wobei sie ihre weitere Südbewegung bei etwa 60 Grad Breite vorübergehend beenden. In diesen beiden Breiten tendiert die Luft dazu, sich aufzuschichten. Dabei erzeugt sie in den mittleren Breiten ein Vakuum.

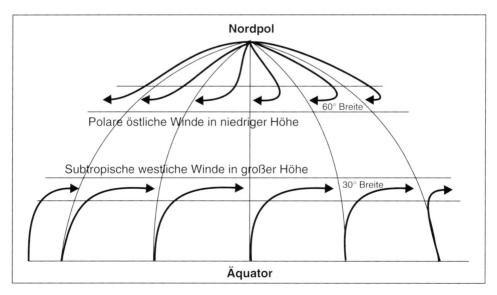

Allgemeine Zirkulation

Nachdem die Luft am Äquator aufgestiegen ist und in großen Höhen nach Norden strömt, verursacht die Corioliskraft eine Ablenkung nach rechts (Abb. 21). In etwa 30 Grad nördlicher Breite ist dadurch aus dem anfänglichen Südwind ein Westwind geworden. Ähnliches geschieht an den Polen. Die in niedrigen Höhen anfänglich südwärts zum Äquator strömende Luft wird aus dieser Richtung ebenfalls nach rechts abgelenkt, so daß aus dem Nord- ein Ostwind entsteht. Das führt dazu, daß sich die Luft bei etwa 30 Grad und 60 Grad Breite in beiden Hemisphären aufschichtet. Das zusätzliche Gewicht der Luft verstärkt den Druck und es entstehen mittelfristig andauernde Hochdruckgürtel.

In den Kartendarstellungen 22 und 23 ist die Druckverteilung in der Nähe der Erdoberfläche für die Monate Juli und Januar angegeben. Diese Karten zeigen die subtropischen Hochdruckgürtel in der Nähe des 30. Breitengrades, sowohl der nördlichen als auch der südlichen Hemisphäre.

Durch den Aufbau solcher Hochdruckgürtel entsteht ein vorübergehender Engpaß, der den einfachen konvektiven Transfer zwischen dem Äquator und den Polen stört. Die Atmosphäre jedoch kann in ihrem Streben, einen kontinuierlichen Gleichgewichtszustand zu erreichen, mit diesem Engpaß nicht existieren. Um einen Austausch zu erreichen, überstürzen sich riesige Luftmassen in den mittleren Breitengraden.

Gewaltige Kaltluftmassen brechen durch diese Barriere und bewegen sich in Richtung Süden zu den Tropen. In den mittleren Breiten entwickeln sich zwischen dieser kalten Luft großflächige Zyklonen und transportieren Warmluft nach Norden.

Dadurch entsteht ein Band von umherwandernden Zyklonen mit ewig wechselhaftem Wetter in den mittleren Breitengraden.

Abbildung 24 zeigt die allgemeine durchschnittliche Zirkulation in der nördlichen Hemisphäre mit den drei Gürteln der hauptsächlich vorhandenen Winde: Die polaren Ostwinde, die vorherrschenden Westwinde in mittleren Breiten und die Passatwinde. Der Gürtel der vorherrschenden Westwinde ist eine Mischungszone zwischen Nordpol und Äquator, die durch wandernde Stürme gekennzeichnet ist.

Da Druckunterschiede Wind verursachen, bestimmen jahreszeitliche Druckschwankungen in den mittleren Breiten erheblich die Intensität dieser ausbrechenden Kaltluft und der Zyklonen.

Jahreszeitliche Druckschwankungen entsprechen weitgehend den jahreszeitlichen Temperaturschwankungen. Zur Erinnerung: An der Erdoberfläche lösen warme Temperaturen tiefen Druck und niedrige Temperaturen hohen Druck aus. Außerdem sind jahreszeitliche Temperaturschwankungen über den Kontinenten viel größer als über den Ozeanen.

Im Verlauf des Sommers begünstigen die aufgeheizten Kontinente die Bildung von Tiefdruckzentren, im Winter ist es umgekehrte. Über den relativ warmen Ozeanen verstärkt sich die Tiefdrucktätigkeit, über ausgekühlten Kontinenten können sich stationäre Hochdruckzellen ausbilden.

Da die Luft immer aus einem Hochdruckgebiet heraus in ein Tiefdruckgebiet strömt, wird sie durch die Corioliskraft nach rechts abgelenkt. Deswegen weht der Wind um ein Hochdruckgebiet immer im Uhrzeigersinn. Ein Hochdruckgebiet samt zugehörigem Windsystem nennt man Antizyklone.

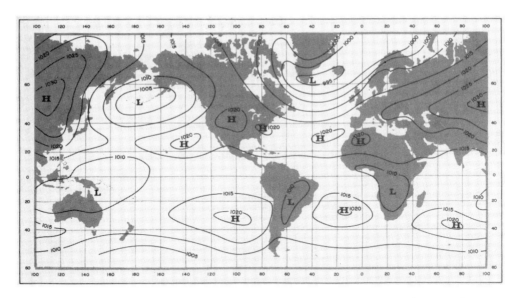

Abb. 22: Durchschnittliche Druckverteilung (Bodenluftdruck) im Juli. In der nördlichen Hemisphäre haben die Landgebiete eine Tendenz zu niedrigem Druck. Über den kühlen Ozeanen aber ist der Druck höher. In der südlichen Hemisphäre ist es umgekehrt. Durch die kleineren Landflächen fällt dies aber nicht so ins Gewicht.

Abb. 23: Durchschnittliche Boden-Luftdruckverteilung im Januar. In der kalten Jahreszeit ist dieses System gegenüber dem auf Abbildung 22 dargestellten genau umgekehrt.

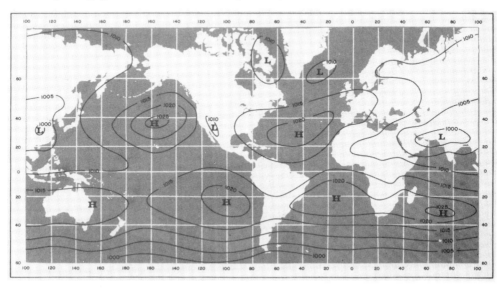

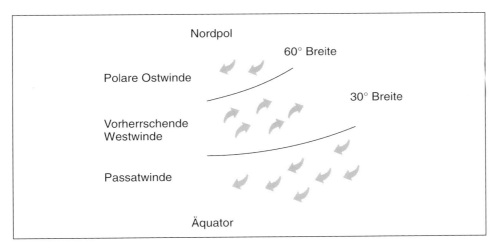

Abb. 24: Allgemeine durchschnittliche Zirkulation in der nördlichen Hemisphäre mit den drei Gürteln vorherrschender Winde: Die östlichen Polarwinde, die vorherrschenden Westwinde in mittleren Breiten und die nordöstlichen Passatwinde. Der Gürtel der vorherrschenden Westwinde ist eine Mischungszone zwischen Nordpol und Äquator, die durch wandernde Stürme gekennzeichnet ist.

Die Zyklonen, die sich zwischen Hochdrucksystemen entwickeln, sind durch niedrigen Druck gekennzeichnet. Da der Wind versucht, in das Zentrum eines Tiefs zu strömen, wird er auch nach rechts abgelenkt. In diesem Fall allerdings bewegt er sich um ein Tiefdruckgebiet entgegen dem Uhrzeigersinn. Das Tiefdruckgebiet samt zugehörigem Windsystem nennt man Zyklone.

In Abbildung 25 kann man sehen, daß Winde parallel zu den Isobaren wehen. Sie wehen im Uhrzeigersinn um Hochdruckgebiete und entgegen dem Uhrzeigersinn um Tiefdruckgebiete. Der Hochdruckgürtel in etwa 30 Grad nördlicher Breite zwingt die Luft, in Erdbodennähe nach Norden und nach Süden zu strömen. Die nordwärts strömende Luft wird in die Westwindzone der mittleren Breiten einbezogen.

Die südlich strömende Luft wird ebenfalls durch die Corioliskraft abgelenkt und entwickelt sich zu den subtropischen nordöstlichen Passatwinden. In den mittleren Breitengraden wehen Höhenwinde vorwiegend aus westlicher Richtung. Nördlich des 60. Breitengrades beherrschen polare Ostwinde die Zirkulation in niedriger Höhe (s.a. Abb. 24).

Die Passatwinde bringen tropische Stürme von Osten nach Westen. Die Westwinde treiben Stürme aus den mittleren Breitengraden hauptsächlich von West nach Ost. In den vergleichsweise kleinen arktischen Regionen entwickeln sich nur wenige Sturmsysteme. Der größte Einfluß der polaren Ostwinde besteht darin, daß sie zur Entwicklung von Stürmen in mittleren Breitengraden beitragen.

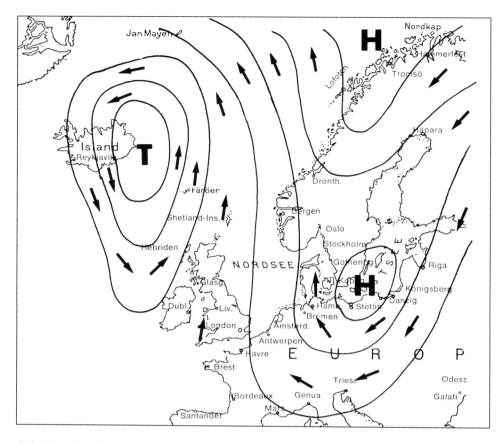

Abb. 25: Luftströmung um Drucksysteme (ohne Reibungseffekt). Der Wind weht parallel zu den Isobaren und zirkuliert im Uhrzeigersinn um hohen und entgegen dem Uhrzeigersinn um tiefen Druck.

Konvergenz und Divergenz

Luft strömt spiralförmig aus dem Zentrum der Antizyklone heraus und nähert sich dem Zentrum der Zyklone. Bezogen auf die Antizyklone divergiert (herausströmen) die Luft, bei der Zyklone konvergiert (hineinströmen) sie. Divergierende Luftmassen sinken ab, konvergierende steigen auf. Durch die Absinkvorgänge in der Antizyklone lösen sich Wolken allmählich auf.

Die Hebungsvorgänge in der Zyklone dagegen begünstigen die Entstehung von Bewölkung und Niederschlägen.

Typische Konvergenzlinien sind bei Fronten und Trögen, Divergenzlinien auf Hochdruckrücken zu finden.

Reibung

In einer Höhe, in der Reibung durch Wind an einer überströmten Fläche nur eine geringe Bedeutung hat, folgen die Windsysteme den Isobaren. In Erdbodennähe aber muß man die Reibung zwischen Wind und Erdoberfläche berücksichtigen. Je rauher die Erdoberfläche, um so größer ist der Reibungseffekt. In dem Umfang, in dem durch Reibung die Windgeschwindigkeit herabgesetzt wird, nimmt auch die Corioliskraft ab. Der Druckgradient wird jedoch nicht beeinflußt. Dadurch befinden sich Corioliskraft und Druckgradient nicht mehr im Gleichgewicht. Der nun stärkere Druckgradient lenkt den Wind in einem bestimmten Winkel zu den Isobaren in das Gebiet niedrigen Druckes, bis die drei Kräfte wieder im Gleichgewicht sind. Dies ist in Abbildung 26 dargestellt.

Reibungskraft und Corioliskraft verbinden sich, um mit dem Druckgradienten im Gleichgewicht zu sein. In Abbildung 27 ist zu sehen, wie Winde an der Erdoberfläche spiralförmig aus einem Hochdruckgebiet in ein Tiefdruckgebiet strömen und dabei die Isobaren in einem bestimmten Winkel kreuzen.

Dieser Winkel zwischen Windrichtung und Isobaren hängt in der bodennahen Luftschicht von der Rauhigkeit der Erdoberfläche ab. Beträgt die Ablenkung über den Ozeanen etwa 10 Grad und über den Kontinenten 15 bis 25 Grad, kann sie in gebirgigen Gebieten ohne weiteres 40 Grad überschreiten. Zusätzliche lokale Effekte können hier eine Windrichtungsbestimmung aus dem Druckgradienten unmöglich machen.

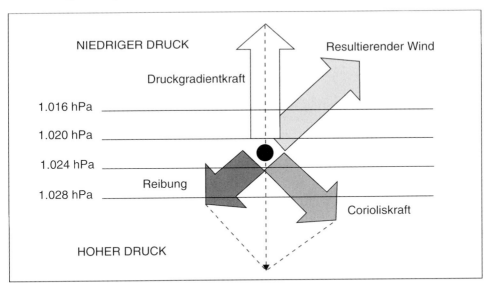

Abb. 26: Die Oberflächenreibung bremst den Wind und verringert die Corioliskraft, hat aber keinen Einfluß auf den Druckgradient. Winde nahe der Erdoberfläche werden in einem Winkel zum tiefen Druck hin abgelenkt.

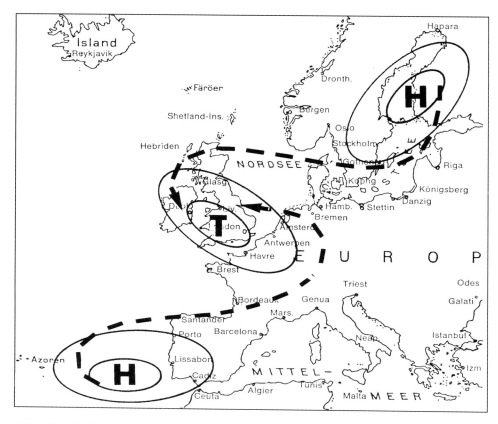

Abb. 27: Luftströmung um Drucksysteme an der Erdoberfläche. Der Wind dreht aus dem Hoch heraus in das Tief hinein, wobei er die Isobaren in einem bestimmten Winkel schneidet.

Strahlstrom

Bei der Betrachtung der allgemeinen Zirkulation soll auch kurz der Strahlstrom (Jetstream) erwähnt werden. Er ensteht folgendermaßen: Winde verstärken sich mit zunehmender Höhe durch die Troposphäre hindurch und kulminieren in einem Maximum in der Nähe der Tropopause, wo sie sich als Starkwindfelder in schmalen Bändern konzentrieren. Interessant ist der Jetstream jedoch nur für Flüge in großer Höhe.

Lokale Windverhältnisse

Bis jetzt ging es ausschließlich um die allgemeine Zirkulation und um großräumige Windsysteme. Solche großräumige Windsysteme werden häufig von eng begrenzten Zirkulationen überlagert, die durch lokale Gegebenheiten wie z.B. Land/Meer-Verteilung oder Gebirge verursacht werden.

Berg- und Talwind

Ein der Sonne ausgesetzter Berghang erwärmt rasch die mit ihm in unmittelbarem Kontakt befindlichen Luftmassen, so daß sie gegenüber den Luftmassen der Umgebung schnell leichter werden. Dadurch setzen sich diese Luftmassen als Hangaufwind in Bewegung. Über dem Tal aber sinken die dort noch kühlen Luftmassen ab. Es stellt sich eine Zirkulation quer zur Talachse ein. Mit fortschreitender Sonneneinstrahlung wird der Sog über den Berghängen so stark, daß zusätzliche Luftmassen talaufwärts strömen. Diese Luftmassenströmung nennt man Talwind. Nachts kehren sich die Verhältnisse um: Durch terrestrische Strahlung kühlen sich der Berghang und die unmittelbar angrenzenden Luftmassen stärker ab als die umgebende Luft. Dadurch entsteht der Hangabwind (auch Bergwind), der talwärts weht und besonders im Winter stärker als der Talwind ist.

Fallwind

Zunächst heißt jeder Wind, der talabwärts weht, Fallwind, sofern sein Entstehen von der Beschaffenheit des Geländes abhängig ist. Bergwinde sind deswegen grundsätzlich Fallwinde. Fallwinde werden auch oft Schwerewinde genannt, weil bei ihrer Entstehung kalte, schwere Luft über abfallendes Gelände fließt und wärmere, weniger dichte Luft verdrängt. Schwerewinde heißen in der meteorologischen Terminologie auch katabatische Winde. Definiert sind diese Winde als Strömungen von Luft, die wegen ihrer Kälte trotz adiabatischer Erwärmung schwerer ist als die der Umgebung und daher einen Hang hinabfließt.

In manchen Gebieten hat man diesen Schwerewinden Namen gegeben, weil sie regelmäßig auftreten und von den dort lebenden Menschen meist als unangenehm empfunden werden. So kennt man z.B. den *Bora,* ein kalter Nordostwind, der aus einem winterlichen Hochdruckgebiet Innerasiens herausströmt und von den dinarischen Alpen zur dalmatinischen Küste abfällt.

Jeder Fallwind erwärmt sich etwa um 1° C pro 100 m vertikaler Fallstrecke. Grundsätzlich gilt dies für jeden Fallwind, doch der *Bora* beispielsweise ist vom Ursprung her so kalt, daß sich eine solche dynamische Erwärmung kaum bemerkbar macht.

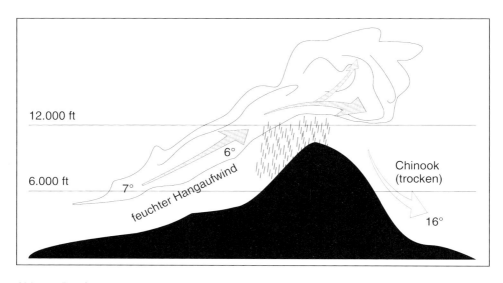

Abb. 28: Der Chinook ist ein katabatischer Wind. Die Luft kühlt beim Aufsteigen ab und erwärmt sich beim Absinken. In unseren Breiten ist der Chinook mit dem Föhn vergleichbar.

Anders sind die Verhältnisse beispielsweise beim Föhn in den Alpen oder beim *Chinook* in den Rocky Mountains (USA). Wie in Abbildung 28 zu sehen ist, kühlt sich hierbei die im Luv des Gebirges aufsteigende Luft weniger ab, als sie sich beim Absinken im Lee wieder erwärmt.

Land- und Seewind

Erdoberflächen erwärmen sich zwar schneller als Wasseroberflächen, sie kühlen allerdings auch schneller ab. Deswegen sind Landgebiete während des Tages wärmer als Meeresgebiete. Die dadurch über dem Land aufsteigende Warmluft ist der Grund, daß Wind vom kälteren Wasser zum wärmeren Land weht. Diesen Wind nennt man Seewind. Nachts kehren sich die Verhältnisse um: Der Wind weht nun vom kalten Land zum wärmeren Wasser und heißt jetzt Landwind (ablandiger Wind).

Land- und Seewinde entwickeln sich nur dann, wenn der allgemein vorherrschende Druckgradient schwach ausgeprägt ist. Ein durch einen stärkeren Druckgradienten verursachter Wind läßt wegen der Durchmischung der Luftmassen ein lokales Temperatur- und Druckgefälle entlang einer Küste nicht entstehen. In Abbildung 29 sind Land- und Seewinde graphisch dargestellt.

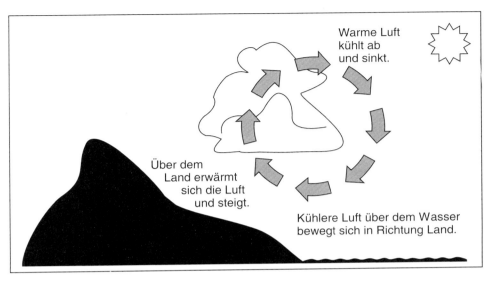
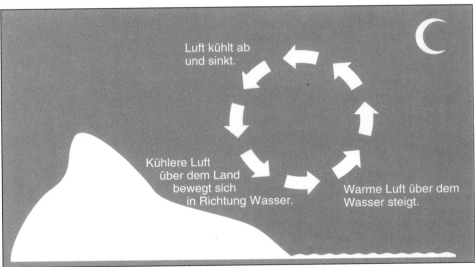

Abb. 29: Land- und Seewind. Nachts fließt kühle Luft vom Land über das warme Wasser - der Landwind (unten). Tagsüber weht der Wind vom Wasser übers warme Land - der Seewind (oben).

Windscherung

Scheuert man zwei Gegenstände aneinander, entsteht Reibung. Handelt es sich dabei um feste Stoffe, gibt es zwischen beiden kaum einen Austausch von Materie. Bei Gasen aber entstehen durch die Reibung in einer schmalen Vermischungszone Wirbel. In dieser Schicht findet ein Austausch von Materie statt. Diese Schicht nennt man Scherungszone. In Abbildung 30 sieht man zwei übereinander liegende Luftströmungen und die zugehörige Windscherungszone.

Abb. 30: Windscherung. Luftströmung verschiedener Richtung erzeugen Reibung. Die Vermischung in der Scherungszone zeigt sich in Wirbeln und Drehungen.

Wind und Drucksysteme

Die Windgeschwindigkeit ist zu den Abständen zwischen den Isobaren auf der Wetterkarte proportional. Allerdings ist sie an der Erdoberfläche bei gleichen Abständen wie in der Höhe geringer, denn hier wird sie durch die Oberflächenreibung reduziert.

Aus der Wetterkarte ist auch die Windrichtung ablesbar. Blickt man entlang einer Isobare oder Höhenlinie (der niedrigere Druck liegt links), weht der Wind in Blickrichtung. Auf einer Wetterkarte, die für niedrigere Höhen gilt, kreuzt der Wind die Isobare in einem bestimmten Winkel in Richtung des niedrigeren Druckes. Bei einer Höhenkarte verläuft der Wind parallel zur Höhenlinie (Isohypse).

In der nördlichen Hemisphäre weht der Wind um ein Tiefdruckgebiet entgegen dem Uhr-

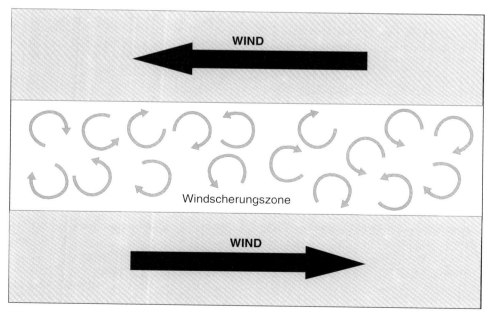

zeigersinn, um ein Hochdruckgebiet im Uhrzeigersinn. Während in größerer Höhe die Luft isohypsenparallel strömt, ist dies in Bodennähe kaum noch der Fall. Vielmehr wird hier der Wind durch die Reibung zunehmend quer zu den Isobaren in das Tiefdruckgebiet gelenkt. Das bedeutet, daß in niedrigeren Schichten ein Luftmassentransport vom Hoch zum Tief stattfindet.

Wenn nun diese Luftmassen in das Tiefdruckgebiet einströmen, steigen sie innerhalb dieses Druckgebietes nach oben. Diesen Vorgang nennt man dynamische Hebung. Als Gegensatz kennen wir bereits die thermisch verursachte Hebung (Konvektion), die durch die unterschiedliche Erwärmung der Erdoberfläche entsteht. Die dynamische Hebung ist auf Kräfte zurückzuführen, die durch eine Umsetzung gewaltiger Luftmassen-Energien in einem Tiefdruckgebiet entstehen. Diese hereinströmenden Luftmassen führen aber zu keiner Druckerhöhung innerhalb des Tiefdruckgebietes, da die Luftmassen in großen Höhen aus dem Tiefdruckgebiet wieder herausströmen. Es kommt erst dann zu einer Druckerhöhung, wenn sich das Tiefdruckgebiet abschwächt.

Die aufsteigenden Luftmassen führen zur Wolkenbildung und anschließend zu Niederschlägen. Dieser Vorgang ist auch der Grund für die landläufige Meinung, in einem Tiefdruckgebiet herrsche grundsätzlich schlechtes Wetter.

Die in großen Höhen aus den Tiefdruckgebieten herausströmenden Luftmassen fließen in einem Hochdruckgebiet zusammen und sinken dort großräumig ab. Hochdruckgebiete sind folglich Gebiete mit absinkender Luft. Absinkende Luft nun fördert die Wolkenauflösung - daher die Assoziation Hochdruck = gutes Wetter.

Häufig ist aber das Wettergeschehen mehr mit einem bestimmten Drucksystem in der Höhe verbunden als mit den Druckverhältnissen, wie sie auf der Bodenkarte zu sehen sind. Obwohl Boden- und Höhendruckverteilung zusammenhängen, sind sie doch selten identisch.

Weit verbreitete Bewölkung und Niederschläge entstehen oft als Vorboten eines Höhentiefs oder Troges. Bei einem Höhentief ist eine Schauer- und Gewitterzone nicht ungewöhnlich, auch dann nicht, wenn das Bodendrucksystem so schwach ausgeprägt ist, daß man überhaupt nicht mit einer solchen Schlechtwetter-Entwicklung rechnet. Andererseits bewirkt die Abwärtsbewegung in einem Hoch oder in einer schmalen Hochdruckzone, daß eine Konvektion verhindert wird.

Sobald Luftmassen in einem Hochdruckgebiet zur Ruhe kommen, wird ein Austausch von Feuchtigkeit und von Luftverschmutzungen erdnaher Schichten in obere Schichten verhindert. Das führt dann zu einer relativ niedrigen Wolkendecke und schlechten Sichten. Niedrige Stratusbewölkung, Nebel, Dunst und Rauch sind also in Hochdruckgebieten nicht ungewöhnlich. Jedoch kann unter dem Einfluß eines Hochdruckgebietes oder einer schmalen Hochdruckzone in der Höhe bei mittleren Bodenwinden mit gutem Flugwetter gerechnet werden.

Sowohl Hoch- als auch Tiefdrucksysteme haben eine geneigte vertikale Achse. Boden- und Höhensysteme sind gegeneinander verschoben. Das kann zu unerwarteten Winddrehungen in höheren Schichten führen, falls man sich nur anhand der Bodenkarte über die Wetterlage orientiert hat. Im allgemeinen werden aber die stärkeren Höhenwinde auch die Bodenwinde in ihre Richtung dirigieren.

Ein intensiver kalter Tiefdruckwirbel, ein Zentraltief, hat eine fast senkrechte Achse. Die Winde sind in allen Höhen fast symmetrisch angeordnet, d.h. am Boden wehen sie ins Tief hinein, in mittleren Höhen parallel zu den Isohypsen und in der oberen Atmosphäre aus dem Tief heraus. Wegen dieser symmetrischen Erscheinungsform ist ein solches Tief ein äußerst stabiles und ortsfestes Gebilde. Für die weitere Wettererwartung bedeutet das: Ständige, starke Bewölkung, Niederschläge und mittlere Winde, also allgemein schlechtes Flugwetter. Die Meteorologen beschreiben dieses System mit dem Begriff kaltes Tief.

Analog zum kalten Tief gibt es das Hitzetief. Zum Hitzetief kommt es folgendermaßen: Ein sonniges, trockenes Gebiet wird durch starke Sonneneinstrahlung schnell aufgeheizt und erzeugt so in Bodennähe niedrige Druckverhältnisse.

Warmluft steigt durch Konvektion in höhere Schichten. Da aber der Feuchtigkeitsgehalt der Luft sehr gering ist, bildet sich eine nur schwache Bewölkung aus.

Das Hitzetief reicht nicht in höhere Schichten, weil sich der Druck in einer warmen Luftmasse nur langsam mit steigender Höhe abbaut. Da ein solches Hitzetief einen schwach ausgeprägten Druckgradient und eine geringe zyklodynamische Aktivität hat, ist das Gebiet, in dem das Hitzetief liegt, gegenüber einem kalten Tief relativ klein.

In der Regel herrscht gutes Flugwetter, jedoch muß beachtet werden, daß die Dichtehöhe relativ groß ist und man auf starke konvektive Turbulenz trifft.

Zusammenfassung

- Solange Oberflächen verschiedene Temperaturen haben, herrscht ein andauernder konvektiver Zustand.
- Die Kraft, die durch Druckunterschiede entsteht, heißt Druckgradientkraft. Diese Kraft ist verantwortlich für die Bewegung des Windes.
- Die Corioliskraft wirkt im rechten Winkel zur Windrichtung direkt proportional zur Windgeschwindigkeit. Das bedeutet, daß sie bei einer Zunahme der Windgeschwindigkeit ebenfalls zunimmt.
- Ein Hochdruckgebiet samt zugehörigem Windsystem nennt man Antizyklone.
- Ein Tiefdruckgebiet samt zugehörigem Windsystem nennt man Zyklone.
- Luft strömt spiralförmig aus dem Zentrum der Antizyklone heraus und nähert sich dem Zentrum der Zyklone. Bezogen auf die Antizyklone divergiert (herausströmen) die Luft, bei der Zyklone konvergiert (hineinströmen) sie.
- In einer Höhe, in der Reibung durch Wind an einer überströmten Fläche nur eine geringe Bedeutung hat, folgen die Windsysteme den Isobaren.
- Fallwinde werden auch oft Schwerewinde genannt, weil bei ihrer Entstehung kalte, schwere Luft über abfallendes Gelände fließt und wärmere, weniger dichte Luft verdrängt.
- Land- und Seewinde entwickeln sich nur dann, wenn der allgemein vorherrschende Druckgradient schwach ausgeprägt ist.
- Weit verbreitete Bewölkung und Niederschläge entstehen oft als Vorboten eines Höhentiefs oder Troges.

Kapitel 3
Feuchtigkeit, Wolkenbildung, Niederschlag

Das Fliegen wäre mit Sicherheit völlig problemlos, wenn wir täglich strahlend blauen Himmel und Sonnenschein hätten. Aber leider ist dieser für Flieger paradiesische Zustand in unseren Breiten selten anzutreffen. Die Feuchtigkeit in der Atmosphäre z.B. ist Ursache für eine Vielfalt von Risiken, die von keinem anderen Wetterelement erreicht wird. Feuchtigkeit, oder besser gesagt Wasser, tritt innerhalb der Erdatmosphäre in gefrorenem, flüssigem und gasförmigem Zustand auf.

Wasserdampf

Wasser verdunstet in der Luft und verhält sich - je nach Einwirkung von anderen Parametern - in der Atmosphäre sehr variabel. Wasserdampf ist unsichtbar, genau wie Sauerstoff und andere Gase. Jedoch können wir den Wasserdampf messen und in verschiedenen Werten ausdrücken. Für die Fliegerei sind dabei zwei Werte interessant: Die relative Feuchtigkeit und der Taupunkt. Die absolute Feuchtigkeit (Wasserdampfmenge in Gramm pro Kubikmeter Luft) und die spezifische Feuchtigkeit (Wasserdampfmenge in Gramm pro kg feuchter Luft) wollen wir der Vollständigkeit halber hier zusätzlich erwähnen, jedoch darauf nicht eingehen.

Relative Feuchtigkeit

Die relative Feuchtigkeit ist ein prozentualer Wert und drückt den Sättigungsgrad der Luft (Dampfdruck) aus. Man errechnet diesen Wert, indem man die in der Luft effektiv vorhandene Wasserdampfmenge (effektiver Dampfdruck) ins Verhältnis zu der Wasserdampfmenge setzt, die in dieser bestimmten Luft vorhanden sein könnte (maximaler Dampfdruck). Anschließend multipliziert man diesen Wert mit 100. Dabei bestimmt die Lufttemperatur weitgehend die maximale Wasserdampfmenge, die in der Luft enthalten sein kann.

Aus Abbildung 31 ist ersichtlich, daß warme Luft mehr Wasserdampf als kalte Luft aufnehmen kann. In Abbildung 32 ist die Beziehung zwischen Wasserdampf, Temperatur und relativer Feuchtigkeit dargestellt.

Wenn man eine gegebene Luftmenge auf eine bestimmte Temperatur abkühlt, kann sie die vorher enthaltene Wasserdampfmenge nicht mehr halten, die relative Feuchtigkeit entspricht dann 100%, die Sättigung ist erreicht. Diese Temperaturgrenze nennt man Taupunkt.

Taupunkt

Der Taupunkt ist die Temperatur, bei der die Luft ihre Sättigung mit Wasserdampf erreicht hat und der Kondensationsprozeß einsetzt. Bei Flugwetterinformationen erhält man von den Meteorologen normalerweise zwei Lufttemperaturwerte: Die normale Lufttemperatur und die Temperatur des Taupunktes. Der Abstand zwischen Lufttemperatur und Taupunkttemperatur zeigt, wie nahe die Sättigungsgrenze liegt.

Lufttemperatur/Taupunkt-Differenz

Die Differenz zwischen der Lufttemperatur und dem Taupunkt nennt man im englischen Spread. Dieser Begriff hat sich auch bei uns eingebürgert. Wenn der Spread gering wird, steigt die relative Feuchtigkeit an. Die relative Feuchtigkeit beträgt 100%, wenn Temperatur und Taupunkt gleich sind.

Das Verhältnis Temperatur zu Taupunkt ist für die Bodenwettervorhersage sehr wichtig, denn daraus kann man schließen, wann sich Nebel bildet.

Der Spread hat aber eine geringe Bedeutung bei der Vorhersage von Niederschlägen. Niederschlag kann erst dann fallen, wenn die Luft auch in der Höhe in dicken Schichten gesättigt ist.

Die Luft ist aber hinsichtlich des Spread in ihrer vertikalen Schichtung nicht homogen. So kann in der Höhe die Luft gesättigt sein, obwohl der Spread in Bodennähe sehr groß ist. In diesem Fall bilden sich Wolken. Wenn nun Feuchtigkeit ausfällt, es also regnet, kann bei entsprechend großem Spread der Regen wieder verdunsten, sobald er in trockenere Luftschichten fällt. Der Regen verdunstet, bevor er den Erdboden erreicht. Der Meteorologe bezeichnet diese Erscheinung mit Virga.

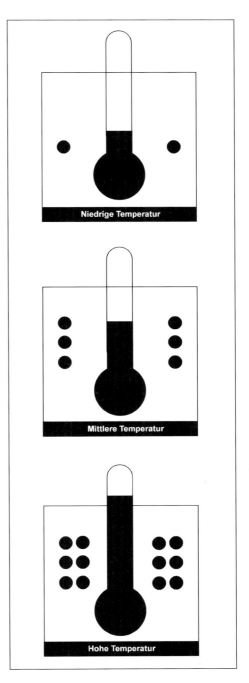

Abb. 31: Die Anzahl der Punkte in den drei Abbildungen verdeutlicht die zunehmende Wasserdampfkapazität warmer Luft. Bei einer bestimmten Temperatur kann die Luft nur eine gewisse Menge Wasserdampf aufnehmen.

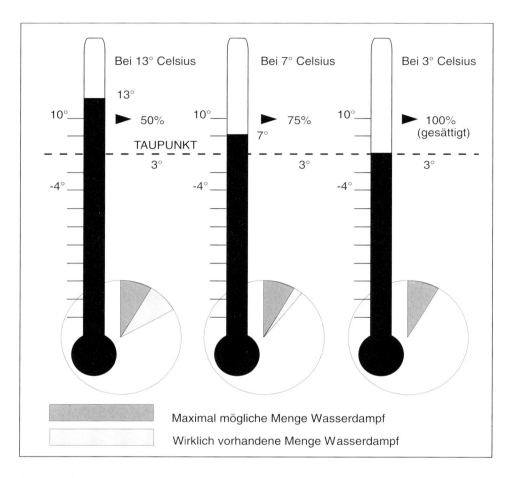

Abb. 32: Die relative Luftfeuchte ist sowohl von der Temperatur als auch vom Wasserdampfgehalt abhängig. In dieser Abbildung ist die Wasserdampfmenge konstant, während sich die Temperatur ändert. Links ist die relative Luftfeuchte 50%, die wärmere Luft könnte 2 x so viel Wasser aufnehmen wie effektiv vorhanden ist. Mit Abkühlung der Luft (in der Mitte und rechts) wächst der Anteil der relativen Luftfeuchte. Gleichzeitig (rechtes Beispiel) wird ihre Fähigkeit, Wasserdampf aufzunehmen, auf die tatsächlich schon vorhandene Menge reduziert. Die relative Luftfeuchte beträgt 100%, die Luft ist gesättigt. Zu beachten ist, daß bei 100% Luftfeuchte Temperatur und Taupunkt gleich sind. Die Luft hat sich bis zur Sättigung, d.h. bis auf den Taupunkt, abgekühlt.

Zustandsänderungen

Wasser kann in verschiedenen Formen vorkommen. Die Zustandsänderungen, die zu diesen Formen führen, nennt man Verdunstung, Kondensation, Sublimation, Gefrieren und Schmelzen.

Bei der Verdunstung geht das flüssige Wasser in unsichtbaren Wasserdampf über. Mit Kondensation bezeichnet man den umgekehrten Vorgang. Bei der Sublimation geht entweder Eis direkt in Wasserdampf oder Wasserdampf direkt in Eis über. Der flüssige Zustand des Wassers wird hier übergangen. Wenn Wasserdampf direkt in den festen Zustand übergeht, also sublimiert, entstehen Schnee- oder Eiskristalle. Da Gefrieren und Schmelzen allgemein vertraute Vorgänge sind, soll darauf nicht gesondert eingegangen werden.

Latente Wärme

Jede Zustandsänderung ist von einem Wärmeaustausch begleitet, ohne daß sich die Temperatur ändert. Abbildung 33 zeigt den Wärmeaustausch bei verschiedenen Zuständen. Bei der Verdunstung wird Wärmeenergie benötigt, die der nächsten verfügbaren Wärmequelle entnommen wird. Diese Wärmeenergie bei der Verdunstung ist als Verdunstungskälte bekannt. Der Wärmeenergie-Lieferant kühlt dabei zwangsläufig ab. Ein Beispiel für diesen Prozeß ist das Auskühlen des Körpers, wenn man schwitzt und der Schweiß an der Hautoberfläche verdampft. Was geschieht nun mit dieser Wärmeenergie, die zur Verdunstung verbraucht wird?

Energie kann nicht geschaffen oder zerstört werden. Aus diesem Grund ist sie im unsichtbaren Wasserdampf verborgen, d.h. latent vorhanden. Wenn nun der Wasserdampf wieder kondensiert und in den Zustand flüssigen Wassers übergeht, taucht die ursprünglich bei der Verdunstung verwendete Energie als Wärme wieder auf und wird vom Wasser in die Atmosphäre abgegeben. Das Gleiche geschieht bei einem Sublimationsvorgang. Diese Energieform heißt latente Wärme. Beim Schmelzen und Gefrieren spielt sich der Austausch der latenten Schmelzwärme in einer ähnlichen Weise ab. Diese Wärme ist jedoch geringer als die, die bei der Verdunstung und der Kondensation auftritt. Sobald die Luft gesättigt ist, kondensiert der Wasserdampf an der nächstgelegenen Oberfläche.

Kondensationskerne

Die Atmosphäre ist niemals vollständig sauber. Eine Unmenge von mikroskopisch kleinen Partikeln, die in der Luft schweben, sind für den Wasserdampf Kondensationsoberflächen (Kondensationskerne). Solche Teilchen wie beispielsweise Salz, Staub und Nebenprodukte von Verbrennungsvorgängen sind immer in bestimmten Mengen in der Luft enthalten. Manche dieser Kondensationskerne ziehen Wasser an - sie haben eine Affinität zu Wasser - und können dadurch eine Kondensation oder Sublimation einleiten. Dies geschieht auch dann, wenn die Luft schon beinahe, aber noch nicht vollständig, gesättigt ist.

Wenn Wasserdampf an den Kondensationskernen kondensiert oder sublimiert, beginnen die flüssigen oder festen Partikel zu wachsen. Ob aber z.B. die flüssigen Partikel flüssig bleiben oder in den festen Zustand (Eis) übergehen, hängt nicht allein von der Temperatur ab. Wasser kann auch bei Temperaturen erheblich unter dem Gefrierpunkt noch flüssig sein.

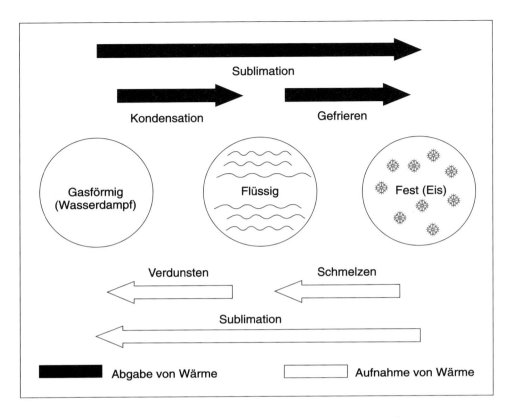

Abb. 33: Die absorbierte Wärme bleibt bis zu einer umgekehrten Zustandsänderung latent vorhanden. Zustandsänderungen mit Wärmeabgabe an die Umgebung sind durch dunkle Pfeile dargestellt. Der Wärmeaustausch findet immer bei Aggregatzustandsänderungen statt, auch wenn sich die Temperatur nicht ändert. Dies spielt eine große Rolle, z.B. bei der Entwicklung von Instabilität.

Unterkühltes Wasser

Der Vorgang des Gefrierens ist kompliziert. Auch bei Temperaturen unterhalb des Gefrierpunktes können Wassertröpfchen kondensieren und flüssig bleiben. Diese Wassertröpfchen, die eine Temperatur niedriger als 0° C haben, sind unterkühlt. Erst wenn sie, z.B. während des Fallvorganges, auf einen Gegenstand auftreffen, gefrieren sie bei diesem Aufprall schlagartig.

Treffen beispielsweise große unterkühlte Wassertropfen auf ein Flugzeug im Flug, wird es an den Aufprallflächen sofort vereisen.

Unterkühlte Wassertropfen kommen oft in großer Menge in Wolken bei Temperaturen zwischen 0 und -15° C vor. Die Menge dieser unterkühlten Wassertropfen nimmt jedoch bei noch niedrigeren Temperaturen ab.

Bei Temperaturen unterhalb -15° C sind Sublimationsprozesse vorherrschend. Hier setzen sich Wolken und Nebel vorwiegend aus Eiskristallen mit einem geringeren Anteil an unterkühlten Wassertropfen zusammen. Starke vertikale Luftströmungen können unterkühltes Wasser auch in große Höhen tragen, in denen die Temperaturen erheblich unter -15° C liegen. Man hat unterkühltes Wasser sogar schon bei Temperaturen unter -40° C festgestellt.

Tau und Reif

Während klarer Nächte mit wenig oder keinem Wind kühlt z.B. die Vegetation durch Abstrahlung auf einen Temperaturwert ab, der entweder der Umgebungstemperatur entspricht oder darunter liegt. Die in der Luft enthaltene Feuchtigkeit setzt sich nun auf Pflanzen als Tau ab. Unter den gleichen Bedingungen aber haben z.B. Steine, Baumstämme, schwerere Hölzer usw. im Freien keinen Tau angesetzt. Das liegt daran, daß diese wesentlich massiveren Stoffe während des Tages eine größere Wärmemenge absorbiert haben und diese während der Nacht nur langsam abgeben.

Reif bildet sich zunächst auf die gleiche Art und Weise wie Tau. Der Unterschied besteht darin, daß der Taupunkt der umgebenden Luft kälter als der Gefrierpunkt sein muß. Dann sublimiert Wasserdampf direkt in Eiskristalle oder Reif. Manchmal allerdings bildet sich zuerst Tau und friert später. Gefrorener Tau läßt sich von Reif leicht unterscheiden: Er ist hart und transparent, Reif hingegen ist weiß und undurchsichtig.

Wolkenbildung

Kondensations- oder Sublimationsvorgänge entstehen nur bei Sättigung der Luft. Diese Sättigung kann durch Absinken der Temperatur, durch Ansteigen des Taupunktes oder durch beides erreicht werden. Sättigung durch Abkühlung kommt häufiger vor.

Abkühlungsvorgänge

Drei Vorgänge können für das Abkühlen der Luft bis zum Sättigungsgrad verantwortlich sein:

- Luft bewegt sich über einer kälteren Oberfläche.
- Ruhende Luft liegt über sich abkühlender Oberfläche.
- Luft steigt auf, dehnt sich aus und kühlt dabei ab.

Der zuletzt genannte Vorgang ist hauptsächlich verantwortlich für die Wolkenbildung. Im Kapitel „Stabile und labile Luftschichten" wird dieser Vorgang detailliert besprochen.

Wolken und Nebel

Eine Wolke ist eine Ansammlung von winzigen Wasser- oder Eispartikeln, die in der Luft schweben. Kühlen sich große Luftschichten bis zur Sättigung ab, bilden sich großflächige Wolken. Schwebt eine solche Wolkenformation in Bodennähe, spricht man von Nebel. Steigt jedoch eine Luftmasse nach oben und erreicht die Sättigungsgrenze, entsteht ein turmähnliches Wolkengebilde.

Niederschlag

Niederschlag als Sammelbegriff umfaßt im einzelnen Nieselregen, Regen, Schnee, Graupel, Hagel und Eiskristalle. Es kommt zum Niederschlag, wenn diese Partikel in Größe und Gewicht zunehmen und durch die Luftbewegung nicht mehr in der Schwebe gehalten werden können. Sie fallen dann - der Schwerkraft gehorchend - nach unten.

Anwachsen der Wasser- und Eispartikel

Hat sich einmal ein Wassertropfen gebildet, wächst er kontinuierlich durch zusätzliche Kondensations- oder Sublimationsvorgänge, die direkt auf ihn einwirken. Es handelt sich hierbei um einen relativ langsamen Wachstumsprozeß. Das Ergebnis ist meist Nieselregen, leichter Regen oder Schnee.

Bei einem schnelleren Wachstumsprozeß treffen Wolkenteilchen aufeinander und verbinden sich zu einem größeren Tropfen. Aufwärtsströmungen verstärken diesen Effekt und unterstützen auch die Entstehung größerer Tropfen (Abb. 34). Der Niederschlag besteht dann meistens aus leichtem bis mäßigem Regen oder mittlerem Schneefall.

Sobald in der Atmosphäre starke vertikale Strömungen vorherrschen, entstehen Wolkenformationen, die bis in große Höhen hinaufreichen. Daraus fällt dann schwerer Regen, sehr viel Schnee und auch Hagel.

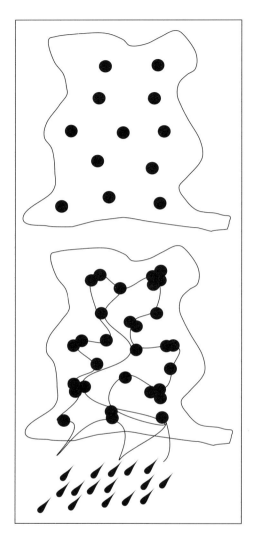

Abb. 34: Anwachsen von Regentropfen durch Zusammenprall mit Wolkenteilchen.

Flüssig, gefrierend und gefroren

Flüssiger Niederschlag fällt in Form von Regen oder Nieselregen zu Boden. Bei Sublimationsvorgängen aber schneit es, auch wenn die Temperaturen unterhalb des Gefrierpunktes liegen.

Niederschläge können sich in ihrem Zustand verändern, wenn sich die Temperatur der Umgebung verändert. Schnee kann beispielsweise in wärmeren Luftschichten in niedrigeren Höhen schmelzen und in Regen übergehen. Andererseits kann Regen, wenn er durch kältere Luftschichten fällt, so weit abkühlen, daß er beim Auftreffen auf Gegenstände als gefrierender Regen Eisform annimmt.

Regen kann aber auch während des Fallens bereits gefrieren und in Form von Graupeln die Erde erreichen. Das Vorkommen von Graupeln ist immer ein Anzeichen dafür, daß Regen bereits in größerer Höhe gefroren ist.

Mitunter enthalten starke vertikale Luftströmungen große unterkühlte Wassertropfen, von denen einige gefrieren. An den daraus entstehenden Graupelkörnern frieren andere Tropfen fest. Dadurch entstehen große Hagelschloßen.

Niederschlag in Abhängigkeit von der Schichtdicke der Bewölkung

Die Intensität des Niederschlages ist abhängig von der Schichtdicke der Bewölkung. Ab einer Schichtdicke von etwa 4.000 Fuß muß bereits mit starken Niederschlägen gerechnet werden. Faustregel: Je stärker der Niederschlag, um so dicker ist die Wolkenschicht.

Wirkungen von Land und Wasser auf die Wolkenbildung

Land- und Wasserflächen beeinflussen erheblich und mit verschiedenen Wirkungen die Entwicklung von Wolken und Niederschlag. Große Wasserflächen wie beispielsweise Ozeane und große Seen geben zusätzlich Wasserdampf an die Luft ab. In Gebieten, in denen hauptsächlich Seewind herrscht, muß häufig mit niedrigen Hauptwolkenuntergrenzen, mit Nebel und Niederschlägen gerechnet werden. Bei bergaufwärts wehenden Seewinden ist die Wolkenbildung noch ausgeprägter, der Niederschlag noch heftiger. Ein Beispiel hierfür sind die niederschlagsreichen See-Alpen am nördlichen Mittelmeer.

Im Winter strömt Kaltluft über relativ warmes Wasser. Diese Luft nimmt Wärme und Wasserdampf von der Wasseroberfläche auf, es entstehen an der Küste häufig Schauer. Ist die Luft wärmer als das Wasser, wird sie durch Verdunstungsvorgänge gesättigt und kühlt in niedrigen Höhen durch den Kontakt mit der Wasseroberfläche aus. An der Küste bildet sich dann häufig weit verbreiteter und dichter Nebel. Beide Vorgänge sind in Abbildung 35 dargestellt.

Größere Gewässer beeinflussen die angrenzenden Landgebiete hinsichtlich der Konvektion erheblich. Während des Tages weht Kaltluft über das Gewässer in Landrichtung, über dem Landgebiet bilden sich durch konvektive Vorgänge Wolken. In der Nacht ist es umgekehrt. Jetzt bilden sich Wolken über dem See, da Kaltluft vom Landesinneren in Seerichtung weht und über dem Wasser durch Konvektion Wolken entstehen.

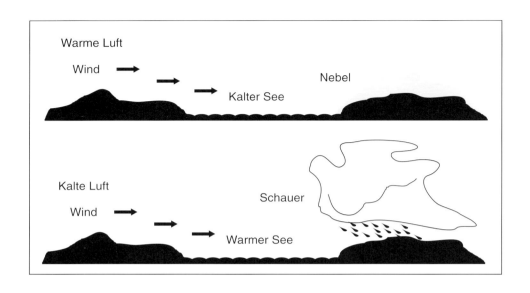

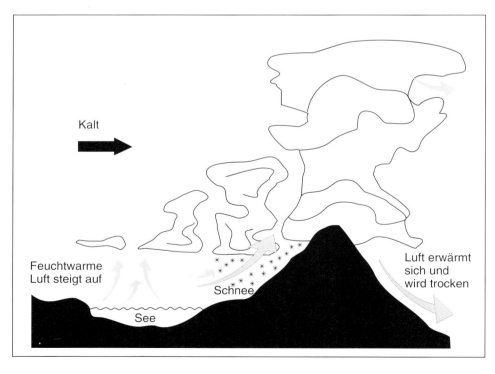

Abb. 35: See-Effekt. Luft, die sich über eine Wasserfläche bewegt, absorbiert Wasserdampf. Ist die Luft kälter als das Wasser, können an der Leeseite Schauer auftreten. Ist die Luft wärmer als das Wasser, entsteht an der Leeseite häufig Nebel.

Abb. 36: Heftige, kalte Winde über einem großen See absorbieren Wasserdampf und können Schauer auch an entferntere Gebirge tragen.

Zusammenfassung

- Wasser gibt es in drei Aggregatzuständen: Flüssig, fest (Eis) und gasförmig als Wasserdampf.
- Kondensation oder Sublimation von Wasserdampf sind oft Ursachen für viele Wetterrisiken in der Luftfahrt.

Sie können mit folgenden Wettererscheinungen rechnen:

- Nebel, wenn der Abstand zwischen Temperatur und Taupunkt 5° C oder weniger beträgt und weiter abnimmt.
- Ein Anheben niedriger Bewölkung oder Nebelauflösung, wenn der Abstand zwischen Temperatur und Taupunkt ansteigt.
- Reif in klaren Nächten, wenn der Abstand zwischen Temperatur und Taupunkt 5° C beträgt, darunter liegt und weiter abnimmt. Außerdem, wenn der Taupunkt niedriger als 0° C ist.
- Rechnen Sie mit zunehmender Bewölkung, Nebel und Niederschlägen, wenn der Wind vorrangig von Wasserflächen weht (Seewind).
- Wenn feuchter Wind bergaufwärts weht, ist mit Bewölkungszunahme, Nebel und Niederschlägen auch über höherem Gelände zu rechnen.
- Schauer treten an Küsten auf, wenn die Luft kalt und der See warm ist. Mit Nebel an Küsten müssen Sie dagegen rechnen, wenn die Luft warm und das Gewässer kalt ist.
- Je schwerer die Niederschläge, um so dicker sind die Wolkenschichten. Starke Niederschläge treten ab einer Wolkenschichtdicke von etwa 4.000 Fuß auf.
- Vereisungsgefahr besteht bei einem Flug durch gesättigte Bewölkung oder durch Niederschläge, wenn dabei die Temperatur in der Nähe des Gefrierpunktes oder darunter liegt.

Kapitel 4
Stabile und labile Luftschichten

Für einen Piloten ist ein stabiles Flugverhalten seines Flugzeuges eine lebenswichtige Voraussetzung. Eine ausgewogen konstruierte Maschine kehrt von selbst wieder in einen stabilen Flugzustand zurück, wenn sie einmal während eines Reisefluges, beispielsweise durch Turbulenzen, aus dem Gleichgewicht geworfen wurde. Ein Flugzeug mit instabilem Flugverhalten tut dies nicht, sondern kann unter Umständen in noch gefährlichere Flugzustände geraten.

Ähnlich verhält es sich mit den Vorgängen in der Atmosphäre. Eine stabile Atmosphäre z.B. wird sich gegenüber vertikalen Verschiebungen als widerstandsfähig zeigen. Bei einer instabilen Atmosphäre aber kann eine vertikale Störung in eine vertikale, konvektive Strömung ausarten. In diesem Kapitel werden zunächst die fundamentalen Veränderungen bei vertikalen Luftbewegungen und die Zusammenhänge zwischen stabiler und instabiler Luft in Beziehung zur Wolkenbildung und zum Wetter allgemein untersucht.

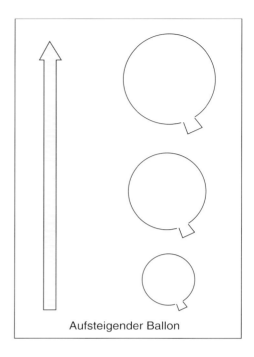

Aufsteigender Ballon

Abb. 37: Abnehmender Luftdruck bewirkt, daß sich der Ballon mit zunehmender Höhe ausdehnt.

Veränderungen bei aufsteigenden und absteigenden Luftmassen

Wenn Luft aufsteigt, vergrößert sie ihr Volumen, denn der atmosphärische Druck nimmt ab (Abb. 37). In dieser Abbildung expandiert die in den Ballons enthaltene Luft, da der Außendruck mit zunehmender Höhe sinkt. Absinkende Luft wird komprimiert, da der Druck zunimmt. Wenn sich jedoch Druck und Volumen verändern, ändert sich ihre Temperatur ebenfalls. Luft kühlt ab, wenn sie sich ausdehnt. Beim Komprimieren erwärmt sie sich.

Diese Vorgänge nennt man adiabatisch. Dabei wird weder Wärme entzogen noch hinzugefügt, es findet kein Wärmeaustausch statt. In ungesättigter Luft verändert sich die Temperatur praktisch nicht, sie variiert aber in gesättigter Luft.

Ungesättigte Luft

Ungesättigte Luft kühlt ab bzw. erwärmt sich um rund 1° C pro 100 m. Diesen Vorgang nennt man trocken-adiabatisch. Er ist unabhängig von der Temperatur der Luftmassen. Abbildung 38 zeigt ein Beispiel für die trocken-adiabatische Erwärmung.

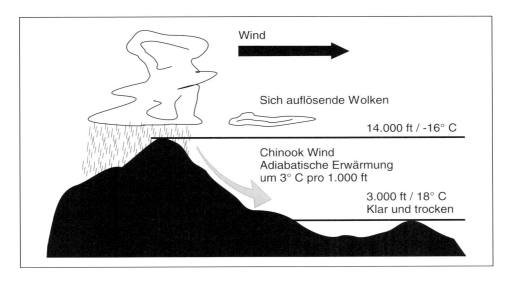

Abb. 38: Adiabatische Erwärmung von absinkenden Luftmassen.

Gesättigte Luft

Kondensation entsteht, wenn sich gesättigte Luftmassen so lange aufwärts bewegen, bis die in ihnen enthaltene Feuchtigkeit auf 100% und damit auf den Taupunkt gestiegen ist.

Wird der Taupunkt durch weiteres Anheben der Luftmasse auch nur minimal unterschritten, kondensiert der Wasserdampf in der Luft sofort, es entstehen Wolken, das Kondensationsniveau ist erreicht.

Durch diese Vorgänge wird latente Wärme frei, die teilweise die durch Expansion auftretende Abkühlung neutralisiert. Die Abkühlung schwankt nun in Abhängigkeit von Druck und Temperatur und erreicht einen Mittelwert von 0,6° C pro 100 m. Diesen Vorgang nennt man feucht-adiabatische Abkühlung.

Bewegt sich eine gesättigte Wolke abwärts, erwärmt sie sich durch Kompression. Das in ihr enthaltene Wasser verdunstet. Dadurch wird ein Teil der durch die Kompression entstandenen Wärme entzogen. Die Erwärmung bleibt unter 1° C pro 100 m und entspricht damit dem feuchtadiabatischen Gradienten.

In aufsteigender Luft bilden sich also in der Höhe des Kondensationsniveaus Wolken, absinkende Wolken dagegen lösen sich allmählich auf. Allgemein betrachtet entstehen in einer Zyklone Wolken durch aufsteigende Luftmassen, in einer Antizyklone lösen sie sich durch Absinken auf.

Stabilität und Labilität

Mit einem Ballon lassen sich die meteorologischen Begriffe Stabilität und Labilität (Instabilität) demonstrieren. In Abbildung 39 wurde in Meereshöhe ein Ballon mit Luft gefüllt, die eine Temperatur von 31° C hat. Dieser Temperatur entspricht auch die Temperatur der Umgebungsluft. Diese Grundbedingungen sollen für drei verschiedene Situationen gelten. In jedem dieser drei Fälle wurde der Ballon in eine Höhe von 5.000 Fuß (mit unterschiedlichen Lufttemperaturen) gebracht. In den Ballons expandiert nun die Luft und kühlt trockenadiabatisch mit 3° C pro 1.000 Fuß bis zu einer Höhe von 5.000 Fuß ab. In jedem Ballon ist die Luft-Temperatur nach Erreichen von 5.000 Fuß auf 16° C gesunken: 31° C - 5 x 3° C = 16° C.

Instabile Luftmasse
Beim linken Ballon bleibt die Luft im Inneren des Ballons mit 16° C um 3° wärmer als die Umgebungsluft (13° C). Dieser Temperaturschied begünstigt die vertikale Bewegung. Die kältere, dichtere Umgebungsluft zwingt den Ballon, aufzusteigen. Diese Luftmasse nennt man instabil.

Stabile Luftmasse
Beim mittleren Ballon ist die Umgebungsluft mit 18° C in der Höhe wärmer. Innerhalb des Ballons ist die Luft mit 16° C kälter als die Umgebungsluft. Der Ballon sinkt durch sein Eigengewicht so lange, bis keine Auftriebskräfte mehr vorhanden sind. Diese Luftmasse ist stabil, eine Konvektion ist nicht möglich.

Neutrale Luftmasse
Bei der rechten Darstellung ist die Lufttemperatur innerhalb des Ballons die gleiche wie die der Umgebungsluft. Der Ballon verharrt in seiner erreichten Position. Diesen Zustand nennt man neutral, d.h., die Luft ist weder stabil noch instabil.

Wie stabil oder instabil ist die Luft?

Stabilität kann in der Meteorologie quantitativ nicht genau definiert werden, die Skala reicht von absolut stabil bis absolut instabil. Die Atmosphäre ist immer in einem Mischzustand, stabile oder labile Verhältnisse auf Dauer gibt es nicht. Eine Änderung, z.B. des Temperaturgradienten einer benachbarten Luftmasse, wirkt sich u.U. sehr schnell aus. Auch wird die Luft durch Erwärmung oder Abkühlung in der Höhe instabiler, andererseits kann aber ein Auskühlen der Erdoberfläche oder eine Erwärmung in der Höhe die Luftmasse auch tendenziell stabil beeinflussen.

Selbst in gleichartigen Luftschichtungen können stabile und instabile Verhältnisse herrschen. Eine stabile Luftschicht kann über instabiler liegen oder umgekehrt. Luft in Erdbodennähe kann stabil sein, obwohl darüber instabile Schichten liegen. Stabilität oder Instabilität in der Meteorologie sind von vielen Faktoren abhängig.

Wolken in stabiler und labiler Luft

Beim Abkühlen der Luft und bei Beginn der Sättigung sind Kondensations- oder Sublimationsvorgänge für die Wolkenbildung verantwortlich. Nun soll die Wolkenstruktur in ihrer Beziehung zur Stabilität der Luftmasse behandelt werden.

Stratiforme Wolken

In einer stabilen Luftmasse gibt es keine Konvektion. Deswegen sind Wolken in stabiler Luft vorwiegend horizontal ausgeprägt.

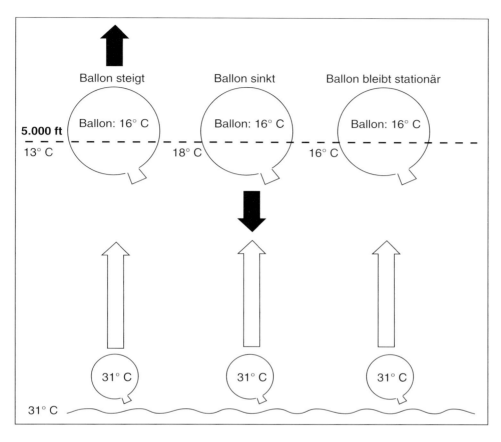

Abb. 39: Stabilität in bezug zur Temperatur in der Höhe und der adiabatischen Abkühlung. In jeder dargestellten Situation wird der Ballon in Meereshöhe mit Luft (31° C) gefüllt. Dann wird er auf 5.000 Fuß gebracht. In jedem Ballon dehnt sich die Luft aus und kühlt auf 16° C ab (trocken-adiabatisch mit 3° C pro 1.000 Fuß). Allerdings ist die Temperatur der umgebenden Luft in jeder Situation verschieden. Der Ballon links will nach oben. Obwohl er sich trocken-adiabatisch abkühlte, bleibt er wärmer und leichter als die ihn umgebende instabile Luft, die Vertikalbewegungen begünstigt. In der Mitte ist die umgebende Luft wärmer als der Ballon. Dieser Ballon wird absinken. Er kann nicht aus eigener Kraft aufsteigen. Die Luft ist stabil und bremst eine Aufwärtsbewegung. Im rechten Bild haben Ballon und umgebende Luft die gleiche Temperatur. Der Ballon bleibt in einem Schwebezustand, weil keine Dichtedifferenz vorhanden ist, die eine Vertikalbewegung begünstigen würde. Die Luft ist indifferent, das heißt: Der Ballon steigt nicht und sinkt nicht.

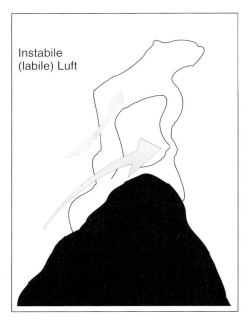

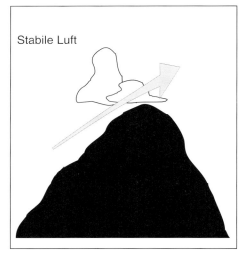

Abb. 40: Wird stabile Luft nach oben gezwungen, tendiert sie zu horizontaler Bewölkung mit flachem, stratusförmigem Aufbau. Wird instabile Luft nach oben gezwungen, ist eine ausgesprochene Vertikalbewegung mit konvektiver Bewölkung sichtbar.

Flache Wolkenschichten faßt man unter dem Begriff Stratusbewölkung zusammen. Man nennt die Bewölkung in einer stabilen Luftmasse stratiform (schichtwolkenartig). In Abbildung 40 ist zu sehen, wie sich Wolken in stabiler und instabiler Luft durch Aufwärtsströmungen bilden.

Cumuliforme Wolken

Instabile Luft begünstigt konvektive Vorgänge. Eine Cumuluswolke, bekannt als Schönwetterwolke, geht in einen konvektiven Aufwind über und baut sich in die Höhe auf. Auch dieser Vorgang ist in Abbildung 40 dargestellt. Wolken innerhalb einer instabilen Schicht sind cumuliform. Ihre vertikale Ausdehnung hängt von der Dicke der instabilen Schicht ab.

Vor Beginn des Kondensationsprozesses kann die Luft instabil oder leicht stabil sein. Damit sich jedoch Cumuli entwickeln, muß sie nach der Sättigung instabil sein.

Die Abkühlung beim Hebungsvorgang läuft nun nach dem feucht-adiabatischen Temperaturgradienten ab und ist also durch das Freiwerden latenter Kondensationswärme geringer. Die Temperatur in dem gesättigten Aufwind ist höher als die Umgebungstemperatur, und die Konvektion erfolgt spontan. Das Entstehen von Aufwinden wird so lange beschleunigt, bis die Temperatur innerhalb der Wolke unter die Umgebungstemperatur abgesunken ist. Dies ist dort der Fall, wo eine instabile Schicht von einer stabilen abgedeckt ist. Die stabile Schicht ist dabei häufig durch eine Temperaturumkehrung gekennzeichnet.

Die vertikale Ausdehnung reicht von kleinen Schönwetterwolken bis zu riesigen Gewitterwolken (Cumulonimben).

Diese Cumulonimben befinden sich in instabiler Atmosphäre und werden nach oben durch die Tropopause abgegrenzt.

Die Höhe der Wolkenuntergrenze bei Cumulusbewölkung (Kondensationsbasis) kann man schätzen, wenn man die Differenz zwischen Temperatur und Taupunkt (Spread) am Boden ermittelt. Ungesättigte Luft in einem konvektiven Aufwind kühlt pro 1.000 Fuß um etwa 3° C ab, der Taupunkt sinkt dabei um etwa 0,5° C. Dementsprechend sinken Temperatur und Taupunkt nun mit ca. 2,5° C pro 1.000 Fuß (3° C - 0,5° C). Dieser Vorgang ist in Abbildung 41 schematisch dargestellt. Der Spread wird durch diesen Wert geteilt.

Berechnung des Spread (Beispiel):

Temperatur 22° C - Taupunkt 14,5° C
= Spread 7,5° C

Bei diesem Spread ergibt sich eine Kondensationsbasis von

Spread 7,5° C : 2,5° C = 3 x 1.000
= 3.000 Fuß

Man kann aber auch den Spread mit 400 multiplizieren und kommt zum gleichen Ergebnis. Diese Schätzmethode ist relativ zuverlässig, wenn die Bewölkung instabil ist und die Berechnung zur wärmsten Tageszeit durchgeführt wird.

Liegt eine instabile Luftschicht über einer stabilen Luftschicht, entstehen durch Konvektionsströme in mittleren und großen Höhen Cumuli. Diese Wolkenart nennt man Altocumulus bzw. Cirrocumulus. Die letztgenannten enthalten Eiskristalle. Altocumulus-Castellanus-Wolken entstehen in mittelhohen instabilen Schichten und haben eine größere, turmartige (castellanus) Ausdehnung.

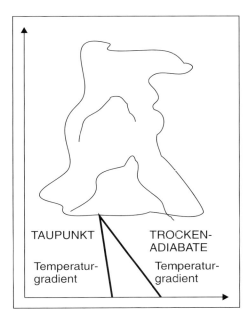

Abb. 41: Bestimmung der Wolkenuntergrenze bei Cumuli. In konvektiver Luft nähern sich Temperatur und Taupunkt mit einer Rate von 2,5° C/1.000 Fuß.

Ineinanderfließen von stratiformer und cumuliformer Bewölkung

Eine stratiforme Bewölkung entwickelt sich gelegentlich in einer schwachen, stabilen Schicht, wobei konvektive Wolken durch diese Schicht dringen und zu einer Mischung zwischen stratiformer und cumuliformer Bewölkung führen. Für den IFR-Piloten ist wichtig zu wissen, daß sich konvektive Wolken mitunter in einer massiven Stratusschicht einbetten und damit eine unsichtbare Bedrohung für Flüge unter IMC sein können.

Kann man eigentlich in instabiler oder stabiler Luft fliegen? Selbstverständlich, denn die Luft ist sehr selten ausschließlich stabil oder instabil. Die in instabiler Luft vorzugsweise auftretende Konvektion sorgt für die sogenannte „Knüppelthermik", die nur unter ganz bestimmten Voraussetzungen so stark werden kann, daß mit Gefahrenmomenten zu rechnen ist. In stabiler Luft dagegen fliegt man gewöhnlich recht ruhig, allerdings können sich niedrige Hauptwolkenuntergrenzen und schlechte Sichten störend und sogar flugverhindernd auswirken.

Zusammenfassung

Bestimmte Wettererscheinungen können schon vor der Flugplanung entscheidende Hinweise auf Risiken in stabiler und instabiler Luft geben:

- Gewitter sind Anzeichen von instabiler Luft und sind generell zu umfliegen.
- Schauer und riesige Wolkentürme sind Hinweise auf extreme Aufwinde und turbulente Luft und immer zu meiden.
- Schönwetterwolken (Cumuli) weisen je nach ihrer Größe oft auf heftige Turbulenzen hin. Ihre Obergrenzen entsprechen ungefähr der Obergrenze der Konvektion. Darüber hat man normalerweise einen ruhigen Flug.
- Stratiforme Bewölkung weist auf eine stabile Luftschichtung hin. Mit Turbulenzen ist nicht zu rechnen. Allerdings kann die Hauptwolkenuntergrenze so weit absinken, daß Sie nur noch nach Instrumentenflugregeln fliegen können. Auch die Sichten verschlechtern sich bei dieser Wetterlage zusehends.
- Ist die vertikale Sicht zum Boden oder die Sicht am Boden beeinträchtigt, weist dies auf stabile Luft hin. Auch hier erwartet Sie ein ruhiger Flug.
- In stratiformer Bewölkung können unsichtbare Gewitter eingelagert sein.
- Nimmt die Temperatur gleichförmig und schnell um etwa 3° C pro 1.000 Fuß ab, ist die Luft instabil.
- Die Luft tendiert zur Stabilität, wenn die Temperatur unverändert bleibt oder nur gering mit steigender Höhe abnimmt.
- Wenn die Temperatur mit zunehmender Höhe zunimmt (Inversionslage), ist die Luftschichtung stabil und konvektive Vorgänge werden unterdrückt. Unterhalb der Inversion jedoch kann die Luft instabil sein.
- Mit instabiler Luft müssen Sie rechnen, wenn die Luft in Erdbodennähe warm und feucht ist. Eine Erwärmung der Erdoberfläche, Abkühlung in der Höhe, konvergierende Winde oder einbrechende kältere Luftmassen können zur Instabilität und damit zur Bildung von Cumulus-Bewölkung führen.

Kapitel 5
Wolken

Wolken haben fast für jeden Menschen eine bestimmte symbolische und auch praktische Bedeutung. Aber für Piloten sind Wolken unentbehrliche Wegweiser auf ihren Flugrouten. Sie geben Hinweise auf Luftbewegungen, Stabilität, Labilität, Feuchtigkeit usw. und helfen, Wetterbedingungen richtig zu interpretieren und potentielle Wetterrisiken rechtzeitig zu erkennen.

Wolkenbezeichnungen

Zuerst sollen bei den Wolkenbezeichnungen die Grundtypen der Wolken behandelt werden. Es gibt vier Wolkenfamilien:

- Hohe Wolken
- Mittelhohe Wolken
- Tiefe Wolken
- Wolken mit mächtiger, vertikaler Ausdehnung

Wolken, die durch vertikale Strömungen in instabiler Luft entstehen, nennt man Cumulus-Wolken oder auch Haufenwolken. Sie sind an ihrem aufgequollenen und welligen Aussehen zu erkennen.

Wolken, die durch Abkühlung einer stabilen Schicht entstanden sind, nennt man Stratus-Wolken oder Schichtwolken. Es handelt sich hierbei um eine einheitliche, zusammenhängende Wolkendecke.

Fügt man z.B. vor den Wolkennamen Nimbo ein oder hängt man Nimbus an, deutet dies grundsätzlich auf Regen hin. Stratus-Wolken, aus denen es regnet, heißen also Nimbo-Stratus (auch: Nimbostratus). Regnet es aus einer schweren, aufgequollenen Cumulus-Wolke, nennt man diese Cumulo-Nimbus (auch: Cumulonimbus).

Vereinzelte, in Fragmente verstreute Wolken haben oft den Zusatz Fractus, z.B. heißen verstreute Cumuli in diesem Fall Fracto-Cumulus (auch: Fractocumulus).

Hohe Wolken

Die Familie der hohen Wolken ist cirriform (federwolkenartig). Dazu gehören Cirrus, Cirrocumulus und Cirrostratus. Sie bestehen fast ausschließlich aus Eiskristallen. Die Untergrenzen reichen von ungefähr 16.500 Fuß bis 45.000 Fuß in den mittleren Breitengraden. Die Abbildungen 42 bis 44 zeigen hohe Bewölkung.

Cirrus
Cirren sind dünne, federähnliche Wolken, die aus Eiskristallen bestehen. Stärkere Vereisungsgefahr oder Turbulenz gibt es in Cirren nicht. Dichte Cirrusbänder aber sind oft turbulent.

Cirrocumulus
Hier handelt es sich um dünne Wolkenschichten, die wie weiße Flocken oder Baumwollflusen aussehen. Es können extrem unterkühlte Wassertröpfchen vorhanden sein. Die Turbulenz und Vereisungsgefahr ist mäßig.

Cirrostratus
Cirrostratus ist eine dünne, weißliche Wolkenschicht. Die Wolkenteile sind diffus, manchmal faserig. Cirrostratuswolken bestehen aus Eiskristallen. Deswegen sind diese Wolken oft mit einem Halo verbunden (großer, leuchtender Kreis, der die Sonne oder den Mond umgibt). Es gibt keine Turbulenz, die Vereisungsgefahr ist gering. Das größte Problem beim Fliegen in cirriformen Wolken sind Sichtbehinderungen.

Mittelhohe Wolken

Zu der Familie der mittelhohen Wolken zählt man Altostratus und Altocumulus. Diese Wolken bestehen vorwiegend aus Wasser, von dem der größte Teil unterkühlt sein kann. Die Untergrenzen reichen von 6.000 Fuß bis etwa 23.000 Fuß in mittleren Breitengraden (Abb. 45 bis 47).

Altocumulus
Altocumuli setzen sich aus weißen oder weißgrauen Wolkenschichten zusammen. Die Wolkenelemente haben ein gewelltes bzw. walzenförmiges Aussehen. In diesen Wolken ist es turbulent, die Vereisungsgefahr ist gering.

Altostratus
Altostratus besteht aus einem bläulichen Schleier oder einer bläulichen Schicht. Oft ist er mit Altocumulus verbunden und geht manchmal allmählich in Cirrostratus-Bewölkung über. Durch diese Wolkenschicht scheint gelegentlich schwach die Sonne. Die Turbulenz ist gering, die Vereisungsgefahr mäßig.

Altocumulus castellanus
Altocumuli castellani sind konvektive Wolken in mittleren Höhen. Sie sind charakterisiert durch ihre sich auftürmenden Köpfe und ihre relativ hohen Untergrenzen. Diese Wolken sind ein guter Hinweis auf Instabilität in mittleren Höhen. Die Turbulenz ist ausgeprägt, es besteht Vereisungsgefahr.

Altocumulus lenticularis
Diese Wolken bilden sich hinter Gebirgen (auch Mittelgebirgen), die in der Windströmung liegen. Die Bewegung dieser Wolken ist gering. Deswegen nennt man sie auch stehende Lenticularis-Wolken. Jedoch kann der Wind, der durch diese Schichten weht, sehr stark sein. Diese Wolkenart ist an ihrem weichen, glattflächigen Äußeren zu erkennen. Sie sind ein guter Hinweis auf sehr starke Turbulenz.

Tiefe Wolken

Zu den tiefen Wolken zählt man Stratus, Nimbostratus, Stratocumulus und Cumulus. Tiefe Wolken enthalten sehr viel Wasser, das manchmal auch unterkühlt sein kann. Liegt die Temperatur unter dem Gefrierpunkt, kommen auch Schnee und Eispartikel in diesen Wolken vor. Die Untergrenze der tiefen Wolken reicht von Erdbodennähe bis ca. 6.500 Fuß in mittleren Breitengraden (Abb. 48 bis 51).

Nimbostratus
Nimbostrati sind graue und dunkle, massive Wolkenschichten, die mit mehr oder weniger unaufhörlichem Regen, Schnee oder Graupeln durchdrungen sind. Dieser Wolkentyp zählt zu der mittelhohen Bewölkung, obwohl er auch in sehr tiefen Stratus oder Stratocumulus übergehen kann.
Die Turbulenz ist gering, es kann aber eine ernsthafte Vereisungsgefahr bestehen, wenn die Temperaturen in der Nähe oder unterhalb des Gefrierpunktes liegen.

Stratus
Stratus ist eine graue, gleichförmig flache Wolkenschicht mit relativ niedrigen Wolkenuntergrenzen, die selbst bei niedrigen Erhebungen häufig „aufliegen". In Verbindung mit Nebel oder Niederschlag ist Stratus für den VFR-Flieger sehr gefährlich. Die Turbulenz ist schwach. Jedoch können durch Temperaturen in der Nähe oder unterhalb des Gefrierpunktes gefährliche Vereisungsbedingungen entstehen.

Stratocumulus

Stratocumuli-Untergrenzen sehen wie runde Rollen oder Wolkenmassen aus, die sich von den flachen, oft unbestimmbaren Untergrenzen des Stratus unterscheiden. Sie bilden sich gewöhnlich oberhalb einer Schicht, die durch mäßige Bodenwinde durchmischt ist. Manchmal entstehen sie, wenn Stratusbewölkung aufbricht oder Cumuli zerfließen. Die Turbulenz ist mäßig, es besteht Vereisungsgefahr bei Temperaturen unterhalb des Gefrierpunktes. Wolkenuntergrenze und Sicht sind etwas besser als bei niedriger Stratusbewölkung.

Cumulus

Cumuli (Schönwetterwolken) bilden sich in Konvektionsströmen und sind charakterisiert durch relativ flache Untergrenzen und ausgeprägte Köpfe. Sie haben keine besonders große vertikale Ausdehnung, Niederschlag fällt aus ihnen nicht. Häufig sind Cumuli ein Hinweis auf flache Instabilitätsschichten. Die Turbulenz ist mäßig, die Vereisungsgefahr ist unbedeutend.

Wolken mit großer vertikaler Ausdehnung

Zu der Wolkenfamilie schließlich, die Wolken mit mächtiger, vertikaler Ausdehnung umfaßt, zählt man hoch aufgetürmte Cumuli und Cumulo-Nimben. In ihnen ist normalerweise unterkühltes Wasser enthalten, dessen Temperatur oberhalb des Gefrierpunktes liegt. Wächst ein Cumulus in große Höhen, gefriert das Wasser im oberen Bereich, und es entstehen Eiskristalle. In der Regel entwickelt sich daraus ein Cumulo-Nimbus. Die Untergrenzen reichen von 1.000 Fuß bis über 10.000 Fuß (Abb. 52 und 55).

Cumulus congestus

Dieser Wolkentyp ist kennzeichnend für eine relativ dicke Schicht instabiler Luft. Er hat eine beträchtliche vertikale Ausdehnung und hoch auftürmende blumenkohlähnliche Köpfe. Aus diesen Wolken können Schauer niedergehen. Die Turbulenz ist sehr stark, oberhalb des Gefrierpunktes kann Klareis auftreten.

Cumulonimbus

In Cumulonimben dominiert Instabilität. Es handelt sich hierbei um riesige Wolken mit vertikaler Ausdehnung. Ihre Köpfe bestehen aus zusammengeballten Wolkenmassen, die oft in dichte Schleier von Cirren (Amboß) übergehen. Fast das gesamte Spektrum aller Wettergefahren für den Piloten ist in diesem Wolkentyp vorhanden, die Turbulenz ist extrem. Cumulonimben müssen generell umflogen werden.

In den folgenden Abbildungen werden die wichtigsten Wolkentypen vorgestellt.

Abb. 42: Cirren (oben, Quelle: Deutscher Wetterdienst, Offenbach).
Abb. 43: Cirrocumulus (unten, Quelle: Deutscher Wetterdienst, Offenbach).

Abb. 44: Cirrostratus (oben, Quelle: Deutscher Wetterdienst, Offenbach).
Abb. 45: Altocumulus (unten, Quelle: Deutscher Wetterdienst, Offenbach).

Abb. 46: Altocumulus (Quelle: Deutscher Wetterdienst, Offenbach).

Abb. 47: Altocumulus lenticularis (oben, Quelle: Peter Bachmann).
Abb. 48: Nimbostratus (unten, Quelle: Deutscher Wetterdienst, Offenbach).

Abb. 49: Stratus (oben, Quelle: Deutscher Wetterdienst, Offenbach).
Abb. 50: Cumulus (unten, Quelle: Deutscher Wetterdienst, Offenbach).

Abb. 51: Ausgeprägter Cumulus (oben, Quelle: Peter Bachmann).
Abb. 52: Cumulus congestus (unten, Quelle: Peter Bachmann).

Abb. 53: Reifender Cumulonimbus (oben, Quelle: Peter Bachmann).
Abb. 54: Aktiver Cumulonimbus (unten, Quelle: Peter Bachmann).

Abb. 55: *Zerfallender Cumulonimbus (Quelle: Peter Bachmann).*

Zusammenfassung

- Wolken, die durch vertikale Strömungen in instabiler Luft entstehen, nennt man Cumulus-Wolken oder Haufenwolken.
- Wolken, die durch Abkühlung einer stabilen Schicht entstanden sind, nennt man Stratus-Wolken oder Schichtwolken.
- Hohen Wolken sind cirriform. Dazu gehören Cirrus, Cirrocumulus und Cirrostratus.
- Zu mittelhohen Wolken zählt man Altostratus und Altocumulus. Diese Wolken bestehen vorwiegend aus Wasser, von dem der größte Teil unterkühlt sein kann.
- Zu den tiefen Wolken zählt man Stratus, Nimbostratus, Stratocumulus und Cumulus. Tiefe Wolken enthalten sehr viel Wasser, das manchmal auch unterkühlt sein kann.
- Zu den Wolken mit mächtiger Ausdehnung gehören aufgetürmte Cumuli und Cumulo-Nimben. In ihnen ist unterkühltes Wasser enthalten, dessen Temperatur oberhalb des Gefrierpunktes liegt.

Kapitel 6
Luftmassen und Fronten

Häufig fragt man sich, warum an einem bestimmten Tag in Deutschland sehr unterschiedliche Wetterlagen herrschen. Die Antwort darauf geben Luftmassen und Frontensysteme, die einzeln oder im Verbund unser Wettergeschehen mitunter auch kleinräumig bestimmen. Für den Piloten kommt es folglich darauf an, die Auswirkungen von Luftmassen und Fronten auf das Wettergeschehen auswerten zu können. Im folgenden werden Luftmassen und Fronten erklärt und beide in Beziehung zum Wetter und zur Flugplanung gesetzt.

Luftmassen

Mit einem Beispiel soll dieser Abschnitt eingeleitet werden: Eine Luftmasse bewegt sich langsam über ein großes Gebiet und kommt dabei zum Stillstand. Wenn dieses Gebiet dabei eine einheitliche Temperatur und Feuchtigkeit hat, nimmt die darüber zum Stillstand gekommene Luftmasse langsam diese Eigenschaften an.

Das Gebiet, dessen Eigenschaften die Luftmasse angenommen hat, soll als Ursprungsgebiet bezeichnet werden. Kleinräumig gesehen gibt es eine Vielzahl solcher Ursprungsgebiete, die aber nur in der Summe einen gewissen Einfluß auf das pauschale Wettergeschehen nehmen können. Am stärksten wirken sich Gegenden wie z.B. die schnee- oder eisbedeckten Polarregionen, kalte nördliche Ozeane, tropische Ozeane und große Wüstengebiete auf riesige Luftmassenumwandlungen aus. In mittleren Breiten findet man kaum wetterproduzierende Regionen, denn diese Gebiete werden von Übergangsstörungen beherrscht, die den Luftmassen wenig Gelegenheit geben, zur Ruhe zu kommen und dadurch die Eigenschaften des darunter liegenden Gebietes anzunehmen.

Veränderungen innerhalb der Luftmassen

Genauso, wie eine Luftmasse die Eigenschaften ihres Ursprungsgebietes annimmt, tendiert sie dazu, die Eigenschaften des Gebietes anzunehmen, über das sie gerade strömt: Sie verändert sich. Der Grad dieser Veränderung hängt von der Geschwindigkeit ab, mit der sie sich bewegt, von der Topographie des überströmten Gebietes und von der Temperaturdifferenz zwischen der neuen Oberfläche und der Luftmasse selbst. Luftmassen können folgenden Einflüssen ausgesetzt sein:

- Erwärmung von unten
- Abkühlung von unten
- Aufnahme von Wasserdampf
- Abgabe von Wasserdampf

Erwärmung von unten

Kalte Luft, die sich über eine warme Oberfläche bewegt, wird von unten erwärmt und dadurch instabil. Die Wahrscheinlichkeit, daß Schauer entstehen, steigt.

Abkühlung von unten

Warmluft bewegt sich über eine kalte Oberfläche und wird von unten abgekühlt. Die Stabilität steigt. Sobald die Lufttemperatur bis zum Taupunkt sinkt, entstehen Stratus und/oder Nebel.

Aufnahme von Wasserdampf

Von Wasseroberflächen verdunstet Wasser und geht als Wasserdampf in die Luftmasse ein. Wenn das Wasser wärmer ist als die Luft, kann die Verdunstung so massiv werden, daß der Taupunkt schnell erreicht wird und sich Stratusbewölkung und/oder Nebel bildet.

Abgabe von Wasserdampf

Wasserdampf wird einer Luftmasse durch Kondensation oder durch Niederschlag entzogen.

Stabilität

Die typischen Charakteristika einer Luftmasse werden durch den Grad ihrer Stabilität gekennzeichnet. Wenn ein Luftmassentyp einen anderen überlagert, ändern sich die jeweiligen Parameter mit der Höhe.

Da Luftmassen ihre Ursprungsgebiete verlassen, kommen sie mit anderen Luftmassen in Kontakt, die unterschiedliche Eigenschaften haben. Die Zone zwischen zwei sich unterscheidenden Luftmassen nennt man Frontalzone, besser bekannt als Front. In dieser Front wechseln Temperatur, Feuchtigkeit und Windverhältnisse oft sehr schnell in kurzen Entfernungen.

Durchfliegt man eine Front, kann der Wechsel zwischen den Eigenschaften der einen und den der anderen Luftmasse abrupt sein. Solche plötzlichen Veränderungen deuten auf eine schmale, frontale Zone hin. Es gibt aber auch Fronten, in denen sich die Eigenschaften nur allmählich verändern. Es handelt sich dann um eine breite und diffuse Front.

Temperatur

Die Temperatur ist eine der Variablen in einer Front, die man am schnellsten erkennen kann. In Erdbodennähe verursacht der Durchzug einer Front erhebliche Temperaturveränderungen. Dies kann man beim Durchflug in niedriger Höhe feststellen. Die Temperaturänderungen von Luftmasse zu Luftmasse sind dabei viel größer als innerhalb einer einzigen Luftmasse. Unmittelbar nach einem Fronten-Durchflug muß deshalb der Höhenmesser neu eingestellt werden.

Taupunkt

Zur Erinnerung: Die Taupunkttemperatur ist ein Maß für die in der Luft vorhandene Wasserdampfmenge. Der Abstand zwischen Temperatur und Taupunkt (Spread) ist ein Maß für den Sättigungsgrad. Innerhalb einer Front sind Taupunkt und Spread normalerweise verschieden. Mit diesem Differenzwert kann man die Front leichter identifizieren und Hinweise auf Bewölkungsart und/oder Nebelbildung erhalten.

Wind

Innerhalb einer Front wechseln Windstärke, -geschwindigkeit und -richtung ständig. Bei Flügen in einer Front muß man in niedriger Höhe besonders vorsichtig sein, da hier erhebliche Windsprünge auftreten können. Unaufmerksamkeit führt dann dazu, daß man sehr schnell vom Kurs abkommt. Diese plötzlichen Windsprünge sind auch Ursache für Windscherungen, die aber zum Thema Turbulenzen gehören und deswegen hier nicht behandelt werden sollen.

Druck

Entlang einer Front ist der Luftdruck besonders niedrig, in kalter Luft aber höher als in warmer. Man muß mit einem Druckanstieg rechnen, wenn man eine Front in

Richtung Kaltluft durchquert. Im umgekehrten Fall sinkt der Luftdruck. In warmer Luft aber bleibt er konstant oder hat eine leicht fallende Tendenz. Jedoch ändern sich innerhalb von Fronten Drucksysteme erheblich. Einem VFR-Piloten, der nur einen „Lustflug" plant, muß man von einem Flug durch eine Front abraten. Falls aber ein Flug unbedingt nötig sein sollte, ist vorrangig auf Druckänderungen während des Frontendurchfluges zu achten.

Fronten

Die Hauptfrontensysteme haben folgende Einteilungt:

- Kaltfront
- Warmfront
- Stationäre Front

Kaltfront

Die vordere Linie bzw. Grenze einer sich nähernden Kaltluftmasse nennt man Kaltfront. Am Boden holt die Kaltluft die warme Luft ein und verdrängt sie. Kaltfronten bewegen sich ungefähr mit der Geschwindigkeit der Windkomponente, die senkrecht auf die Front gerade oberhalb der Reibungsschicht einwirkt. In Abbildung 56 sind ein vertikaler Querschnitt durch eine Kaltfront und ihre Symbole, wie sie auf einer Bodenwetterkarte wiedergegeben wird, zu sehen.

Abbildung 57 zeigt, daß begrenzte, kleinere Kaltluftmassen oder sich langsam bewegende Kaltfronten ein größeres frontales Gefälle als Warmfronten haben können.

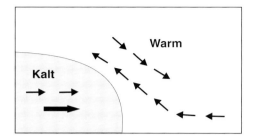

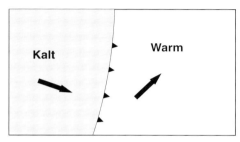

Abb. 56: Querschnitt durch eine Kaltfront (oben) mit den Wetterkartensymbolen (unten). Die Symbole sind Dreiecke auf einer Linie, die in Bewegungsrichtung weisen. Bei einer farbigen Karte ist die Kaltfront durch eine blaue Linie dargestellt. Der Vertikalmaßstab ist in der oberen Abbildung vergrößert, um die Neigung der Front zu zeigen. Die Neigung ist an der Schnittkante steil: Hier verdrängt kalte Luft die warme. Die dicken schwarzen Pfeile kennzeichnen die Bewegungsrichtung der Front. Warme Luft kann über der Kaltfront absinken (kurze Pfeile), doch in der Regel wird die warme Luft gezwungen, über der Frontoberfläche aufzusteigen.

Warmfront

Die vordere Linie oder Grenze einer sich nähernden Warmluftmasse nennt man Warmfront. Die wärmere Luft holt die kältere Luft ein und verdrängt sie. Wenn die Kaltluft dichter als die Warmluft ist, bleibt die Kaltluft am Boden liegen.

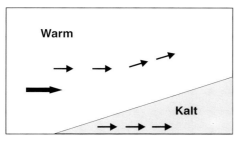

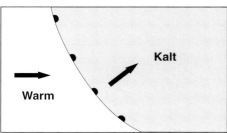

Abb. 57: Querschnitt durch eine Warmfront (oben) mit den Wetterkartensymbolen (unten). Die Symbole sind Halbkugeln auf einer Linie, die in Bewegungsrichtung zeigen. Bei einer farbigen Karte ist die Warmfront durch eine rote Linie dargestellt. Die Neigung der Warmfront ist im allgemeinen flacher als die einer Kaltfront. Die Bewegungsrichtung der Warmfront ist durch die dicken schwarzen Pfeile gekennzeichnet. Sie ist geringer als die Windgeschwindigkeit (dünne Pfeile) in der warmen Luft. Die warme Luft nimmt die kalte allmählich auf.

Die Warmluft gleitet auf, bewegt sich über die Kaltluft weiter, nimmt aber auf diese keinen direkten Einfluß. Die Kaltluft ist zu träge, um sich bei der Annäherung der warmen Luft zurückziehen zu können.

Da sie sich nur langsam bewegt, entsteht ein frontales Gefälle. Dieses aber verläuft allmählicher als das frontale Gefälle bei einer Kaltfront (Abb. 57). Warmfronten am Boden sind selten so deutlich ausgeprägt wie Kaltfronten.

Stationäre Fronten

Wenn kein „Verdrängungswettbewerb" der Luftmassen untereinander stattfindet, nennt man die Front stationär.

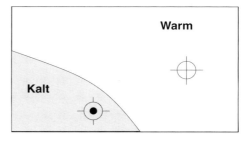

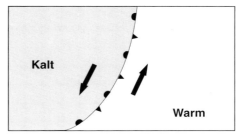

Abb. 58: Querschnitt durch eine stationäre Front (oben) und ihre Wetterkartensymbole (unten). Die Symbole sind Dreiecke und Halbkugeln auf einer Linie, wobei die Dreiecke in Richtung Warmluft, die Halbkugeln in Richtung Kaltluft zeigen. Bei einer farbigen Karte wird die Front mit einer rot blauen, abwechselnd gestrichelten Linie dargestellt. Die Front zeigt kaum Bewegung, der Wind weht fast parallel zu ihr. Die Symbole in der oberen Grafik stellen die Windrichtungen in den entsprechenden Luftmassen dar. Die Neigung der Front ist beträchtlichen Änderungen unterworfen. Dies ist abhängig vom Wind und den Dichteunterschieden quer durch die Front.

In Abbildung 58 ist ein Querschnitt durch eine stationäre Front und das Symbol, mit der sie auf der Bodenwetterkarte dargestellt wird, zu sehen. Die Kräfte, die bei benachbarten Luftmassen mit unterschiedlichen Dichten entstehen, bewirken, daß das Frontengebiet zwischen den Luftmassen nur eine geringe oder fast gar keine Bewegung hat. Der Wind tendiert in diesem Fall dazu, parallel zur Frontenzone zu wehen. Das Gefälle einer stationären Front ist normalerweise schwach ausgeprägt. Dies jedoch hängt von der Windverteilung und dem Dichteunterschied der Luft ab.

Wellen und Okklusion

Frontale Wellen und Zyklone (Tiedruckgebiet, Tief) entwickeln sich in langsamen Kaltfronten und in stationären Fronten. Die Lebensdauer und die Bewegung einer Zyklone wird wesentlich von der Windströmung in der Höhe beeinflußt. Im Anfangsstadium der Entwicklung einer frontalen Welle (Abb. 59, A-G) wehen die Winde auf beiden Seiten der Front parallel (Abb. A).

Geringe Störungen können dann aber ein wellenähnliches Ablenken in die Front hinein verursachen (Abb. B).

Bei Andauern dieser Tendenz und Zunahme der Wellen entwickelt sich ein zyklonaler Kreislauf entgegen dem Uhrzeigersinn. Ein Teil der Front bewegt sich wie eine Warmfront, der andere wie eine Kaltfront (Abb. C). Diese Veränderung nennt man frontale Welle.

Sobald der Höhepunkt der frontalen Welle erreicht ist, fällt der Druck: Es bildet sich ein Tiefdruckzentrum.

Die Zirkulation der Zyklone wird stärker. Die Winde an der Erdoberfläche reichen nun aus, um die Fronten zu bewegen. Die Kaltfront bewegt sich schneller als die Warmfront (Abb. D).

Wenn nun die Kaltfront die Warmfront erreicht hat, verbinden sich beide: Sie okkludieren.

Das Ergebnis nennt man eine okkludierte Front oder Okklusion (Abb. E). In diesem Stadium hat die Wellenzyklone ihre maximale Intensität erreicht. Das Symbol, mit der die Okklusion in der Wetterkarte dargestellt wird, ist eine Kombination der beiden Symbole für Kalt- und Warmfronten.

Wenn sich die Okklusion vergrößert, verringert sich die Intensität der Zirkulation der Zyklone und die frontale Bewegung verlangsamt sich (Abb. F).

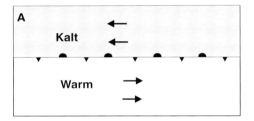

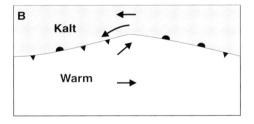

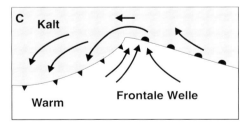

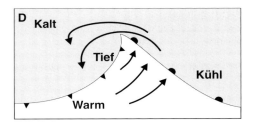
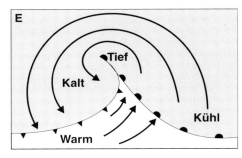
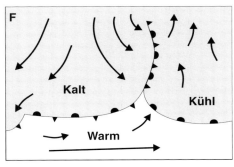
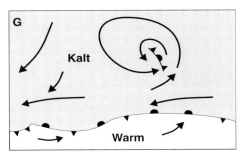

Abb. 59 (A-G): Lebenszyklus einer frontalen Welle.

Manchmal bildet sich an dem längeren, westwärts ziehenden Kaltfront-Teil (Abb. F und G) eine neue frontale Welle oder es entsteht ein zweites Tiefdrucksystem an der Spitze, an der sich Kaltfront und Warmfront zu einer Okklusion verbunden haben. Im Endstadium können beide Fronten wieder eine einzige stationäre Front geworden sein. Das Tiefdruckzentrum mit dem Rest der Okklusion verschwindet (Abb. G).

Abbildung 60 zeigt eine Warmfrontokklusion in vertikalem Querschnitt. Dieser Okklusionstyp tritt auf, wenn die Luft vor der Warmfront kälter als hinter der Kaltfront ist und dabei die Kaltfront angehoben wird.

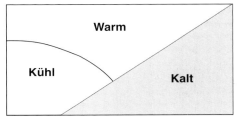
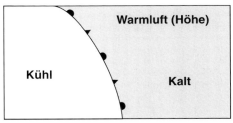

Abb. 60: Querschnitt durch eine Warmfrontokklusion (oben) und ihre Wetterkartensymbole (unten). Sie bestehen aus einer Linie mit aufgesetzten Halbkugeln und Dreiecken, die in Bewegungsrichtung der Front zeigen. Auf einer farbigen Wetterkarte wird sie violett abgebildet. In der Warmfrontokklusion ist die Luft unter der Kaltfront nicht so kalt wie vor der Warmfront. Sobald die Kaltfront die Warmfront einholt, wird die warme Luft über die kalte angehoben. In einer Warmfrontokklusion ersetzt kühle Luft die kalte.

Abbildung 61 zeigt eine Kaltfrontokklusion im vertikalen Querschnitt. Dieser Okklusionstyp tritt auf, wenn die Luft hinter der Kaltfront kälter als die Luft vor der Warmfront ist. Hierbei wird die Warmfront angehoben.

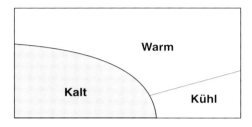

Abb. 61: Querschnitt durch eine Kaltfrontokklusion. Die Wetterkartensymbole sind die gleichen wie bei der Warmfrontokklusion. In der Kaltfrontokklusion liegt die kälteste Luft unter der Kaltfront. Wenn die Kaltfront die Warmfront überholt, hebt sie diese vom Boden ab. Die kalte Luft ersetzt die kühle Luft an der Erdoberfläche.

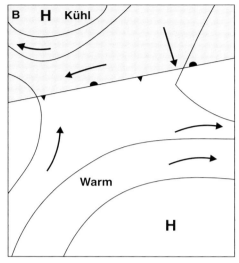

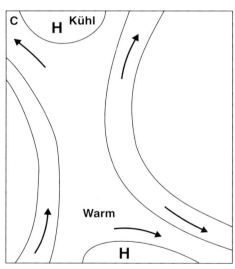

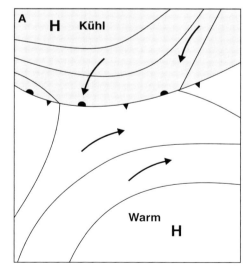

Abb. 62 (A-C): Auflösung einer stationären Front.

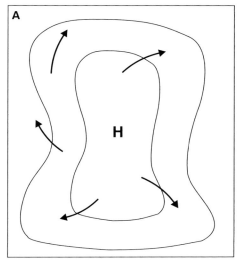

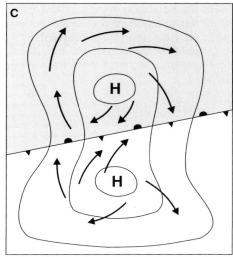

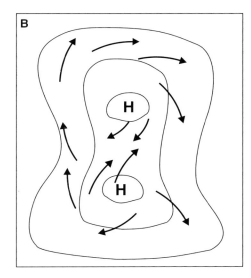

Abb. 63 (A-C): Entstehung einer stationären Front.

Entstehung und Auflösung von Fronten

Da sich benachbarte Luftmassen verändern und sich Temperatur und Druckunterschiede in einer Front ausgleichen, verschwindet die Front allmählich. Ein solcher Auflösungsprozeß ist in Abbildung 62 dargestellt.

Eine Front entsteht, wenn sich eine relativ scharf begrenzte Übergangszone über einem Gebiet zwischen zwei Luftmassen mit unterschiedlichen Dichteverhältnissen entwickelt. Das zur Frontenentstehung erforderliche Windströmungssystem entwikkelt sich parallel. Abbildung 63 ist ein Beispiel für eine Frontenentstehung mit zugehörigen Wetterkartensymbolen.

Wetter an einer Front

Das Wetter in Fronten kann sehr unterschiedlich sein: Es reicht von herrlich blauem, klarem Himmel bis zu extrem gefährlichen Wettersituationen mit Hagel, Turbulenz, Vereisung, niedriger Bewölkung und schlechten Sichten. Das Wettergeschehen ist dabei im wesentlichen von fünf Faktoren abhängig:

- Feuchtigkeit
- Stabilität der aufsteigenden Luftmassen
- Frontengefälle
- Geschwindigkeit der Front
- Windströmung in der Höhe

Für eine Wolkenbildung muß ausreichend Feuchtigkeit vorhanden sein. Sobald eine Front in ein feuchtes Gebiet eindringt, bilden sich sehr schnell Wolken und Niederschläge. Auch mit einer plötzlichen Entwicklung von Gewittern muß gerechnet werden.

Der Stabilitätsgrad der angehobenen Luftmasse ist bestimmend dafür, ob die Bewölkung vorwiegend stratiform oder cumuliform sein wird. Wenn die Warmluft, die an einer Front aufgleitet, stabil ist, entwickelt sich stratiforme Bewölkung. Ist die Warmluft instabil, entsteht eine cumuliforme Bewölkung. In Abbildung 64 ist gezeigt, wie Niederschlag aus stratiformer Bewölkung entsteht. Bei dieser Wetterkonstellation ist es wenig oder überhaupt nicht turbulent.

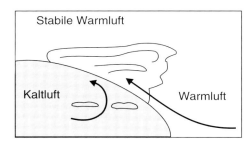

Abb. 64: Eine Kaltfront schiebt sich unter warme, feuchte, stabile Luft. Es regnet ununterbrochen bei stratusförmiger Bewölkung. Durch den Niederschlag entsteht in der kalten Luft Stratusbewölkung.

Der Niederschlag aus cumuliformer Bewölkung ist meist schauerartig (Abb. 65), die Luft ist turbulent. In Abbildung 66 ist zu erkennen, daß flache Frontengebiete zu ausgedehnter Bewölkung mit großen Niederschlagsflächen neigen.

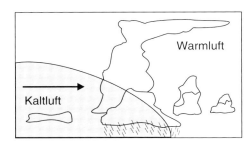

Abb. 65: Eine Kaltfront schiebt sich unter warme, feuchte, instabile Luft. Die Bewölkung ist cumuliform mit möglichen Schauern und Gewittern an der Vorderseite der Kaltfront. Durch aufsteigende Luft entwickeln sich in der warmen Luft vor der Front oft Wolken. Der warme, feuchte Boden hinter der Front begünstigt ein Aufsteigen der Luft und die Bildung von Schönwettercumuli in der Kaltluft.

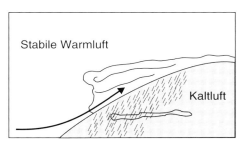

Abb. 66: Eine Warmfront mit aufgleitender feuchter, stabiler Luft. Die Wolken sind stratusförmig über die flache Front verteilt. Es regnet ununterbrochen, weit verbreitet entsteht in der kalten Luft Stratusbewölkung.

Großflächiger Niederschlag aus einer Front mit allmählichem frontalem Gefälle verursacht tiefen Stratus und Nebel. In diesem

Fall steigt die Luftfeuchtigkeit der Kaltluft bis zur Sättigungsgrenze. Bei diesen Wetterlagen muß großräumig mit niedrigen Wolkenuntergrenzen und schlechten Sichten gerechnet werden.

Liegt die Temperatur der Kaltluft in Bodennähe unter dem Gefrierpunkt, die wärmere Luft in der Höhe jedoch darüber, fällt der Niederschlag als gefrorener Regen oder als Hagel. Wenn die Temperatur der wärmeren Luft in der Höhe wesentlich unter dem Gefrierpunkt liegt, fällt Schnee.

Ist die Warmluft beim Aufgleiten auf eine flache Front feucht und instabil, bilden sich weit verbreitet riesige Wolkenmassen. Eingebettet sind Cumuli und Gewitter (Abb. 67 und 68). Diese Gewitter kommen bei warmen, stationären Fronten vor, sie können sich aber auch bei einer langsam ziehenden flachen Kaltfront entwickeln.

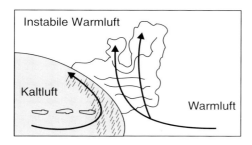

Abb. 67: Eine langsame Kaltfront schiebt sich unter warme, feuchte, instabile Luft. Die Wolken sind stratusförmig mit eingebetteten Cumulonimben. Diese Art von Frontwetter ist besonders gefährlich, weil die einzelnen Gewitter nicht sichtbar sind und auch ohne Wetterradar nicht erkannt werden können.

Durch eine gründliche Wetterberatung vor dem Flug sind diese erheblichen, verborgenen Gefahren vorhersehbar. Während des Fluges ist in solchen Fällen Radarunterstützung sehr nützlich.

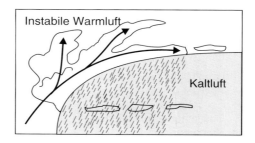

Abb. 68: Eine Warmfront mit aufgleitender warmer, feuchter, instabiler Luft.

Eine sich schnell bewegende, steile Kaltfront verstärkt die Aufwärtsbewegung der Warmluft an der Vorderseite der Kaltfront. Falls die Warmluft feucht ist, fällt dort sofort Niederschlag. Dies ist in Abbildung 69 gezeigt. Da sich eine Okklusion entwickelt, wenn eine Kaltfront eine Warmfront einholt, ist das Wettergeschehen eine Kombination von Warmfront- und Kaltfrontwetter. In Abbildung 70 und 71 sind warme und kalte Okklusionen und die damit verbundenen Wettersituationen dargestellt.

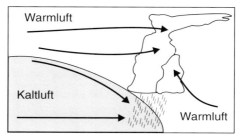

Abb. 69: Eine schnelle Kaltfront schiebt sich unter warme, feuchte, instabile Luft. Schauer und Gewitter entwickeln sich entlang der Vorderseite der Front.

Eine Front kann aber auch nur eine sehr geringe oder überhaupt keine Bewölkung haben. Trockene Fronten treten auf, wenn die Warmluft in der Höhe über das Frontengefälle nach unten fließt oder wenn die

Luft so trocken ist, daß Bewölkung nur in der Höhe bei ausreichender Feuchtigkeit entstehen kann.

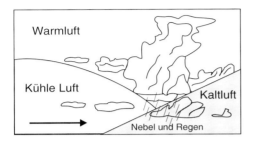

Abb. 70: Eine Warmfrontokklusion hebt warme, feuchte und instabile Luft an. Die mit dieser Okklusion verbundenen Wettererscheinungen sind komplex und beinhalten alle Wettersituationen von Kalt- und Warmfronten bei feuchter und instabiler Luft.

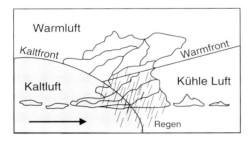

Abb. 71: Eine Kaltfrontokklusion hebt warme, feuchte und stabile Luft an. Die damit verbundenen Wettererscheinungen sind die gleichen wie bei der Kalt- und Warmfront in feuchter, stabiler Luft.

Höhenwindströmungen bestimmen weitgehend Bewölkungs- und Niederschlagsmenge sowie die Bewegung der Front. Sobald bestimmte Höhenwinde über Fronten wehen, bewegen sich diese Fronten mit dem Wind in die gleiche Richtung. Wehen Höhenwinde parallel zu einer Front, bewegt sie sich aber nur langsam, falls überhaupt.

Ein tiefer, sich langsam bewegender Höhentrog verursacht ausgedehnte Bewölkung und erhebliche Niederschläge. In einem kleinen, sich schnell bewegenden Höhentrog ist die Wassermenge jedoch wesentlich geringer. Solche kleinen, schnellen Tröge aber sind oft die Ursache für rauhes, sprunghaftes, turbulentes und allgemein wechselhaftes Frühlingswetter.

Instabilitätslinien

Eine Linie verstärkter Instabilität (Squall Line) ist eine schmale, nicht mit einer Front verbundene Linie mit konvektiver Aktivität. Sind aus dieser Konvektion Gewitter entstanden, nennt man diese Linie Böenlinie.

Solche Linien mit verstärkter Instabilität entwickeln sich in feuchter, instabiler Luft. Sie müssen nicht mit Frontensystemen verbunden sein. Meistens entwickeln sie sich aber vor einer Kaltfront. In diesem Fall kündigen mehrere Instabilitätslinien das Nahen der Kaltfront an.

Fronten, bei denen der Taupunkt erreicht ist, bilden eine optimale Voraussetzung für das Entstehen von Böenlinien, die dabei oft in schwere Gewitter ausarten können.

Fronten und Flugplanung

Anhand von Bodenwetterkarten und in Verbindung mit anderen Wetterinformationen kann man weitgehend bestimmen, ob ein geplanter Flug frei von Wetterrisiken durchgeführt werden kann. Auch während des Fluges sind permanente Wetterinformationen wichtig, denn durch Änderung der Flugroute kann man leichter Schlechtwetterlagen ausweichen.

Abb. 72: Flug durch eine Böenlinie (Quelle: Peter Bachmann).

Das Wetter in Fronten kann sich schnell ändern. Über einem bestimmten Gebiet kann sich z.B. am Vormittag starke Bewölkung in Verbindung mit einer Kaltfront befinden, für den Nachmittag jedoch ist bereits an gleicher Stelle eine Böenlinie mit heftiger Gewitteraktivität vorhergesagt.

Und vor einer Warmfront kann es vormittags nur leicht bewölkt sein, am Nachmittag aber setzt bereits Nieselregen, gefolgt von dichtem Nebel, ein.

Mögliche Wetterkombinationen sollte man immer gedanklich „durchspielen" können. Allerdings erfordert diese gedankliche Wettersimulation neben fundierten Kenntnissen des Wettergeschehens auch Erfahrung, die man nicht nur durch eigene lange, fliegerische Tätigkeit sammeln kann. Hilfreich sind zusätzlich die vielen Tips und Informationen von Piloten, die sich selbst schon jahrelang mit dem Wetter auseinandergesetzt haben und vorhandene Wettersituationen richtig deuten können.

Zusammenfassung

- Die Zone zwischen zwei sich unterscheidenden Luftmassen nennt man Frontalzone, besser bekannt als Front.
- Die vordere Linie bzw. Grenze einer sich nähernden Kaltluftmasse nennt man Kaltfront. Am Boden holt die Kaltluft die warme Luft ein und verdrängt sie.
- Die vordere Linie oder Grenze einer sich nähernden Warmluftmasse nennt man Warmfront. Die wärmere Luft holt die kältere Luft ein und verdrängt sie.
- Frontale Wellen und Zyklone (Tiedruckgebiet, Tief) entwickeln sich in langsamen Kaltfronten und in stationären Fronten.
- Eine Front entsteht, wenn sich eine relativ scharf begrenzte Übergangszone über einem Gebiet zwischen zwei Luftmassen mit unterschiedlichen Dichteverhältnissen entwickelt. Das Wettergeschehen ist dabei im wesentlichen von fünf Faktoren abhängig:
  - Feuchtigkeit
  - Stabilität der aufsteigenden Luftmassen
  - Frontengefälle
  - Geschwindigkeit der Front
  - Windströmung in der Höhe
- Eine Linie verstärkter Instabilität (Squall Line) ist eine schmale, nicht mit einer Front verbundene Linie mit konvektiver Aktivität. Sind aus dieser Konvektion Gewitter entstanden, nennt man diese Linie Böenlinie.
- Anhand von Bodenwetterkarten und in Verbindung mit anderen Wetterinformationen kann man weitgehend bestimmen, ob ein geplanter Flug frei von Wetterrisiken durchgeführt werden kann. Auch während des Fluges sind permanente Wetterinformationen wichtig, denn durch Änderung der Flugroute kann man leichter Schlechtwetterlagen ausweichen.

Kapitel 7

Turbulenz, Vereisung, Gewitter und Sichtprobleme

Turbulenz

Die Atmosphäre ist turbulent, wenn Luftströmungen über kurze Entfernungen hinweg große Schwankungsbreiten haben. Diese Strömungen reichen von relativ schwachen Verwirbelungen bis zu stärksten Turbulenzen. Sobald man durch solche Strömungen fliegt, wirken unterschiedliche Beschleunigungskräfte auf das Flugzeug und machen es je nach Intensität unmöglich, den bisherigen Flugweg konsequent einzuhalten.

Turbulenz reicht von einfacher „Bockigkeit", bei der es Passagieren und mitunter sogar der Crew leicht übel wird, bis zu schweren Turbulenz-Attacken, bei denen das Flugzeug strukturell beschädigt werden kann.

Die Reaktion eines Flugzeuges auf Turbulenzen ist abhängig von der Flug- und der Windgeschwindigkeit, von der Größe des Flugzeuges, der Flächenbelastung und dem allgemeinen Flugverhalten des jeweiligen Flugzeugmusters. Dabei gilt: Je größer die Fluggeschwindigkeit, um so größer sind die Beschleunigungskräfte. Also lautet die erste Regel beim Fliegen in Turbulenz: Zurück mit der Geschwindigkeit. Manche Flugzeughandbücher geben die optimale Geschwindigkeit an, mit der Turbulenzen zu durchfliegen sind.

Turbulenz entsteht vorwiegend durch konvektive Strömungen, im Wind liegende topographische Hindernisse und durch Windscherungen. Turbulenz tritt auch in Form von Wirbelschleppen bei fliegenden Flugzeugen auf, sobald die Tragflächen Auftrieb erzeugen.

Konvektion

Normalerweise sind konvektive Strömungen Ursachen von Turbulenzen, besonders in niedrigen Höhen. Diese Strömungen sind lokal begrenzte, vertikale Luftbewegungen, die sowohl nach oben als auch nach unten gerichtet sind. Für jede aufwärts gerichtete Strömung gibt es eine kompensierende abwärts gerichtete.

Abwärtsströmungen sind häufiger als Aufwärtsströmungen und haben deswegen eine geringere vertikale Geschwindigkeit. Konvektive Strömungen sind besonders an warmen Sommernachmittagen aktiv, wenn leichte Winde wehen. Aufgewärmte Bodenluft erzeugt eine flache, instabile Schicht, und die Warmluft wird zum Aufsteigen gezwungen. Die Konvektion nimmt in der Stärke und in der Höhe zu, wenn die Bodenerwärmung ebenfalls zunimmt. Dabei werden trockene Erdoberflächen wie beispielsweise sandige oder felsige Gebiete und Ackergelände wärmer als offene Wasserflächen oder Landgebiete mit dichter Vegetation. Aufgrund des unterschiedlichen Landbewuchses erwärmt sich die Luft am Boden und in Erdbodennähe ungleichmäßig. Dadurch variiert die Stärke der Konvektion selbst innerhalb kurzer Strecken beträchtlich.

Sobald sich kalte Luft über einer warmen Oberfläche bewegt, wird sie in niedrigen Höhen instabil. Die durch Erwärmung entstehende Konvektion reicht in einige tausend Fuß Höhe über einem solchen Gebiet hinauf. Ein Flug durch solche Luftverhältnisse ist von rauher und böiger Turbulenz begleitet.

In Abbildung 73 sind die Auswirkungen einer konvektiven Turbulenz in niedriger Höhe auf ein Flugzeug im Landeanflug dargestellt.

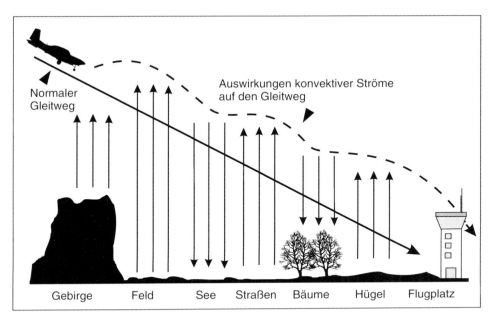
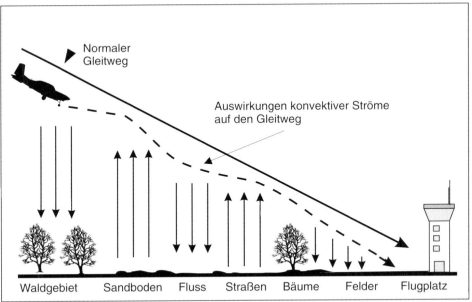

Abb. 73: Auswirkungen konvektiver Strömungen im Endanflug. Aufwärtsströmungen führen dazu, daß das Flugzeug beim Landen zu weit kommt, bei Abwärtsströmungen kommt es zu kurz.

Solche Turbulenzen können im Landeanflug erhebliche und plötzliche Geschwindigkeitsveränderungen verursachen und sogar dazu führen, daß die Strömung in niedriger Flughöhe abreißt. Es ist empfehlenswert, die Anfluggeschwindigkeit bei solchen Wetterlagen ca. 10 Knoten über der normalen Anfluggeschwindigkeit zu wählen.

Aufsteigende Luft kühlt mit zunehmender Höhe durch Expansion ab. Eine konvektive Strömung steigt folglich so lange auf, bis ihre Temperatur die Umgebungstemperatur erreicht hat. Kühlt sie sich bis zum Sättigungsgrad ab, bilden sich Wolken. Schönwetter-Cumuli beispielsweise weisen auf eine aktive konvektive Turbulenz hin. Die Obergrenze solcher Wolken entspricht auch ungefähr der oberen Begrenzung der konvektiven Strömung. In der Nähe oder in diesen Wolken muß mit erheblichen Turbulenzen gerechnet werden, über den Wolken dagegen ist die Luft durchweg ruhig.

Man sollte daher bei derartigen Wetterlagen eine Flughöhe wählen, die oberhalb der Cumulusbewölkung liegt (Abb. 74).

Reicht die Konvektion in größere Höhen hinauf, entwickeln sich hoch auftürmende Cumuli und Cumulonimben mit amboßähnlichen Köpfen. Ein Cumulonimbus ist immer ein markantes Zeichen für heftige konvektive Turbulenz, die im einzelnen in einem späteren Kapitel besprochen wird.

Hindernisse im Wind

Hindernisse wie Gebäude, Bäume und zerklüftetes Gelände stören einen gleichmäßigen Windfluß und verursachen eine Menge Wirbel (Abb. 75). Diese Turbulenzart nennt man mechanisch, da sie durch eine mechanische Störung des Windstromes entstanden ist.

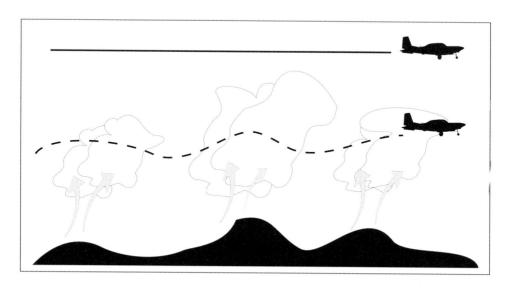

Abb. 74: Turbulenz vermeidet man durch Überfliegen konvektiver Bewölkung.

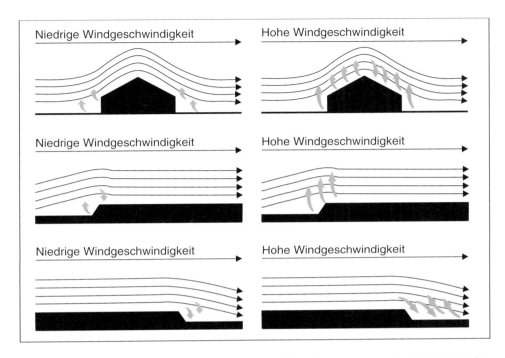

Abb. 75: Verwirbelung der Luftströmung, wenn der Wind über eine unebene Oberfläche oder Hindernisse weht.

Die Stärke dieser mechanischen Turbulenz ist abhängig von der Windgeschwindigkeit und der Beschaffenheit der Hindernisse. Je größer die Geschwindigkeit und/oder je rauher die Oberfläche, um so stärker ist die Turbulenz. Die durch mechanischen Einfluß entstandenen Verwirbelungen werden mit dem Wind in der ursprünglichen Strömungsrichtung weitergetragen. Die Strecke hängt von der Windgeschwindigkeit und der Luftstabilität ab. In instabiler Luft bilden sich z.B. stärkere Wirbel als in stabiler Luft. Jedoch lösen sich diese Verwirbelungen bei Instabilität schneller auf.

Durch mechanische Turbulenz können sich auch Wolken in der Nähe der Obergrenze der mechanisch gestörten Schicht bilden.

An der Wolkenstruktur können Sie erkennen, ob die Wolkenbildung mechanisch oder konvektiv bedingt war.

Durch eine mechanische Luftvermischung entsteht eine stratiforme Bewölkung in Linien oder Bändern. Demgegenüber ist eine konvektive Bewölkung nicht so klar abgegrenzt. Die durch mechanische Luftmischung entstandene linienartige Bewölkung kann parallel oder senkrecht zum Wind stehen.

Die Umgebung eines Flugplatzes ist für mechanische Turbulenzen besonders anfällig. Insofern ist gerade bei Start und Landung besondere Vorsicht geboten. Bei an- oder abfliegenden Flugzeugen in niedriger Höhe kann sich die Fluggeschwindigkeit des Flugzeuges innerhalb von Turbulenzen sehr schnell verändern. Es besteht dann die Gefahr eines Strömungsabrisses. Gerade bei extremer Böigkeit muß eine bestimmte Sicherheitsmarge oberhalb der normalen Anflug- oder Steigfluggeschwindigkeit berücksichtigt werden, damit plötzlich auftretende Geschwindigkeitsveränderungen abgefangen werden können. Auch bei Flugplätzen können Flugzeughallen, der Tower usw. eine Ursache für erhebliche mechanische Turbulenz sein und z.B. Rollvorgänge behindern (Abb. 76).

Mechanische Turbulenz kann bei einem Überlandflug in niedriger Höhe über Grund ebenso problematisch werden. Über gebirgigem Gebiet beispielsweise kann Turbulenz entstehen, die wesentlich über die Berghöhe hinausreicht. Auch bei flacheren Geländeverläufen, z.B. in Mittelgebirgen, tritt mechanische Turbulenz auf, die allerdings nicht gefährlich ist.

Sie kann jedoch lästig werden und Pilot und Passagieren das Fliegen verleiden.

Mechanische Turbulenz im Voralpengebiet oder unmittelbar über den Alpen kann in niedriger Flughöhe eine ernste Gefahr sein. Mit mäßiger bzw. heftiger Turbulenz ist zu rechnen, wenn der Wind mit ca. 30 bis 40 Knoten über Berge weht.

Die Turbulenz-Intensität ist auch von der Luftstabilität abhängig. Sobald instabile Luft bergaufwärts fließt, ist das Auftreten von Turbulenz auf der dem Wind zugewandten Seite sicher. Diese Turbulenz wird noch intensiver, wenn sich gleichzeitig eine konvektive Bewölkung durch in der Luft ausreichend vorhandene Feuchtigkeit bildet. Eine konvektive Bewölkung über Bergen oder über einem Bergkamm ist ein sicheres Zeichen für instabile Luft und Turbulenz auf der dem Wind zugewandten Seite und oberhalb des Bergkammes.

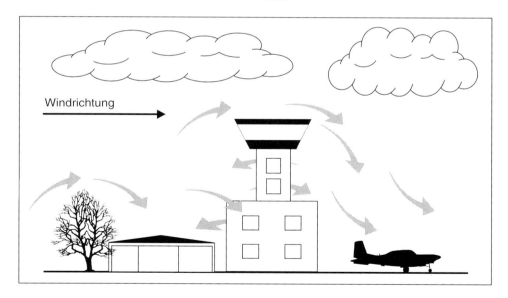

Abb. 76: Turbulenz an Flugplatzgebäuden.

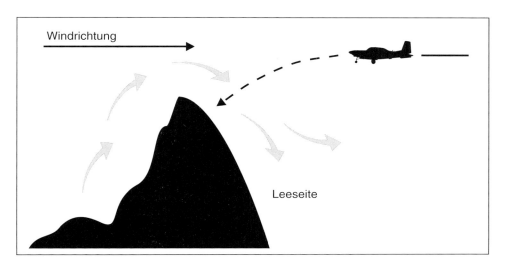

Abb. 77: Windströmung im Gebirge. Gefährliche Abwinde treten an der Leeseite auf.

An der Leeseite entsteht dabei eine heftige, abwärts gerichtete Strömung. Häufig kann dabei die Geschwindigkeit dieser Strömung so groß werden, daß selbst ein maximales Power-Setting nicht mehr ausreicht, aus dem Gefahrengebiet herauszufliegen. Abbildung 77 zeigt die Kollisionsgefahr unter solchen Voraussetzungen.

Beim Überströmen von Bergen wird die Luft durch die dabei entstehende Luftvermischung zunehmend stabiler. Deswegen treten gefährliche Turbulenzen durch instabile Luft in größerer Entfernung von Gebirgskämmen kaum bzw. nur noch schwach ausgeprägt auf.

Gebirgswellen

Bei den Strömungsvorgängen stabiler Luft über Gebirgskämmen ist die Turbulenz-Situation anders. Die auf der Luvseite hinauffließende Luftströmung ist relativ ruhig. Über dem Kamm fließt sie laminar, also in Schichten.

Über dem Kamm können nun in diesen Schichten Wellen aufgebaut werden, die mit denen einer bewegten Wasseroberfläche vergleichbar sind. Über dem Kamm bleiben diese Wellen nahezu stationär, der Wind umströmt sie. Dieses Wellensystem nennt man ein stehendes (stationäres) Wellensystem (Abb. 78). Je nach Wetterlage kann es sich bis zu einer Entfernung von 50 bis 100 Kilometer jenseits eines Gebirgskammes ausdehnen.

Solche Wellensysteme haben über hohen Bergen eine relativ große vertikale Ausdehnung, die manchmal bis in die untere Stratosphäre reicht. Unterhalb des Bergkammes findet eine Rotationszirkulation statt (Abb. 78), der Rotor bildet sich unterhalb des Berggipfels. Die Turbulenzen in oder in der Nähe eines Rotors und die Abwinde sind extrem.

Die Obergrenzen von stehenden Wellen können durch stationäre, linsenförmige Wolken markiert sein. Diese sind als Lenticularis-Wolken bekannt (s.a. Abb. 47).

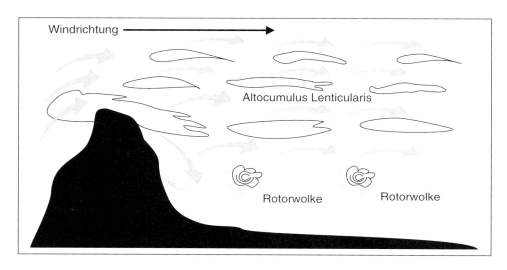

Abb. 78: Schematischer Querschnitt durch eine Gebirgswelle. Bemerkenswert ist die Form einer stehenden Welle an der windabgewandten Seite des Gebirges, wie auch die Rotoren unterhalb des Gipfels. Enthält die Luft genügend Feuchtigkeit, bilden sich diese charakteristischen Wolken.

Lenticularis-Wolken bilden sich im Aufwind und verschwinden im Abwind, sie bewegen sich aber nicht, wenn der Wind durch sie hindurchströmt.

Rotoren kann man an ihren Rotorwolken erkennen, die sich unter der Obergrenze einer Welle befinden. Nicht immer müssen jedoch Wolken vorhanden sein, um auf eine stehende Welle hinzuweisen.

Manchmal ist die Luft für die Wolkenbildung zu trocken, Wolken als Indikatoren für Turbulenzen sind in diesem Fall also nicht vorhanden. Heftige Turbulenzen in Bergwellen treten immer dann auf, wenn starke Winde von 30, 40 und mehr Knoten über gebirgigem Gelände wehen und die Luftverhältnisse stabil sind.

In einer Bergwelle können krasse Turbulenz-Unterschiede auftreten. Gerade eben ist man z.B. noch in ruhiger Luft geflogen.

Im nächsten Moment aber trifft man bereits auf so heftige Turbulenzen, daß sogar strukturelle Schäden am Flugzeug entstehen können.

Fliegen im Gebirge

Plant man einen Flug über gebirgigem Gelände, müssen möglichst viele Wetterinformationen vor dem Flug eingeholt werden. Informationen über Bewölkung, Windrichtung, Windgeschwindigkeit und Stabilität der Luft sind besonders wichtig. Auch Satelliteninformationen sind hilfreich. Beispielsweise kann man anhand von Satellitenaufnahmen häufig Bergwellen lokalisieren.

Worauf ist nun besonders bei Gebirgsflügen zu achten? Wenn beispielsweise die Windgeschwindigkeit in Gipfelhöhe über 25 bis 30 Knoten liegt, muß mit Turbulenz gerechnet werden.

Liegt die Windgeschwindigkeit über einem Gebirgskamm höher als 40 Knoten, ist extreme Vorsicht geboten. Eine Stratusbewölkung weist auf stabile Luftverhältnisse hin. Lenticularis-Wolken und/oder Rotorwolken indizieren eine Bergwelle. Turbulenzen innerhalb einiger Kilometer im Lee und ein relativ ruhiger Flug auf der Luvseite können erwartet werden.

Konvektionsbewölkung auf der Luvseite bedeutet instabile Luft. Auch hier ist mit Turbulenz in unmittelbarer Nähe des Berges zu rechnen.

Will man einen Berg von der Leeseite bei starken Windverhältnissen überfliegen, muß weit vorher mit dem Steigflug begonnen werden.

Abb. 80: Durch starke Konvektion können riesige Wolkenberge weit über die Gipfel hinausschießen (Quelle: Peter Bachmann).

Je nach Höhe des Berges kann das vor allem im Alpengebiet bedeuten, daß mit dem Steigflug schon in einer Entfernung von 50 bis 100 Kilometer begonnen werden muß. Man ist auf der sicheren Seite, wenn in einer Flughöhe von 3.000 bis 5.000 Fuß über den höchsten Bergen geflogen wird.

Optimal ist es, den Anflug auf einen Berg in einem Winkel von etwa 45 Grad durchzuführen, um im Notfall rechtzeitig umzukehren und ruhigere Luftschichten aufsuchen zu können.

Ist die Flughöhe zu niedrig und ein sicherer Überflug des Berges nicht möglich, muß sofort umgekehrt und ein neuer Versuch in größerer Höhe gestartet werden. Voraussetzung ist, daß die Leistungsdaten des Flugzeuges für eine noch größere Höhe ausreichen.

Abb. 79: Unterhalb von Bergkämmen dürfen Flüge nur auf der Luvseite durchgeführt werden (Quelle: Peter Bachmann).

Abb. 81: Flug im Gebirge bei einer Schönwetterlage (oben, Quelle: Peter Bachmann).
Abb. 82: Alpenüberflug bei aufliegender Bewölkung (unten, Quelle: Peter Bachmann).

Bei starken Höhenwinden muß ein Flug über Bergpässe und durch Täler vermieden werden, denn hier ist die Windgeschwindigkeit ebenfalls hoch und die Turbulenz folglich auch heftig. Bei starkem Wind in Gipfelnähe ist sofort höher zu steigen oder die Berge müssen umflogen werden.

Trügerisch sind schwache Winde in Tälern. In der Höhe nämlich kann der Wind sehr stramm wehen. Wenn man also von einem Flugplatz in einem Tal startet, sollte bereits unmittelbar nach dem Start so viel an Höhe gewonnen werden, daß ein Überqueren der Berge problemlos möglich ist. Dabei ist in Tälern ein seitlich genügender Abstand von Bergen einzuhalten, um nicht unversehens in einen Abwind zu geraten, der die Leistungsfähigkeit des Flugzeuges überfordert.

Windscherung

Windscherungen sind Luftverwirbelungen zwischen zwei Windströmungen mit unterschiedlichen Geschwindigkeiten. Es kommt aber auch bei unterschiedlichen Windrichtungen zu Windscherungen.

Windscherungen zeigen sich in Windsprüngen oder in einem Windgeschwindigkeitsgefälle in verschiedenen Höhen. Drei Zustandsarten sind für Piloten besonders interessant:

- Windscherungen bei einer Inversion in niedriger Höhe
- Windscherungen in einer Frontalzone
- Windscherungen (Turbulenzen) bei wolkenfreiem Himmel in großen Höhen, verbunden mit einem Strahlstrom oder einer starken Zirkulation

Windscherungen bei einer bodennahen Inversion

Eine Inversion in Bodennähe bildet sich in klaren Nächten mit ruhigem oder leichtem Bodenwind. Oberhalb der Inversion aber kann der Wind relativ stark sein. In Abbildung 83 ist zu sehen, daß sich zwischen ruhigen und stärkeren Winden eine Windscherungszone entwickeln kann. Verwirbelungen in dieser Windscherungszone verursachen sprunghafte Änderungen in der Fluggeschwindigkeit, sobald man durch die Inversion steigt oder sinkt. Durch bodennahe Inversionen fliegt ein Flugzeug in der Regel im Steigflug nach dem Start oder beim Landeanflug. In beiden Fällen ist die Fluggeschwindigkeit relativ niedrig, sie liegt nur ein paar Knoten über der Abreißgeschwindigkeit. Unter Einfluß der Windsprünge kann die Geschwindigkeit so weit reduziert werden, daß die Strömung abreißt.

Bei ruhigem oder nur leichtem Bodenwind kann man bei einer bodennahen Inversion in alle Richtungen starten oder landen. Gestartet werden kann beispielsweise in die Richtung, aus der der Wind oberhalb der Inversion weht. Wählt man das umgekehrte Verfahren, wird das Flugzeug beim Durchsteigen der Inversion Rückenwind haben. Auch hier ist ein Strömungsabriß möglich.

Vorsicht ist geboten, wenn man oberhalb der Inversion gegen den Wind anfliegt. Sobald man nämlich durch die Inversionsschicht sinkt, kann der dort auftretende Rückenwind zu einem plötzlichen Strömungsabriß führen.

Startet oder landet man bei klarem Himmel und ruhigem Wind innerhalb von 1 oder 2 Stunden vor oder nach Sonnenuntergang, muß mit bodennahen Inversionsschichten gerechnet werden.

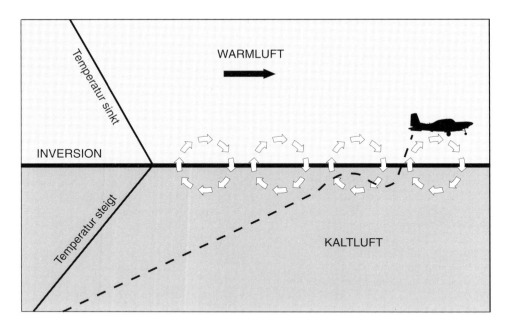

Abb. 83: Windscherung in einer Zone zwischen relativer Windstille unterhalb einer Inversion mit starkem Wind darüber. Diese Erscheinung tritt nachts oder in den frühen Morgenstunden häufig auf. In niedriger Höhe entsteht plötzlich Turbulenz.

Wenn dabei die Windgeschwindigkeit in einer Höhe zwischen 2.000 und 4.000 Fuß 25 Knoten oder mehr beträgt, können Windscherungszonen auftreten. Auch hier ist mit höherer Geschwindigkeit als normal zu steigen oder zu sinken, um die Gefahr eines Strömungsabrisses bei plötzlicher Turbulenz oder bei Windsprüngen in der Windscherungszone zu vermindern.

Windscherung an einer Front

In einer Front gibt es für den Piloten viele Gefahren, besonders bei Fronten mit starker Bewölkung. Es kann sich aber auch eine Front zwischen zwei trockenen, stabilen Luftmassen befinden und frei von Bewölkung sein. Doch selbst hier kann sich der Wind innerhalb der Frontalzone abrupt ändern.

Es entstehen dann Windscherungsturbulenzen, deren Stärke von der Ausdehnung der Windscherung abhängig ist. Über das Fliegen in Turbulenzen und die zu treffenden Maßnahmen gibt das Flugzeughandbuch Auskunft.

Turbulenz bei Wirbelschleppen

Ein Flugzeug erhält seinen Auftrieb durch eine nach unten beschleunigte Luftmasse. Für diesen Auftrieb sind vorrangig die Tragflächen verantwortlich. Die Luft wird unter die Tragflächen gezwungen, an ihren Enden entstehen rotierende Luftbewegungen und Verwirbelungen. Beim Rollen am Boden, selbst beim Startvorgang, sind noch keine Verwirbelungen vorhanden. Erst nach dem Abheben setzen sie ein.

Abb. 84: Beim Abheben eines Flugzeuges entstehen Luftwirbelschleppen. Sie entwikkeln sich, wenn das Flugzeug rotiert und die Tragflächen Auftrieb erzeugen.

Dieser Vorgang ist in Abbildung 84 dargestellt. Verwirbelungen an den Tragflächenenden treten vom Abheben bis zum Aufsetzen auf.

Die Verwirbelungen sind nach unten und nach außen (aus der Flugrichtung gesehen) gerichtet. Sie bewegen sich mit der Windrichtung. Ihre Stärke ist proportional zum Gewicht des Flugzeuges. Daneben werden sie noch von anderen Faktoren, die wir hier nicht näher erläutern wollen, beeinflußt. Das Gewicht jedoch ist in erster Linie verantwortlich für die Verwirbelungsintensität. Deshalb sind Wirbelschleppen hinter großen Transportflugzeugen auch viel stärker als hinter kleinen Leichtflugzeugen.

Probleme mit solchen Verwirbelungen kann es aber nur geben, wenn man hinter einem größeren Flugzeug fliegt. Die von dieser Maschine erzeugten Turbulenzen bleiben einige Minuten erhalten und können sogar dann noch vorhanden sein, wenn das Flugzeug bereits außer Sicht ist. Auf kontrollierten Flughäfen gibt der Controller den Piloten Warnungen vor möglichen Wirbelschleppen.

Beim Start von einem Flugplatz, auf dem es keine Hinweise auf Wirbelschleppen gibt, sind folgende Punkte zu berücksichtigen:

- Die meisten Düsenflugzeuge heben beim Start die Nase etwa in der Mitte der Startrollstrecke an. Folglich beginnen die Verwirbelungen auch ungefähr an dieser Stelle.
- Wirbelschleppen hinter startenden Propellerflugzeugen beginnen in kurzer Entfernung hinter dem Punkt, an dem das Flugzeug die Nase angehoben hat.
- Fliegt man hinter einem landenden Flugzeug gleich welchen Typs, kann man mit dem Verschwinden der Wirbelschleppen am Aufsetzpunkt dieses Flugzeuges rechnen.

Beachten Sie folgende Tips, wenn Sie die gleiche Start/Landebahn wie ein schwereres Flugzeug benutzen (Abb. 85a und 85b):

- Bei der Landung hinter einem anderen Flugzeug ist der Anflug so einzurichten, daß er über dem Anflug des anderen Flugzeuges liegt. Der eigene Aufsetzpunkt sollte also jenseits des Punktes liegen, wo das Flugzeug aufgesetzt hat.
- Hinter einem startenden Flugzeug sollte man nur dann landen, wenn die Landerollstrecke vollständig diesseits des Punktes liegt, der die Mitte der Startrollstrecke des startenden Flugzeuges markiert.
- Startet man hinter einem startenden Flugzeug, muß der eigene Abhebepunkt vor dem Punkt liegen, an dem das voraus startende Flugzeug rotiert hat. Außerdem sollte man nur dann starten, wenn sicher ist, daß der Steigflug oberhalb des Steigflugweges des voraus gestarteten Flugzeuges liegt.
- Hinter einem landenden Flugzeug startet man von dem Punkt aus (falls die verfügbare Startstrecke ausreicht), der jenseits des Punktes liegt, an dem das landende Flugzeug mit dem Bugrad aufgesetzt hat.

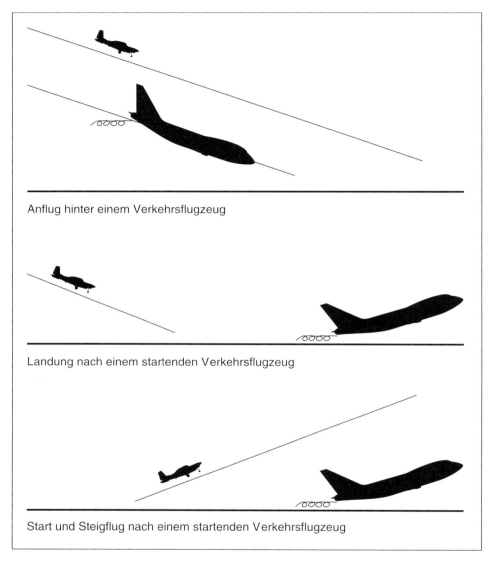

Abb. 85a: Planung von Start und Landung, um das Zusammentreffen mit Wirbelschleppen zu vermeiden.

- Stehen beim Start zwei Parallelbahnen zur Verfügung und das größere Flugzeug auf der der Windrichtung näher gelegenen Bahn startet bei Seitenwind, sollte man nicht starten. Man wählt in diesem Fall die Startbahn, die der Windrichtung bei Seitenwind am nächsten liegt.

Dieses Verfahren gilt gleichzeitig für Start und Landung.
- Will man eine Start/Landebahn benutzen, welche die Start/Landebahn des schwereren Flugzeuges kreuzt, benutzt man den Teil der eigenen Start/Landebahn, welcher der Windrichtung am nächsten liegt.
- Man kann die Startbahn eines abfliegenden Flugzeuges hinter der Mitte seiner Startrollstrecke kreuzen oder vor einem landenden Flugzeug (vor dem Punkt, an dem das Flugzeug auf dem Bugrad aufsetzt) die Bahn kreuzen.

Falls keines dieser Verfahren möglich ist, sollte man mit dem Start besser fünf Minuten lang warten, damit sich die Wirbelschleppen von selbst auflösen oder durch Wind beseitigt werden.

Diese Verfahren sind grundlegender Art. Je nach Situation muß man als verantwortlicher Pilot selbst die Verfahrensweise bei Start oder Landung entscheiden. Auf den meisten Verkehrslandeplätzen in Mitteleuropa wird man kaum mit solchen Problemen konfrontiert werden.

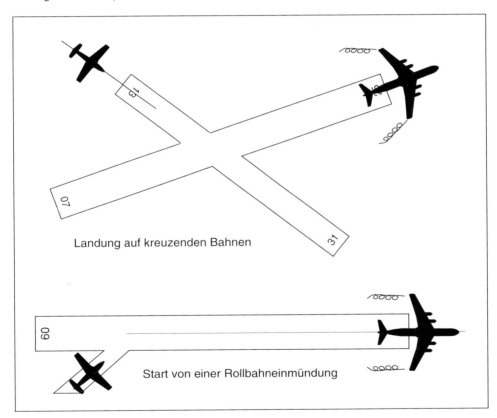

Abb. 85b: Planung von Start und Landung, um das Zusammentreffen mit Wirbelschleppen zu vermeiden.

Zusammenfassung

In dem vorangegangenen Kapitel wurden die Ursachen von Turbulenzen besprochen und Verfahren vorgeschlagen, wie man Gefahren bei Turbulenzen vermeiden und die Auswirkungen vermindern kann.

- Turbulenzen haben meistens lokalen und vorübergehenden Charakter. Prognosen sind schwierig und beschränken sich in der Regel nur auf lokale Verhältnisse. Großräumige Vorhersagen sind nur mit Einschränkungen möglich. Vor allem ist es ausgesprochen schwer, das Auftreten von Turbulenzen zu bestimmten Zeitpunkten festzulegen.
- Am zuverlässigsten sind Wettermeldungen, die Piloten während eines Fluges an die zuständige Flugsicherungsstelle mit der Bitte um Weiterleitung an den Wetterdienst geben. Neben diesen Informationen und den Basisdaten der Meteorologen sollte man die Topographie des Geländes, das man überfliegt, kennen und auszulegen verstehen. Aber auch bei gründlicher Flugvorbereitung kann man sich irren und unterwegs plötzlich mit Turbulenzen konfrontiert werden. Ein Instrument zur Anzeige der Turbulenzintensität gibt es leider noch nicht.

Vereisung

Vereisung ist eines der größten Wetterrisiken in der Luftfahrt. Vereisung ist eine erhebliche Einschränkung der Flugfähigkeit durch verminderten Auftrieb, abnehmende Schubkraft und zunehmenden Strömungswiderstand. Wie Abbildung 86 zeigt, bewirkt jeder dieser Effekte, daß das Flugzeug entweder langsamer fliegt oder sinkt. Vereisung verschlechtert auch erheblich die Leistung des Motors. Zusätzliche Risiken bestehen in der Fehlanzeige der Fluginstrumente, in dem Verlust der Funkverbindung durch mit Eis zugesetzte oder abgebrochene Antennen, Blockieren der Ruder, der Bremsen, des Fahrwerks usw.

In diesem Kapitel werden die Grundlagen der strukturellen Vereisung und der Vereisung der Ansaugsysteme und der Instrumente vorgestellt. Obwohl auch Vereisung am Boden und Reif strukturelle Vereisungsformen sind, werden sie separat behandelt, da sie andere Auswirkungen auf das Flugzeug haben.

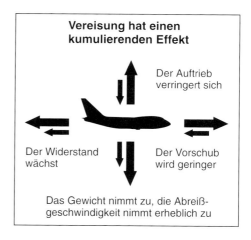

Abb. 86: Auswirkungen der Vereisung an der Flugzeugzelle.

Strukturelle Vereisung

Zwei Bedingungen sind für die strukturelle Vereisung während des Fluges erforderlich:

- Das Flugzeug muß durch sichtbares Wasser (Regen, Wolken) fliegen und
- die Temperatur muß dort, wo Feuchtigkeit auf das Flugzeug trifft, bei 0° C oder darunter liegen.

Durch aerodynamische Abkühlung kann die Temperatur an Zelle und Tragwerk auch bis auf 0° C sinken, obwohl die Umgebungstemperatur einige Grade höher liegt.

Unterkühltes Wasser verstärkt den Vereisungseffekt und verursacht eine schnelle Zunahme des Eisansatzes. Unterkühltes Wasser befindet sich in einem instabilen Flüssigkeitszustand. Wenn ein unterkühlter Wassertropfen auf ein Flugzeug trifft, friert ein Teil dieses Tropfens sofort fest.

Die latente Schmelzwärme, die durch diesen gefrierenden Teil freigesetzt wird, erhöht die Temperatur des verbliebenen Tropfenteiles bis zum Schmelzpunkt. Aerodynamische Effekte können nun die Ursache sein, daß dieser verbliebene Teil ebenfalls friert. Die Art und Weise, in der er friert, bestimmt den Eistyp.

Bei struktureller Vereisung unterscheidet man Klareis, Rauheis und eine Mischung aus beidem. Jeder Typ hat seine ihn bestimmenden Merkmale.

Klareis

Klareis bildet sich, wenn nach dem anfänglichen Auftreffen der verbliebene Rest des Wassertropfens über die Oberfläche des Flugzeuges fließt und allmählich zu einer glatten, festen Eisschicht gefriert.

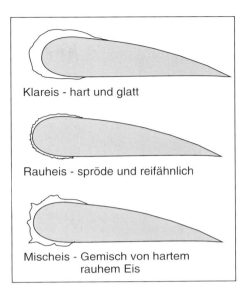

Abb. 87: Klareis, Rauhreifvereisung und Mischvereisung einer Tragfläche.

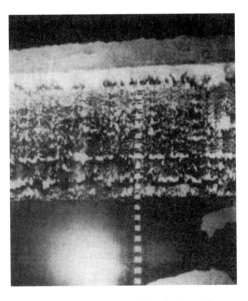

Abb. 88: Vereisung einer Tragfläche mit Klareis.

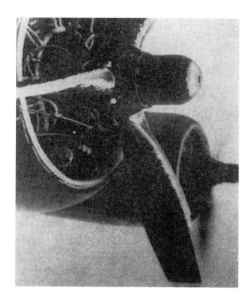

Abb. 89: Propellervereisung vermindert den Wirkungsgrad des Propellers, es können schwere Vibrationen auftreten.

Diese Eisform bildet sich, wenn die Tropfen relativ groß sind (Vorkommen in schweren Regenwolken oder in Cumuli).

In Abbildung 87 wird Eisansatz an einer Tragfläche im Querschnitt gezeigt. Strukturelle Vereisung mit Klareis ist in den Abbildungen 88 und 89 zu sehen. Klareis ist hart, schwer und klebt zäh an den Flächen fest. Selbst mit einer Enteisungsvorrichtung ist es schwierig, Klareis abzusprengen oder abzutauen.

Rauheis

Rauheis bildet sich, wenn die Wassertropfen klein sind (z.B. in Stratuswolken, bei leichtem Nieselregen o.ä.). Der flüssige Restteil des Tropfens, der nach dem Aufprall noch nicht gefroren ist, friert so schnell, daß sich diese Restmenge nicht mehr über die Oberfläche des Flugzeuges verteilen kann. In diesen gefrorenen Tröpfchen sind Luftteilchen eingeschlossen, die dem Eis ein weißliches Aussehen geben (s. Abb. 87).

Rauheis (Abb. 90) ist leichter als Klareis, gewichtsmäßig hat es kaum Einfluß auf das Flugzeug. Allerdings reduziert die unregelmäßige und rauhe Oberfläche die Aerodynamik, z.B. der Tragflächen, erheblich. Der Auftrieb verringert sich, der Luftwiderstand wächst. Rauheis ist spröde und kann leichter als Klareis entfernt werden.

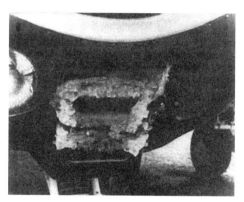

Abb. 90: Rauheis an der Lufteinlaßöffnung.

Komplexe Vereisung (Mischung von Rauh- und Klareis)

Eine gemischte Vereisung entsteht, wenn die Wassertropfen unterschiedliche Größe haben oder mit Schnee- und Eispartikeln vermischt sind. Die Eispartikel werden in Klareis eingebettet, und es entsteht eine rauhe Schicht, die an den Vorderkanten der Tragflächen mitunter pilzförmig anwächst (s. Abb. 87).

In Abbildung 91 ist ein Pitotrohr zu sehen, auf dem sich Mischeis angesetzt hat. Eine gemischte Vereisung kann relativ schnell entstehen.

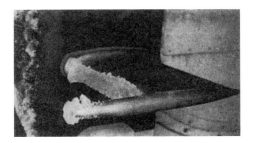

Abb. 91: Vereisung an einem Staurohr.

Vereisung der Ansaugsysteme

Eis bildet sich auch häufig am Lufteinlaß eines Motors und verringert dadurch die für den Verbrennungsvorgang erforderliche Luftmenge. Dieser Vereisungsvorgang tritt sowohl bei Propellertriebwerken als auch bei Düsentriebwerken auf.

Das Problem der Vergaservereisung ist jedem Piloten eines Flugzeuges mit Vergasermotor vertraut. Trotzdem noch einige kurze Informationen.

Durch den Kolbenhub in einem Propellertriebwerk oder in einem Kompressor in einem Düsentriebwerk wird ein partielles Vakuum in der Einlaßöffnung erzeugt. Durch adiabatische Ausdehnung in diesem Vakuum kühlt die Luft ab. Es bildet sich Eis, sobald die Temperatur unter den Gefrierpunkt fällt und ausreichend Feuchtigkeit vorhanden ist, um eine Sublimation einzuleiten.

Kolbentriebwerke kühlen durch das Verdampfen des Treibstoffes zusätzlich ab. Die dadurch entstehende Vereisung des Ansaugsystems verringert die Motorenleistung und kann die einströmende Luftmenge sogar so stark reduzieren, daß der Motor nicht mehr läuft. In Abbildung 92 ist der Vergaservereisungsvorgang dargestellt.

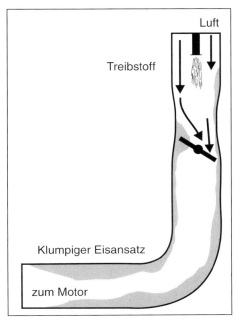

Abb. 92: Durch die Ausdehnung der Luft bedingte Abkühlung und das gleichzeitige Einspritzen von Kraftstoff kann Vereisung entstehen, bei der das Eis den Lufteinlaß des Vergasers zusetzt.

Eine Vereisung des Ansaugsystems wirkt sich bei jedem Flugzeugtyp anders aus und tritt auch unter verschiedenen meteorologischen Bedingungen auf. Diese Vereisungsart ist vorrangig technisch und verfahrenstechnisch zu sehen und hat keine meteorologische Bedeutung.

Vereisung der Instrumente

Bei einer Pitotrohr-Vereisung (Abb. 93) wird der Luftdruck, der auf die Fahrtmesseranzeige einwirkt, reduziert. Dadurch wird die Instrumentenanzeige verfälscht.

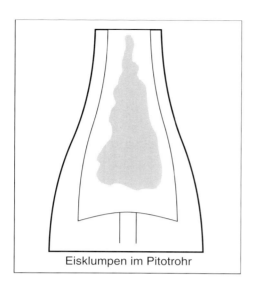

Eisklumpen im Pitotrohr

Abb. 93: Durch Vereisung des Pitotrohres fällt die Geschwindigkeitsanzeige aus.

Die meisten Flugzeuge haben außen an der Zellenhaut eine Druckausgleichsöffnung als Teil dieses Drucksystems. Eine Vereisung dieser Druckausgleichsöffnung für den statischen Druck verringert ebenfalls die Zuverlässigkeit aller an dieses System angeschlossenen Instrumente. Davon sind Fahrtmesser, Variometer und Höhenmesser betroffen.

Eis an Antennen verformt diese, erhöht ihren Widerstand und verursacht Vibrationen, die zu einem völligen Zusammenbruch z.B. des Funkverkehrs führen können. Die Schwere einer solchen Vereisung hängt von der Antennenart, ihrer Plazierung und Ausrichtung ab.

Vereisung und Wolkenarten

Grundsätzlich herrschen in allen Wolken, deren Temperatur um oder unter dem Gefrierpunkt liegt, Vereisungsbedingungen.

Entscheidend für eine Vereisung sind aber letztlich die Größe der Wassertropfen, die Verteilung dieser Tropfen und die aerodynamischen Eigenschaften des Flugzeuges.

Zu einer besonders gefährlichen Vereisung kann es kommen, wenn viele große, unterkühlte Wassertropfen vorhanden sind. Die Schwere der Vereisung hängt also von der Größe der Wassertropfen ab. Kleine Wassertröpfchen finden sich beispielsweise in Nebel und niedriger Bewölkung. Bei Nieselregen oder sehr leichtem Regen ist nicht mit schwerem Eisansatz zu rechnen. In niedriger Stratusbewölkung kommt Rauheis häufig vor.

Dicke, ausgedehnte, stratusförmige Wolken haben wegen der relativ großen Tropfenform und Tropfenanzahl Wasserüberfluß. Aus solchen Wolkenarten (Altostratus, Nimbostratus u.ä.) regnet es unaufhörlich. Im Winter kann ein solches Wolkensystem eine riesige Fläche überdecken. Bei längeren Flügen sind diese Wolken eine sehr große Vereisungsgefahr.

In Schichtwolken wird man selten Vereisung haben, wenn man mehr als 5.000 Fuß über der Gefrierpunkthöhe fliegt. Schichtbewölkung hat eine Schichtdicke von ca. 2.000 bis 3.000 Fuß.

Aufwärtsströmungen in Cumuli begünstigen die Vereisung und transportieren eine große Menge dicker Wassertropfen. In Schauern und Gewittern kommt es zu großtropfigem Niederschlag mit heftiger Intensität. Bei einem Flug durch eine so große Wasserkonzentration verteilen sich die großen Tropfen von der Vorderkante über die gesamte Tragfläche hinweg und bilden einen Wasserfilm. Sobald die Temperatur den Gefrierpunkt erreicht hat oder darunter liegt, friert dieser Wasserfilm sehr schnell fest und bildet eine Klareisschicht.

Heftige Aufwinde in Cumuli tragen eine große Wassermenge weit über die Nullgradgrenze bis in große Höhen hinauf. Jedoch hat man nur selten Vereisungsbedingungen in Gewitterwolken bei Höhen von 30.000 bis 40.000 Fuß gefunden, in denen die Lufttemperatur unter -40° C liegt. Eine Obergrenze, bei der noch kritische Vereisungsbedingungen herrschen, kann man bei Cumuli aber nicht festlegen.

Da Cumuli und Cumulonimben als Einzelzellen entstehen, ist die horizontale Ausdehnung begrenzt und klar erkennbar.

Andere Vereisungsursachen

Fronten

Eine Bedingung, die sich sehr günstig auf die Entstehung und Zunahme von Klareis auswirkt, ist gefrierender Regen unterhalb einer frontalen Fläche. Darüber regnet es bei Temperaturen oberhalb des Gefrierpunktes. Nun fällt dieser Regen durch die darunterliegenden Luftschichten, trifft auf Temperaturen unterhalb des Gefrierpunktes und unterkühlt. Diese unterkühlten Regentropfen nun gefrieren beim Aufprall auf das Flugzeug.

In Abbildung 94 ist die Entstehung dieses Vereisungstyps zu sehen. Diese Vereisungsart kommt sowohl bei einer Warmfront in der Höhe als auch bei einer Kaltfront vor. Eine Vereisung unter solchen Bedingungen kann sehr schwerwiegend sein, da eine große Menge an unterkühltem Wasser zur Verfügung steht.

In Cumulonimben entlang einer Bodenkaltfront, einer Höhenlinie oder eingebettet in die Wolkenzüge einer Warmfront, kann man ebenfalls mit schwerer Vereisung rechnen.

Geländebeschaffenheit

Aufsteigende Luft kühlt sich adiabatisch ab. Erreicht sie nun eine Temperatur unterhalb des Gefrierpunktes, wird das in ihr enthaltene Wasser unterkühlt. Ist die aufsteigende Luft stabil, sind die darin enthaltenen Wassertropfen vergleichsweise klein. Größere Wassertropfen würden als Regen ausfallen.

Da sich Eis am Flugzeug unter diesen Voraussetzungen nur sehr langsam aufbaut, hat man mehr Zeit, andere Flughöhen aufzusuchen. Bei instabilen Luftverhältnissen und den daraus resultierenden konvektiven Wolken steht weniger Zeit zur Verfügung, denn hier baut sich Eis sehr schnell auf.

Über gebirgigem Gelände ist Vereisung häufiger und auch gefährlicher. Die Luft strömt an Bergwänden erheblich schneller nach oben und transportiert dabei große Wassermengen in höhere Schichten. Bewegt sich beispielsweise ein Frontensystem über einem großen, gebirgigen Gebiet, verbindet sich die normale Luftanhebung an der Vorderseite der Front mit dem Hangaufwindeffekt der Berge, verstärkt dadurch die hangaufwärts fließende Strömung und verursacht eine erheblich schwerere Vereisung als im Normalfall.

Die Vereisung in gebirgigem Gelände ist weiterhin abhängig von der Lage der Berge zur allgemeinen Windströmung. Besonders gefährliche Vereisungsbedingungen findet man oberhalb der Bergkämme und an den Luvseiten. Solche Vereisungszonen können bis zu 5.000 Fuß über die höchsten Berggipfel reichen. Bei vorwiegend cumuliformer Bewölkung kann diese Zone sogar noch höher gehen.

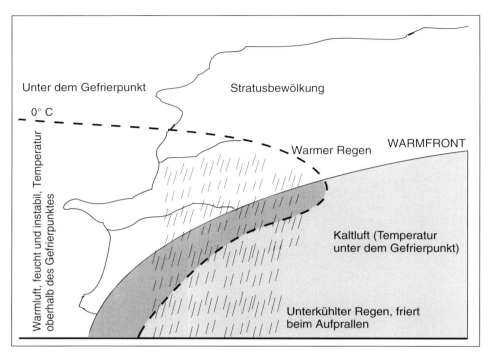

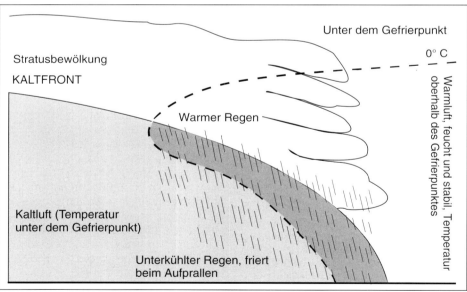

Jahreszeiten

Vereisung kann praktisch in jeder Jahreszeit auftreten. In unseren Breitengraden jedoch ist mit Vereisung besonders im Winter, aber auch im Frühjahr und Herbst zu rechnen. Da der Gefrierpunkt in diesen Monaten in niedrigeren Höhen liegt und die Tätigkeit von Tiefdrucksystemen überwiegt, sind niedrige Temperaturen und verstärkt auftretende Wolkensysteme ideale Voraussetzungen für Vereisung.

Vereisung am Boden

Rauhreif, Hagelkörnchen, gefrorener Regen und Schnee sammeln sich auf geparkten Flugzeugen an. Vor jedem Flug müssen Zelle und Flächen davon befreit werden.

Wasser, das beim Rollvorgang vom Propeller und von den Rädern an die Flugzeugaußenhaut spritzt, kann im Verlauf eines Fluges in Radkästen, Bremsmechanismen, Klappenaufhängungen, Klappengestänge usw. auch vereisen. Neben der Funktionseinschränkung dieser Steuerorgane kann es sogar zu einem Totalausfall kommen.

Rauhreif

Rauhreif als Wetterrisiko ist jedem Piloten bekannt. Trotzdem kommt es immer wieder vor, daß gerade in den Herbst- und Wintermonaten gestartet wird, obwohl die Tragflächen mit Rauhreif überzogen sind.

Abb. 94: Unterkühlter Regen in einer Warm- und einer Kaltfront. Der Regen fällt durch warme Luft in der Höhe in unterkühlte bodennahe Luft. Er wird dabei ebenfalls unterkühlt und gefriert mit dem Auftreffen auf dem Boden.

Rauhreif bildet sich in Nähe des Erdbodens vorwiegend bei klarer, stabiler Luft und bei leichtem Wind. Bei Bedingungen also, die ideal für gutes Flugwetter sind. Aus diesem Grund wird die Gefahr dieser Vereisungsform oft unterschätzt.

Die dünne, metallene Außenhaut der Flächen eignet sich besonders gut für Rauhreifbildung. Rauhreif verändert zwar nicht grundlegend die aerodynamischen Eigenschaften der Tragflächen, stört jedoch durch seine Rauhigkeit die anliegende Luftströmung deutlich und verlangsamt sie. Dadurch kann die Strömung abreißen.

Ist das Flugzeug mit einer geschlossenen Rauhreifschicht überzogen, liegt die Abreißgeschwindigkeit etwa 10 bis 15% höher als normal. Sogar eine kleinere Menge an Rauhreif auf den Tragflächen kann dazu führen, daß das Flugzeug bei normaler Startgeschwindigkeit nicht abhebt.

Möglich ist auch, daß das Flugzeug nach dem Start während des Steigfluges keine ausreichende Geschwindigkeit oberhalb der Abreißgeschwindigkeit aufbauen kann, so daß schon eine mäßige Verwirbelung oder eine leichte Kurve zu einem Strömungsabriß führen kann.

Rauhreifbildung während des Fluges ist eine sehr seltene Vereisungsform, über die bislang noch keine gesicherten Informationen und Daten vorliegen.

Die Meteorologen am Boden haben wenige Möglichkeiten, die Vereisungsbedingungen in den verschiedenen Höhen festzustellen. Die einzigen Informationen über den wirklichen Vereisungsgrad kann der Meteorologe nur von Piloten erhalten.

- Helfen Sie daher Ihren Fliegerkameraden und unterstützen Sie den Wetter-

dienst durch sofortige Meldung, sobald Sie während eines Fluges auf Vereisungsbedingungen treffen.
- Geben Sie aber auch Wetterinformationen weiter, wenn beispielsweise in der Vorhersage Vereisungsbedingungen angenommen wurden, Sie jedoch während Ihres Fluges im Vorhersagegebiet keine angetroffen haben.

Wie Turbulenz kann auch Vereisung lokal und vorübergehend auftreten. Normalerweise können Meteorologen Vereisung aber nicht für kleinere Gebiete vorhersagen. Bei Flugplanungen sind Gebiete mit Vereisungsgefahr grundsätzlich zu meiden. Trotzdem muß auch während eines zunächst ungestörten Fluges eine plötzlich auftretende Vereisung einkalkuliert werden.

Zusammenfassung

- Holen Sie vor jedem Start eine gründliche Wetterberatung für alle Gebiete ein, die sich entlang Ihrer geplanten Flugroute befinden. Fragen Sie auch nach Berichten von Piloten, die diese Strecke kurz vor Ihrem Abflug selbst durchflogen haben. Mitunter sind Gespräche mit Piloten von Interesse, die bestimmte Flugstrecken samt ihren topographischen und meteorologischen Eigenschaften unter verschiedenen Wetterbedingungen kennen.
- Wenn Ihr Flugzeug keine Enteisungsvorrichtung hat, vermeiden Sie unter allen Umständen Gebiete mit Vereisungsgefahr jeglicher Art. Wasser (Wolken oder Niederschlag) muß sichtbar sein und die Außentemperatur muß in der Nähe von 0° C oder darunter liegen, bevor sich strukturelles Eis bildet.
- Entfernen Sie vor jedem Start Rauhreif oder Eis von den Flächen und von der Zelle.
- Vermeiden Sie, bei kalter Witterung durch Matsch, Schneematsch oder Wasser zu rollen oder nach einer solchen unfreiwilligen „Unterbodenwäsche" zu starten. Wenn Sie unsicher sind, kontrollieren Sie nach dem Parken nochmals Räder, Fahrwerkschacht, Steuerseile und Ruder, ob sich nicht bereits Eis gebildet hat. Überprüfen Sie während des weiteren Rollvorganges sämtliche Steuerorgane auf Freigängigkeit.
- Wenn Sie durch eine Vereisungsschicht fliegen müssen, muß Ihre Steiggeschwindigkeit über der normalen Steiggeschwindigkeit liegen, um einen Strömungsabriß zu verhindern.
- Hat Ihr Flugzeug eine Enteisungsvorrichtung: Schalten Sie diese auch schon dann ein, wenn der Eisansatz gerade beginnt. Bei zu langem Warten kann unter Umständen das Enteisungssystem versagen. Falls der Eisansatz so stark ist, daß Ihre Enteisungsvorrichtung in ihrer Wirkung nachläßt, wechseln Sie sofort die Höhe und verlassen Sie das Vereisungsgebiet so schnell wie möglich.
- Wenn Ihr Flugzeug keine Staurohrenteisung haben sollte, müssen Sie mit Fehlanzeigen des Fahrtmessers, Variometers und Höhenmessers rechnen.

- Bei Stratusbewölkung können Sie die Vereisungsgefahr vermindern, wenn Sie auf eine Flugfläche steigen, in der die Temperatur oberhalb des Gefrierpunktes oder unterhalb -10° C liegt. Sie sollten aber nur eine solche Höhe wählen, in denen keine Wolken vorhanden sind. Zur Erinnerung: Bei Stratusbewölkung kann sich gerade in niedrigen Schichten Rauheis bilden.
- Wenn Sie während eines Fluges an der Vorderseite einer Front auf gefrierenden Regen treffen, sollten Sie in Schichten steigen oder sinken, deren Temperatur über dem Gefrierpunkt liegt. Bei solchen Fronten ist in größerer Höhe die Temperatur häufig höher als der Gefrierpunkt. Bei gefrierendem Regen sollten Sie schnellstens Ihre Flughöhe wechseln. Je mehr Sie zögern, um so mehr Eis setzt sich an. Unter diesen Bedingungen in niedrigere Höhen zu sinken, kann aber verschiedene Probleme mit sich bringen: Einmal müssen Sie die Temperatur in der niedrigeren Höhe genau kennen, und außerdem sollte Ihnen das Gebiet, über dem Sie gerade fliegen, topographisch vertraut sein.
- Meiden Sie bei Ihren Flügen grundsätzlich Einflüge in cumuliforme Bewölkung. Klareis kann hier auch bei Temperaturen oberhalb des Gefrierpunktes auftreten. Mit großer Wahrscheinlichkeit treffen Sie auf große Klareismengen bei Temperaturen zwischen 0° C und -15° C.
- Vermeiden Sie abrupte Steuerbewegungen, wenn Ihr Flugzeug stark vereist ist, da es unter solchen Bedingungen einige seiner aerodynamischen Eigenschaften verloren hat und nicht mehr einwandfrei steuerfähig ist. Außerdem können heftige Steuerbewegungen zu einer Beschädigung der Steuerorgane und der Steuerseile bzw. des Steuergestänges führen.
- Wenn Sie mit einem vereisten Flugzeug landen müssen, setzen Sie für den Anflug genügend Motorleistung ein. Bei einem leistungslosen Anflug würde Ihr Flugzeug in vereistem Zustand zu schnell Geschwindigkeit abbauen.

Gewitter

Wo und wann entstehen Gewitter?

In mittleren Breiten entwickeln sich Gewitter am häufigsten im Frühjahr, Sommer und im Herbst. Die Schwerpunkte liegen in den Sommermonaten Juli und August. Die Monate mit der geringsten Gewitterhäufigkeit sind Dezember und Januar.

Die Topographie beeinflußt stark das Entstehen von Gewittern. Über gebirgigem Gelände sind sie heftiger und häufiger als über ebenem Land, vor allem thermische Gewitter. Bei Frontengewittern ist die Verteilung etwa gleich, obwohl zusätzliche Hebungsvorgänge im Gebirge die Gewittertätigkeit verstärken.

Ursachen für Gewitterbildung

Folgende Voraussetzungen sind für die Bildung eines Gewitters erforderlich:

- Eine ausreichende Menge Wasserdampf
- Ein instabiler Temperaturgradient
- Eine starke vertikale Strömung, um den Reifungsprozeß des Gewitters in Gang zu bringen

Eine Aufwärtsströmung entsteht entweder durch eine erwärmte Erdoberfläche, konvergierende Winde, ansteigendes Gelände, eine Front oder auch durch Kombinationen dieser Faktoren. Die für das Gewitter erforderlichen Hebungsvorgänge können von jeder der genannten Voraussetzungen ausgelöst werden.

Das Innenleben einer Gewitterzelle

Die Abkühlung in einer starken Aufwärtsströmung führt mit zunehmender Höhe zur Kondensation und zur Entwicklung einer Cumuluswolke. Durch die Kondensation wird latente Wärme frei, die den Abkühlungsvorgang in der gesättigten Aufwärtsströmung verlangsamt und so den Auftrieb innerhalb der Wolke wieder verstärkt. Durch diesen erhöhten Auftrieb wird die Aufwärtsströmung noch schneller, es wird eine große Menge Wasserdampf in die Höhe transportiert. Dieser Prozeß dauert so lange, bis sich der Reifevorgang der Gewitterzelle vollzogen hat und es zur Auslösung des Gewitters kommt.

Lebenslauf eines Gewitters

Eine Gewitterzelle durchläuft in ihrem Lebenszyklus drei Stadien:

- Entstehung einer Cumuluswolke
- Reifung der Cumuluswolke
- Auflösung der Cumuluswolke

Es ist nicht möglich, diese einzelnen Stadien exakt voneinander zu trennen. Die Übergänge sind fließend und von außen nicht erkennbar. Außerdem kann ein Gewitter aus mehreren Einzelzellen bestehen, die sich selbst wiederum in unterschiedlichen Stadien befinden.

Entstehung

Obwohl sich aus den meisten Cumuli keine Gewitter entwickeln, beginnt jedes Gewitter zunächst mit der Bildung eines Cumulus. Die Cumulus-Entstehung ist in Abbildung 95 A dargestellt. Es herrscht hier eine Aufwärtsströmung mit unterschiedlicher Stärke vom Erdboden bis zur Spitze der Wolke.

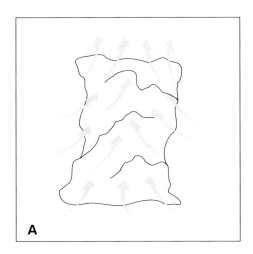

Abb. 95A: Entstehung eines Cumulus.

Die Wachstumsrate des Cumulus kann bei mehr als 3.000 Fuß pro Minute liegen. Deswegen ist es für einen Piloten nicht empfehlenswert, über rasch wachsende Cumuli zu steigen.

Im frühen Entwicklungsstadium des Cumulus sind die Wassertröpfchen relativ klein. Sie wachsen aber bei zunehmendem Volumen der Wolke bis zu einem großen Regentropfen heran. Die aufsteigende Luft trägt dieses flüssige Wasser in die Höhe der Nullgradgrenze.

Bereits hier entsteht massive Vereisung. Sobald die Wassertropfen an Gewicht zunehmen, beginnen Sie zu fallen, reißen Luft mit und erzeugen so eine kalte, abwärtsgerichtete Strömung, die parallel zur Aufwärtsströmung verläuft.

Reifestadium

Fällt aus der Cumuluswolke Niederschlag, ist dies ein sicheres Zeichen für eine Abwärtsströmung und das Reifestadium der Gewitterzelle.

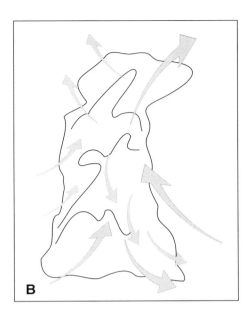

Abb. 95B: Reifestadium der Gewitterzelle.

Der kalte Regen in der Abwärtsströmung verzögert eine kompressive Erwärmung, sie bleibt kühler als die Umgebungsluft. Dadurch wird die Abwärtsströmung schneller und kann bei mehr als 2.000 Fuß pro Minute liegen.

Wie in Abbildung 95 B gezeigt wird, strömt die Luft an der Unterseite des Cumulus heraus, erzeugt einen starken, böigen Bodenwind, einen krassen Temperatursturz und einen schnellen Druckanstieg. Gleichzeitig liegen die Aufwinde bei einer Maximalgeschwindigkeit von 6.000 Fuß pro Minute und mehr.

Durch die unmittelbare Nähe abwärts- und aufwärtsrasender Windströmungen entsteht eine starke vertikale Windscherung mit einer sehr turbulenten Umgebung. Die Gefahr in einem Gewitter ist während dieses Reifestadiums am größten.

Auflösungsstadium

Das Auflösungsstadium eines Gewitters ist durch Abwinde gekennzeichnet (Abb. 95 C) und läuft schnell ab. Sobald das Abregnen und die Abwärtsströmungen nachlassen, beginnt dieser Prozeß. Haben alle Zellen eines Gewitters diesen Punkt erreicht, bleiben von dem einstmals mächtigen Cb (Cumulonimbus) nur noch ein paar harmlose Wolkenreste übrig.

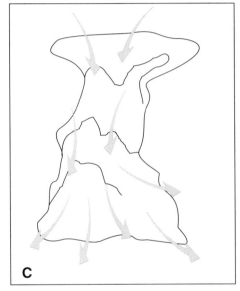

Abb. 95C: Auflösung der Gewitterzelle.

Größe eines Gewitters

Einzelne Gewitter haben einen Durchmesser von etwa 5 bis 30 km. Die Wolkenuntergrenzen reichen von ein paar hundert Fuß bei sehr feuchtem Klima bis zu 10.000 Fuß und noch höher in trockeneren Gebieten. Die Obergrenzen erreichen in unseren Breiten 10.000 bis 25.000 Fuß, in tropischen Gebieten z.B. 45.000 bis zu 65.000 Fuß und mehr.

Stärke des Gewitters

Die Dauer des Reifestadiums ist eng verbunden mit der Schwere des Gewitters. Einige Gewitter in instabiler Luft dauern nur 1-2 Stunden und verursachen leichte Böen und mäßigen Niederschlag. Solche Gewitter nennt man Luftmassengewitter (thermische Gewitter, Wärmegewitter). Sie sind gefährlich genug, um sie grundsätzlich zu umfliegen.

Andere Gewitter treten in massiven Gewitter-Systemen auf, dauern einige Stunden, produzieren schwere Regenfälle, möglicherweise Hagel und starke, böige Winde. Diese Gewitterart ist als Frontengewitter bekannt. Sie sind erheblich stärker als Luftmassengewitter und machen einen Durchflug völlig unmöglich.

Luftmassengewitter

Luftmassengewitter entstehen in der Regel durch Konvektion über einer stark erwärmten Erdoberfläche. Wenn das Gewitter das Reifestadium erreicht hat, fällt unmittelbar neben der Aufwärtsströmung Regen. Dieser Niederschlag erzeugt einen Reibungswiderstand, verzögert somit die Aufwärtsströmung und kehrt diese in eine abwärts gerichtete Strömung um.

Die Abwärtsströmung und der kalte Niederschlag kühlen den unteren Teil der Gewitterzelle ab. Dadurch wird der Zufluß von Wasserdampf unterbrochen, das Gewitter verliert an Energie und löst sich auf. Eine solche Gewitterzelle hat üblicherweise einen Lebenszyklus von 20 Minuten bis zu 1,5 Stunden.

Da Luftmassengewitter immer durch Erwärmung der Erdoberfläche entstehen, erreichen sie ihre höchste Intensität und Häufigkeit über Landgebieten während der mittleren und späten Nachmittagsstunden. In Küstengebieten haben sie ihr Maximum während der Nachtstunden, in denen die Erdoberfläche am kühlsten ist und deswegen kühle Luft vom Land über relativ warmes Wasser fließt.

Frontengewitter

Frontengewitter sind gewöhnlich mit einem Tiefdrucksystem verbunden. Fronten, konvergierende Winde und Höhentröge verursachen eine Aufwärtsbewegung der Luftmassen und sorgen so für die Entstehung dieser Gewitter. Auch in Böenlinien kommen diese Gewitter vor. Eine starke nachmittägliche Erwärmung intensiviert sie zusätzlich.

Bei einem Frontengewitter fällt der Niederschlag aus der Aufwärtsströmung (Abb. 96) und beschleunigt diese. Dadurch werden die Aufwinde im Reifestadium stärker und dauern auch wesentlich länger als bei Luftmassengewittern. Eine Gewitterzelle in einer Front kann einige Stunden aktiv sein.

Böenlinien

Eine Böenlinie ist ein schmales, nicht frontengebundenes Band, das aus aktiven Gewittern besteht. Oft entwickelt sie sich vor einer Kaltfront in feuchter, instabiler Luft, sie kann aber auch weit entfernt von einer Front in instabiler Luft entstehen.

Eine solche Böenlinie überdeckt in der Regel ein relativ großes Gebiet, so daß ein Umfliegen oder ein Durchflug nur sehr schwer möglich ist. Eine Böenlinie entwickelt sich sehr schnell, erreicht die größte Intensität am Spätnachmittag und in den ersten Abendstunden (Abb. 97).

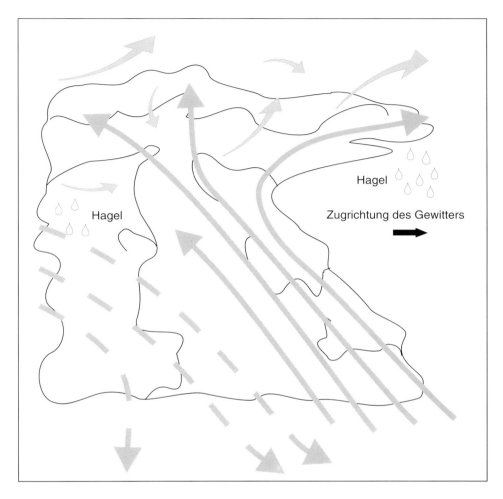

Abb. 96: Reifestadium einer Gewitterzelle mit schräg nach oben gerichteter Aufwärtsströmung, der Abwärtsströmung und dem Niederschlag außerhalb des Aufwindfeldes. Im Reifezustand kann die Gewitterzelle viele Stunden lang aktiv sein.

Auswirkungen bei einem Gewitter

Turbulenzen

In jeder Gewitterart sind gefährliche Turbulenzen anzutreffen. In schweren Gewittern können sie so stark sein, daß sie das Flugzeug strukturell beschädigen. Am stärksten sind sie innerhalb eines Gewitters in der Scherungszone zwischen Auf- und Abwinden. Außerhalb der Gewitterwolke hat man auch schon Scherungsturbulenzen einige tausend Fuß darüber und in einer Entfernung bis zu 30 Kilometer festgestellt.

Abb. 97: Gewitter in einer Böenlinie (Quelle: Peter Bachmann).

In niedriger Höhe findet man ein sehr turbulentes Gebiet in der Scherungszone zwischen der dem Gewitter vorauseilenden Böenwalze und den umgebenden Luftmassen. Oft ist diese Scherungszone durch eine walzenförmige Wolke an der Front einer Gewitterzelle markiert. Diese Wolke kommt bei Kaltfronten oder Gewittern einer Böenlinie vor und ist ein Indiz für extreme Turbulenz.

Der erste Böenstoß verursacht eine schnelle und extreme Veränderung der Bodenwindrichtung. In Abbildung 98 ist ein schematischer Querschnitt durch ein Gewitter zu sehen, wobei auch Gebiete außerhalb des Gewitters dargestellt werden, in denen ebenfalls mit schweren Turbulenzen gerechnet werden muß.

Bei einem Flug durch ein Gewitter ist es unmöglich, eine konstante Höhe oder eine konstante Geschwindigkeit zu halten. Jede Korrektur der Höhe oder der Geschwindigkeit kann zu einer extremen strukturellen Belastung des Flugzeuges führen.

In einer solchen Situation hilft nur, nichts zu tun und das Flugzeug den tobenden Naturgewalten zu überlassen. Es gibt bis zum heutigen Tag kein sicheres Rezept, die ruhigsten Stellen in einem Gewitter zu finden und zu durchfliegen.

Vereisung in einem Gewitter

Aufwinde in einem Gewitter tragen eine große Wassermenge in die Höhe. Sobald eine Temperatur um den Gefrierpunkt erreicht wird, unterkühlt das Wasser. In noch größerer Höhe sublimiert der größte Teil des verbliebenen Wasserdampfes bei ca. -15° C, d.h., er geht direkt in Eiskristalle über. Oberhalb dieser Höhe nimmt die Menge des unterkühlten Wassers ab.

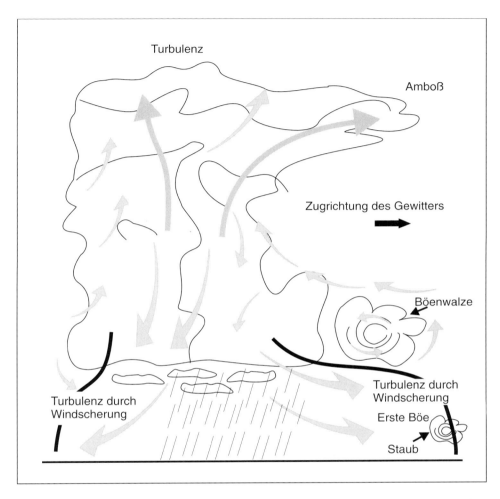

Abb. 98: Querschnitt durch ein Gewitter. Auch in Gebieten außerhalb der Hauptwolke muß mit Turbulenz gerechnet werden.

Unterkühltes Wasser gefriert sofort, wenn es auf ein Flugzeug trifft. Klareis kann dabei in jeder Höhe oberhalb der Gefrierpunkthöhe auftreten. Auch Rauheis oder eine Mischung von Rauheis und Klareis kann vorhanden sein. Durch die große Menge unterkühlten Wassers entsteht zwischen 0° C und -15° C relativ schnell Klareis.

Handelt es sich um ein Gewittersystem aus mehreren Gewitterzellen, multipliziert sich dieser Vereisungseffekt. Gegenüber normalen Vereisungsbedingungen ist Vereisung in Gewitterzellen weit gefährlicher, weil sich das Eis viel schneller aufbaut.

Hagel

Unterkühlte Wassertropfen gefrieren in Gefrierpunkthöhe. Sobald ein solcher Wassertropfen gefroren ist, frieren schnell weitere Wassertropfen an ihm fest. So wächst das ursprünglich kleine Hagelkörnchen mitunter bis zur Größe eines Tennisballes heran.

Erreichen die Hagelkörner während des Falles die Nullgradgrenze, setzt der Schmelzprozeß ein. Der Niederschlag kann nun den Erdboden in Form von Graupeln oder Regen erreichen. Regen bedeutet aber nicht, daß in der Höhe kein Hagel vorhanden ist.

Mit Hagel muß bei jedem Gewitter gerechnet werden, besonders in der Nähe des Amboß eines großen Cumulonimbus. Man hat aber auch schon Hagel in einiger Entfernung vom Gewitterzentrum festgestellt. Durch die ungeheuren Energien wird Hagel bis zu fünf oder mehr Kilometer aus einem Gewitter herausgeschleudert. Je größer das Hagelkorn, um so höher reicht die Gewitterzelle.

Niedrige Wolkenuntergrenze und Sichten

Innerhalb einer Gewitterwolke ist die Sicht fast Null. Niedrige Hauptwolkenuntergrenzen und schlechte Sichten findet man auch im Niederschlag unmittelbar zwischen Gewitter und Erdboden. In den Randzonen eines Gewitters können die Sichten mäßig bis gut sein.

Wenn man die Summe der Gefahren, bestehend aus Turbulenz, Hagel, Blitzschlag und schlechten Sichten unmittelbar in der Ausregnungszone eines Gewitters zusammenfaßt, ist selbst ein Flug nach Instrumenten unmöglich.

Wirkungen auf den Höhenmesser

Bei Annäherung eines Gewitters fällt der Luftdruck relativ schnell ab, steigt beim Eintreffen des ersten Böenstoßes und der kalten Abwärtsströmung mit schweren Regenschauern steil an und geht dann wieder auf den ursprünglichen Wert zurück, sobald das Gewitter weiterzieht. Diese Luftdruckveränderungen können innerhalb von 15 Minuten auftreten. Wenn bei einem Flug in Gewitternähe die Höhenmessereinstellung nicht korrekt ist, kann die angezeigte Höhe je nach Luftdruckveränderung bis zu einigen hundert Fuß von der wahren Höhe abweichen.

Elektrizität im Gewitter

Die in Gewittern erzeugte elektrische Spannung ist selten eine unmittelbare Gefahr für ein Flugzeug, sie kann aber beträchtlichen Schaden anrichten. Schlägt ein Blitz in ein Flugzeug ein, sind die elektrische Anlage und die hochempfindlichen mikroelektronischen Bauteile besonders gefährdet und können einzeln oder en bloc ausfallen. Eine große Irritation für Piloten sind die grellen, gleißenden Blitze, die durchaus minutenlange Sehstörungen hervorrufen können.

Blitz

Der Blitz kann in die Außenhaut eines Flugzeuges einschlagen und dadurch die elektronische Funk- und Funknavigationsausrüstung beschädigen. Man hat auch vermutet, daß ein Blitz Benzindämpfe zur Explosion gebracht hat, jedoch sind schwere Unfälle durch Blitzschlag selten.

In unmittelbarer Nähe von Blitzen kann ein Pilot kurzfristig erblinden. In einer solchen Situation ist es für ihn dann unmöglich, nach

Sicht oder nach Instrumenten weiterzufliegen. Durch Blitz kann ebenfalls die Anzeige des Magnetkompasses verfälscht werden. Blitzentladungen (auch entfernte) können zu einer Unterbrechung des Funkkontaktes bei niedrigen und mittleren Frequenzen führen. Einige Hinweise:

- Je größer die Anzahl der Blitze, um so schwerer ist das Gewitter
- Eine steigende Blitzhäufigkeit bedeutet, daß sich das Gewitter vergrößert
- Nähert sich das Gewitter dem Auflösungsstadium, nimmt die Zahl der Blitze ab
- Ist nachts am Horizont über eine große Breite eine hohe Blitzhäufigkeit feststellbar, kann dies auf eine aktive Böenlinie hinweisen

Statische Aufladung und Niederschlag

Fliegt ein Flugzeug durch Wolken, Niederschlag oder einer Konzentration fester Partikel (Eis, Sand, Staub usw.), entsteht durch Reibung statische Elektrizität, die sich auf die Flugzeug-Oberflächen oder direkt in die Luft entlädt und dabei Störungen im niedrigen Frequenzbereich verursacht. Man erkennt sie u.a. an einem gleichmäßig hohen Störton im Funkempfänger. Verantwortlich sind intensive Sprühentladungen an scharfen metallenen Punkten und Kanten an der Außenhaut des Flugzeuges.

Gelegentlich sind Entladungsvorgänge auch sichtbar. Bei Spitzenentladungen ist ein schwaches Leuchten (besonders nachts) zu sehen. Obwohl eine solche Spitzenentladung ein unheimlicher Anblick ist, ist sie relativ harmlos. Nicht nur Seeleuten ist das *Elmsfeuer* bekannt, bei dem aus den Schiffsmast-Spitzen büschelförmige Entladungen heraussprühen.

Gewitter und Radar

Wetter-Radarstrahlen werden von Wassertropfen in Wolken reflektiert. Die Stärke des Radarechos hängt dabei von der Größe und der Menge der Wassertropfen ab. Allerdings beeinflußt die Größe der Wassertropfen die Intensität des Radarechos mehr als die Menge.

Die Größe eines Wassertropfens verhält sich direkt proportional zur Regenintensität. Den stärksten Regen findet man in Gewittern. Daher sind auf dem Radarschirm bei Gewittern die stärksten Radarechos zu sehen. Ein extremes Radarecho aber erhält man, wenn Hagelkörner mit einem Wasserfilm bedeckt sind und wie überdimensionierte Wassertropfen wirken. Regenschauer, die aus kleineren Wassertropfen bestehen, liefern ein geringeres Echo. Die schwächsten Echos treten bei leichtem Regen und bei Schnee auf. Mit dem bordeigenen Wetterradar kann man nur Regentropfen erkennen, winzige Wolkentröpfchen sind nicht sichtbar. In Abbildung 99 sind wetteraktive Gebiete auf einem Radarschirm der Bord-Radaranlage eines zweimotorigen Flugzeuges dargestellt. Abbildung 100 zeigt das Reflexionsprinzip des Wetterradars.

Hat man Wetterradar an Bord, sollte man nicht versuchen, einen Kurs zwischen zwei Echos einzuhalten, selbst wenn dieser bei der Flugplanung vorgesehen war. Wetterradar im Flugzeug soll dem Piloten Informationen liefern, wie er Schlechtwettergebiete umfliegen und nicht, wie er sie durchfliegen kann. Ob man nun in ein Gebiet, aus dem man Radarechos erhalten hat, einfliegt oder nicht, ist weitgehend von der persönlichen Interpretation der Radarechos und dem eigenen Verantwortungsbewußtsein abhängig.

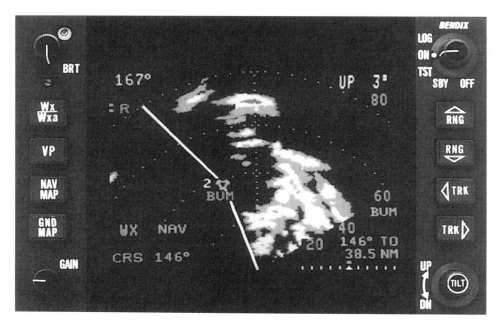

Abb. 99: Wetterradar mit Darstellung wetteraktiver Gebiete und Kursführung.

Fliegt man auf eine Gewitterfront zu, erhält man von den stärksten Gewittern die intensivsten Radarechos. Das allerdings heißt nicht, daß zwischen zwei intensiven Radarechos keine kleineren Gewitterzellen mehr vorhanden sind und man zwischen den beiden Intensivechos hindurchfliegen kann. Auch einige Kilometer vom Zentrum der Gewitterwolke entfernt kann es hageln.

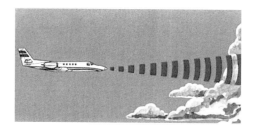

Abb. 100: Reflexionsprinzip des Wetterradars.

Mit gefährlicher Turbulenz ist nämlich noch in einer Entfernung von ca. 30 Kilometer zu rechnen. Intensive Radarechos sollten mit einem Abstand von mindestens 10 bis 20 Kilometer umflogen werden. Der Abstand zwischen zwei Radarechos muß mehr als 40 bis 50 Kilometer betragen, bevor man zwischen den beiden identifizierten Gewitterzellen hindurchfliegen kann.

Eine nachlassende Intensität des Radarechos weist darauf hin, daß man sich entweder von der Gewitterzelle entfernt hat, oder daß das Gewitter schwächer geworden ist. Abbildung 101 zeigt, wie man während des Fluges Gewittergefahren mit Radar vermeidet.

Die Annahme, in unseren mittleren Breiten seien Gewitter vorwiegend leichter Art, kann tödliche Konsequenzen haben.

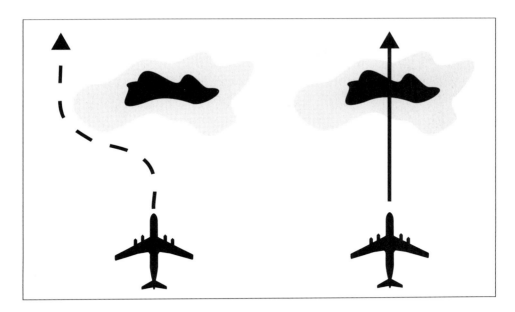

Abb. 101: Anwendung des Wetterradars, um schweren Niederschlag und Turbulenz zu vermeiden. Sind die Echos besonders stark, müssen sie in einem Abstand von mindestens 20 Meilen umflogen werden. Ein Durchflug zwischen beiden Echos ist zu vermeiden, es sei denn, sie liegen mindestens 40 Meilen auseinander. Gefährliche Turbulenzen und Hagel gibt es oft auch mehrere Meilen von den Zentren der Echos entfernt.

Das sollte man auch dann nicht glauben, wenn bei der Flugwetterberatung von Radarechos mit nur geringer Intensität gesprochen wird.

Wie man als Pilot am besten die Gefahren von Gewittern vermeidet, steht in den folgenden Tips und Ratschlägen.

- Starten oder landen Sie niemals bei einem sich nähernden Gewitter. Durch plötzliche, extreme Windsprünge oder Turbulenzen in Bodennähe können Sie überraschend die Kontrolle über Ihr Flugzeug verlieren.
- Versuchen Sie nie, unter einem Gewitter hindurchzufliegen, auch dann nicht, wenn Sie bis zur anderen Seite sehen können.

Die Turbulenzen unter einem Gewitter können verheerend sein.
- Versuchen Sie nicht, um Gewitter herumzufliegen, die mehr als die Hälfte des Gebietes bedecken, über dem Sie sich gerade befinden, ganz gleich, ob Sie diese Gewitter nach Sicht oder mit Bordradar umfliegen wollen.
- Fliegen Sie niemals ohne Bordradar in Wolkenschichten ein, die eingebettete Gewitter enthalten können. Vereinzelte Gewitter, die nicht in solche Schichten eingelagert sind, können großräumig nach Sicht umflogen werden. Halten Sie in unseren Breitengraden von einem schweren Gewitter mindestens 20 bis 30 Kilometer Abstand.
- Wenn Sie über ein Gewitter hinwegfliegen wollen, sollten Sie dies nur mit ei-

ner Überhöhung von 1.000 Fuß pro 10 Knoten der Windgeschwindigkeit an der Gewitterobergrenze tun. Dieses Verfahren dürfte jedoch in der Praxis bei schweren Gewittern die Dienstgipfelhöhe der meisten einmotorigen Flugzeuge überschreiten.
Beispiel: Windgeschwindigkeit =
40 Knoten an der Spitze des Cb =
Überflug des Cb in 4 x 1.000 =
4.000 Fuß über der Cb-Spitze.

Falls Sie einmal in die Lage kommen sollten, ein Gewitter durchfliegen zu müssen, nun ein paar Ratschläge:

- Versuchen Sie niemals umzukehren, wenn Sie bereits in einem Gewitter sind. Der direkte Kurs durch das Gewitter bringt Sie am schnellsten aus der Gefahrenzone. Außerdem würden Sie bei einem Wendemanöver die strukturelle Belastung des Flugzeuges erhöhen.
- Schalten Sie Ihren Autopiloten umgehend ab. Sie vermeiden dadurch, daß er sich durch die starken Turbulenzen selbst abschaltet (übersteuert) bzw. beschädigt wird. Außerdem umgehen Sie die Gefahr, daß er entgegen den einwirkenden Kräften arbeitet.
- Ziehen Sie Ihre Gurte fest, legen Sie, falls vorhanden, Schultergurte an und sichern Sie alle losen Gegenstände im Flugzeug.
- Halten Sie eine konstante Fluglage ein. Gestatten Sie dem Flugzeug, sich den Turbulenzen anzupassen. Wenn Sie verzweifelt versuchen, eine konstante Höhe zu halten, können strukturelle Belastungen das Flugzeug stark beanspruchen.
- Legen Sie den Kurs durch das Gewitter so fest, daß Sie für den Durchflug ein Minimum an Zeit benötigen. Halten Sie den einmal festgelegten Kurs unbedingt ein.

- Schalten Sie die Staurohrheizung und die Vergaservorwärmung ein. In jeder beliebigen Höhe kann sehr schnell Vereisung auftreten und binnen Sekunden zu einem Leistungsverlust des Triebwerks und zu einem Versagen der Geschwindigkeitsanzeige führen. Kritische Vereisungsbedingungen in einem Gewitter umgehen Sie, wenn Sie unterhalb der Gefrierpunkthöhe fliegen.
- Wählen Sie die Motorleistung, die in Ihrem Flugzeughandbuch für Flüge in Turbulenzen angegeben ist. Die strukturelle Beanspruchung Ihres Flugzeuges in Turbulenzen ist bei reduzierter Geschwindigkeit geringer. Verändern Sie danach die Leistungseinstellung am Motor auf keinen Fall. Fliegen Sie aber rechtzeitig mit reduzierter Geschwindigkeit.
- Stellen Sie die Cockpitbeleuchtung auf größte Leuchtstärke, um die Gefahr einer vorübergehenden Erblindung durch Blitze zu verringern. Schauen Sie fortwährend auf Ihre Instrumente. Wenn Sie nach draußen sehen, ist die Gefahr einer vorübergehenden Erblindung durch die grellen Blitze größer.
- Wenn Sie Wetterradar an Bord haben, bewegen Sie die Radarantenne gelegentlich auf und ab. Dadurch können Sie rechtzeitig wachsende Gewitterzellen (bei Aufwärtsneigung), aber auch Hagelzonen (bei Abwärtsneigung) entdecken und Ihren Flugweg darauf abstimmen.

Sichtprobleme

Bei den meisten Flugzeug-Unglücken, die durch schlechte Sichten und niedrige Wolkenuntergrenzen verursacht wurden, hatten die Piloten entweder keine Instrumentenflugausbildung oder keine Instrumentenflugerfahrung. Diese Piloten haben versucht, ohne optische Bezugspunkte in Instrumentenflug-Wetterlagen zu fliegen. Ohne natürlichen Horizont als optische Referenz allerdings verliert man das Gefühl für Richtung und Lage im Raum. Die Fortsetzung eines VFR-Fluges unter IFR-Bedingungen ist die Ursache für rund 25% aller tödlichen Flugzeugunglücke in der Allgemeinen Luftfahrt (VFR = Visual Flight Rules, Sichtflugbedingungen; IFR = Instrument Flight Rules, Instrumentenflugbedingungen).

Die Sichtflugregeln werden durch Minima der Hauptwolkenuntergrenze und der Sicht festgelegt. Liegen die aktuellen Werte darunter, kann ausschließlich nach IFR geflogen werden. Unter Hauptwolkenuntergrenze versteht man die durchschnittliche Höhe der Unterseite der Bewölkung über dem Erdboden. Die Sicht wird in Kilometer angegeben. In der Regel handelt es sich bei der Bodensicht und bei der Flugsicht um Horizontalsichten.

Jeder Pilot, der nach Sichtflugregeln fliegt, sollte durch eine gründliche Flugvorbereitung und durch einen eventuell erforderlichen Abbruch seines Fluges dafür sorgen, daß er nicht in die Todesstatistiken der Wetterunfälle eingeht. Nebel, niedrige Bewölkung, Dunst, Rauch, Staub und Niederschläge: Jeder dieser Schlechtwetter-Parameter kann zu IFR-Bedingungen führen. Nebel und niedrige Stratusbewölkung sind dabei besonders gefährlich, da sie eine terrestrische Navigation unmöglich machen.

Nebel

Nebel ist eine auf der Erdoberfläche aufliegende „Bewölkung", die entweder aus Wassertröpfchen oder Eiskristallen besteht. Bei Nebel liegt die Bodensicht immer deutlich unter fünf Kilometer. Besonders gefährlich ist die Geschwindigkeit, mit der er sich bilden kann. Innerhalb von wenigen Minuten kann die Sicht von VFR-Bedingungen auf unter einen Kilometer fallen. Für IFR-Flüge ist Nebel während des Starts und der Landung gefährlich, für VFR-Flüge aber grundsätzlich, vor allem, wenn der VFR-Pilot Sichtkontakt zum Erdboden halten muß.

Voraussetzung für Nebelbildung ist ein geringer Abstand zwischen Temperatur und Taupunkt (Spread). Aus diesem Grund tritt Nebel bevorzugt in Küstengebieten auf, da dort immer genügend Feuchtigkeit vorhanden ist.

Eine ausreichende Menge an Kondensationskernen begünstigt die Nebelbildung zusätzlich. Deswegen ist auch in Industriegebieten mit größerer Nebelhäufigkeit zu rechnen. Abgase und andere Luftverunreinigungen haben eine große Konzentration an Kondensationskernen.

In den kälteren Monaten tritt Nebel am häufigsten auf. Allerdings gibt es regionale und saisonale Unterschiede.

Nebel kann sich bilden, wenn die Luft bis auf ihren Taupunkt abkühlt, oder wenn sie zusätzliche Feuchtigkeit in Erdbodennähe aufnimmt.

Strahlungsnebel

Strahlungsnebel ist relativ flacher Nebel. Je nach Intensität kann er den Himmel vollständig oder teilweise verdecken.

Bodennebel ist eine Form des Strahlungsnebels. Aus der Sicht des Piloten kann dichter Strahlungsnebel den Erdboden völlig verhüllen. Hohe Gebäude, Hügel und Türme ragen meist aus diesem Bodennebel hervor und liefern dem Piloten Referenzpunkte bei einem VFR-Flug. In Abbildung 102 ist Bodennebel aus der Sicht des Piloten während eines Fluges zu sehen. Klarer Himmel, wenig oder kein Wind sowie eine geringe Temperatur/Taupunktdifferenz (hohe relative Feuchtigkeit) sind besonders günstige Bedingungen für die Bildung von Strahlungsnebel.

Bodennebel bildet sich fast nur nachts oder in der Abenddämmerung. Durch terrestrische Abstrahlung kühlt der Erdboden ab. Die Luft, die in direktem Kontakt mit dem kalten Erdboden ist, kühlt folglich ebenso ab. Erreicht sie dabei ihren Taupunkt, bildet sich Nebel.

Hat es abends und nachts geregnet und sich der Boden mit Wasser vollgesaugt, muß man bei Aufklaren des Himmels am kommenden Morgen mit Strahlungsnebel rechnen. Strahlungsnebel tritt ausschließlich über Landflächen auf, da Wasseroberflächen durch nächtliche Abstrahlung so gut wie keinen Temperaturverlust haben. Bei schwachem Wind ist Strahlungsnebel zunächst von geringer Schichtdicke, da nur eine leichte Luftdurchmischung erreicht wird. Dadurch ist bei weiterer Abkühlung eine Zunahme des Nebels in der Höhe zu erwarten.

Stärkerer Wind dagegen löst den Nebel auf oder vermischt ihn mit der umgeben-

Abb. 102: Einsetzender Bodennebel im Odenwald. Über der Bergstraße und der Rheinebene (Hintergrund) liegt bereits eine dicke Nebelschicht (Quelle: Peter Bachmann).

den Luft zu einer noch dickeren Schicht mit Stratusbewölkung, die sich oberhalb der Vermischungszone gebildet hat.

Normalerweise wird Bodennebel nach Sonnenaufgang relativ schnell weggeheizt. Andere Strahlungsnebel lösen sich vor der Mittagszeit auf, wenn nicht darüberliegende Wolkenschichten die Sonneneinstrahlung verhindern.

Advektionsnebel

Advektionsnebel bildet sich, wenn feuchte Luft in Gebiete mit kälterem Erdboden oder Wasser strömt.

Am häufigsten tritt Advektionsnebel in Küstengebieten auf. Er kann sich aber auch tief im Inneren kontinentaler Gebiete entwickeln. An der Küste nennt man den Advektionsnebel *Seenebel*.

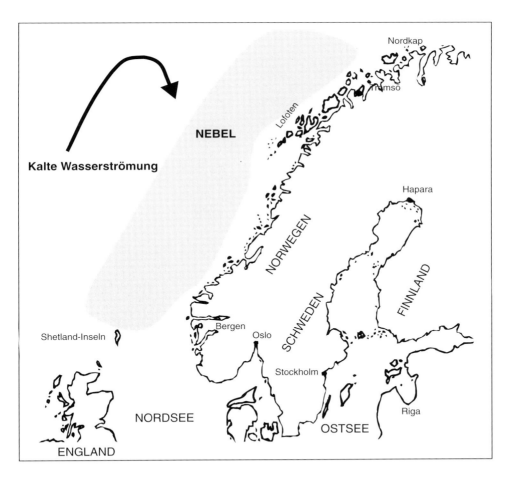

Abb. 103: Advektionsnebel vor einer Küste.

Sobald die Windgeschwindigkeit bis etwa 15 Knoten ansteigt, verstärkt sich die Nebelbildung. Winde über 15 Knoten heben den Nebel in eine niedrige Stratus- oder Stratocumulusschicht an.

Wie in Abbildung 103 dargestellt ist, bildet sich diese Nebelart häufig abseits der Küste als Folge der kalten Wasseroberfläche. Nach seiner Entstehung wird er durch den Wind ins Landesinnere getragen. Im Winter entwickelt sich Advektionsnebel weiter im Landesinneren (Abb. 104). Wasserflächen in nördlichen Breiten haben häufig im Sommer dichten Seenebel, wenn feuchtwarme tropische Luft nach Norden über kältere arktische Gewässer fließt.

Ein Pilot wird während eines Fluges nur einen geringen Unterschied zwischen Ad-

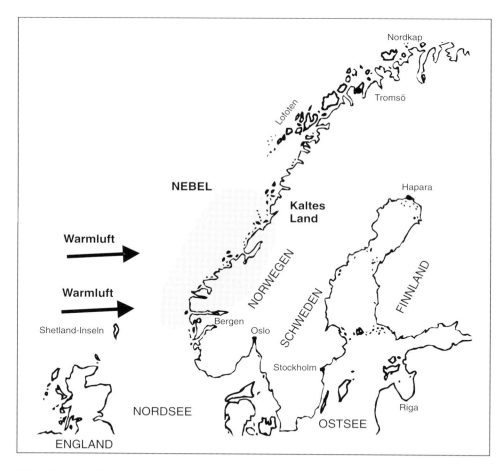

Abb. 104: Advektionsnebel in einem Küstengebiet, der sich oft bis weit ins Landesinnere erstrecken kann.

vektions- und Strahlungsnebel feststellen können. Bei Advektionsnebel ist der Himmel wolkenverhangen. Diese Nebelart ist weiter verbreitet und hält länger an als Strahlungsnebel. Advektionsnebel kann sich außerdem, ungeachtet der Tages- oder Nachtzeit, plötzlich bilden.

Nebel durch Hangaufwind

Hangnebel entsteht, wenn feuchte, stabile Luft beim Aufsteigen über ansteigendes Gelände adiabatisch abkühlt. Läßt der Hangaufwind nach, verschwindet der Nebel. Anders als Strahlungsnebel kann sich Hangnebel bei bewölktem Himmel bilden. Er ist oft sehr dicht und reicht bis in große Höhen.

Nebel durch Niederschlag

Wenn warmer Regen oder Nieselregen durch kalte Luft fällt, wird diese durch Verdunstung des Niederschlags gesättigt. Es entsteht Nebel, der sehr dicht sein kann, lange anhält und sich über große Gebiete ausdehnt. Meistens tritt dieser Nebel in Verbindung mit Warmfronten auf. Aber auch bei sich langsam bewegenden Kaltfronten und bei stationären Fronten wird er beobachtet.

Dieser Nebel hat gegenüber anderen Nebelarten zusätzliche kritische Eigenschaften, denn in seiner unmittelbaren Nachbarschaft können noch weitere Wetterrisiken wie Niederschläge, Vereisung, Turbulenzen und Gewitter hinzukommen.

Eisnebel

Wenn Wasserdampf durch niedrige Temperaturen direkt in Eiskristalle sublimiert, entsteht Eisnebel. Mit Ausnahme der dafür erforderlichen Temperatur (etwa -30° C) sind die gleichen Bedingungen wie beim Strahlungsnebel vorhanden.

In der Regel tritt Eisnebel fast ausschließlich in arktischen Gebieten auf, man hat diese Wettererscheinung aber auch schon in mittleren Breitengraden im Winter beobachten können. Die Blendwirkung ist sehr groß, wenn man z.B. direkt durch ihn in Sonnenrichtung schaut.

Tiefer Stratus

Stratus setzt sich wie Nebel aus kleinen Wassertröpfchen oder in der Luft schwebenden Eiskristallen zusammen. Stratusbewölkung und Nebel gehen häufig ineinander über. In vielen Fällen gibt es keine klare Trennung zwischen Nebel und Stratus. Nachts und am frühen Morgen liegt der Stratus meist sehr tief. Er steigt auf oder verschwindet durch Sonneneinstrahlung am späten Morgen oder am frühen Nachmittag.

Niedrige Stratusbewölkung entsteht immer dann, wenn sich feuchte Luft mit kälterer vermischt oder wenn die Differenz zwischen Temperatur und Taupunkt gering ist.

Dunst, Rauch und Staub

Dunst wird durch in der Luft schwebende feste, kleine Partikel verursacht. Er tritt in stabiler Luft auf, hat eine vertikale Stärke von ein paar tausend Fuß, kann aber mitunter bis in 15.000 Fuß Höhe reichen. Dunstschichten haben oft eine klar markierte Obergrenze, über der die horizontale Sicht gut ist. Die Sicht oberhalb dieser Schichten nach unten ist dagegen schlecht, besonders die Schrägsicht.

Die Sichtverhältnisse bei Dunst hängen ganz wesentlich davon ab, ob man in Richtung Sonne oder mit dem Rücken zu ihr fliegt.

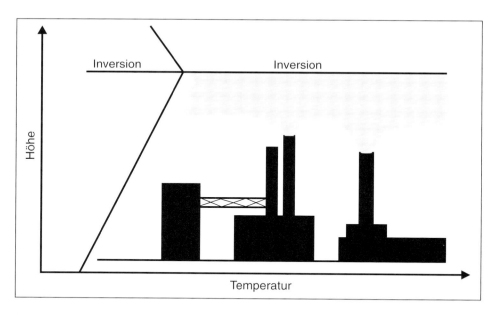

Abb. 105: Eingeschlossener Rauch in der unbewegten Luft unterhalb einer Inversion.

Eine Landung in Richtung Sonne bei dunstiger Wetterlage kann wegen der schlechten Sichtmöglichkeiten kritisch werden.

Rauchkonzentrationen (Smog) in der Luft entstehen häufig bei stabiler Luftschichtung in Industriegebieten. In der Nacht oder am frühen Morgen liegt der Smog unterhalb einer Inversion. Auch tagsüber kann er dort unter ungünstigen Bedingungen unverändert liegenbleiben (Abb. 105).

Bei klarem Himmel oberhalb einer Dunst- oder Rauchschicht bessert sich die Sicht im Tagesverlauf allmählich. Dieser Prozeß läuft jedoch langsamer als die Auflösung von Nebel ab. Nebel verdunstet, Dunst und Rauch müssen durch Luftbewegung aufgelöst werden. Wenn sich eine Inversionsschicht, z.B. durch fehlende Luftbewegung, tagelang hält, kann der Dunst nicht in höhere Luftschichten übergehen, da die Inversion als Sperrschicht wirkt.

Im Laufe des Tages entsteht möglicherweise durch Erwärmung eine konvektive Luftmischung, die den Rauch oder den Dunst in größere Höhen trägt und dadurch die Konzentration in Erdbodennähe verringert.

In der Nacht oder am frühen Morgen können sich Dunst oder Rauch zusätzlich mit Strahlungsnebel oder Stratusbewölkung vermischen.

Nebel und Stratus können im Tagesverlauf relativ schnell verschwinden, Dunst und Rauch jedoch sind zählebiger. Eine über dem Dunst oder dem Rauch liegende starke Bewölkung kann die Sonneneinstrahlung blockieren und somit den Auflösungsprozeß verhindern. Die Sicht wird sich, falls überhaupt, während des Tages nur wenig bessern.

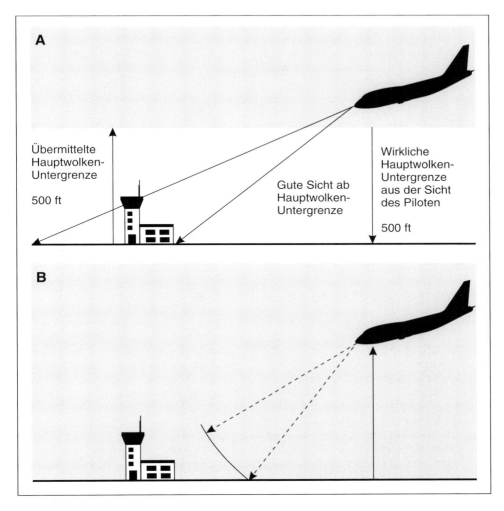

Abb. 106: Bei einer niedrigen Wolkenuntergrenze (A) hat der Pilot erst nach dem Verlassen der Wolkenschicht gute Sicht. Bei Dunst und Nebel (B) ist sowohl die Schräg- als auch die Bodensicht durchweg stark eingeschränkt.

Sichtbehinderungen durch Verwehungen

Starker Wind wirbelt Staub sowohl in stabiler als auch in instabiler Luft auf. Bei instabiler Luft wird dieser Staub in die Höhe getragen (bis zu 5.000 Fuß). Durch Windströmungen wird er dann über große Flächen verteilt. Die Sicht ist in Erdbodennähe und in der Höhe reduziert. Bei stabiler Luft wird der Staub normalerweise nicht so hoch gewirbelt und auch nicht so weit verstreut.

Ist eine Luftschicht einmal mit Staub durchsetzt, bleibt dieser Zustand einige Zeit bestehen. Die Sicht ist in diesem Fall sogar noch nach einigen Stunden, nachdem sich der Wind gelegt hat, eingeschränkt.

Flugsand ist eine mehr lokale Erscheinung als Staub. Sehr selten wird er über eine Höhe von 50 Fuß hinaus getragen. Die Sichten im Flugsand sind nahezu gleich Null. Flugsand tritt in jedem trockenen Gebiet auf, in dem lockerer Sand auf dem Erdboden vom Wind angehoben werden kann.

Auch Schneewehen können für einen nach Sicht fliegenden Piloten unangenehm werden. Die Sicht in Erdbodennähe ist oft ebenfalls gleich Null, der Himmel kann sogar verhangen sein, wenn der Schnee durch starke Windströmungen in große Höhen getragen wird.

Niederschlag

Regen, Nieselregen und Schnee sind die Niederschlagsarten, welche die meisten Probleme bezüglich der Höhe der Hauptwolkenuntergrenze und der Sicht machen. Bei Nieselregen oder Schnee ist die Sicht dabei erheblich schlechter als bei normalem Regen. Nieselregen fällt in stabiler Luft und ist daher häufig von Nebel, Dunst oder Rauch begleitet. Selten wird jedoch die Bodensicht durch Regen auf einen Wert unter 1,5 Kilometer verringert, ausgenommen in kurzen, schweren Schauern.

Zum Abschluß wieder einige Tips und Informationen, wie man sich bei schlechtem Wetter verantwortungsbewußt verhält:

- Fragen Sie bei der Wetterberatung nach allen Informationen, die einen Hinweis auf IFR-Wetterbedingungen enthalten können.

  Um ganz sicher zu gehen, lassen Sie sich bei der Wetterberatung die aktuellen Wetterkarten vorlegen und holen Sie eine entsprechende Beratung dazu ein, falls Sie eine Wetterkarte selbst nicht genau interpretieren können. Dazu gehört selbstverständlich, daß Sie sich auch Prognosen geben lassen. Verlassen Sie sich jedoch grundsätzlich nicht blind auf diese Wetterinformationen.

- Wenn Sie während Ihres Fluges auf Wetterverschlechterung treffen, setzen Sie diesen Flug unter keinen Umständen fort, nur weil Ihnen die Wetterberatung eine passable Flugwetterprognose gegeben hat. Es gibt keine Wetterberatung, die effizienter und aktueller als Ihre eigene Wetterbeobachtung während des Fluges sein kann.

- Fliegen Sie niemals in Wettersituationen ein, in denen IFR-Bedingungen herrschen. Falls Sie trotzdem entgegen allen Ratschlägen in solchen Wetterlagen fliegen, gefährden Sie sich nicht nur selbst, sondern auch andere. Denken Sie immer daran, daß die meisten Unfälle in der Allgemeinen Luftfahrt bei VFR-Flügen unter IFR-Bedingungen passieren.

- Die Gefahr, unversehens von VFR-Wetterbedingungen in IFR-Wetterlagen zu geraten, ist wesentlich größer, als die meisten Piloten glauben.

- Häufig setzen VFR-Piloten ihren Flug trotz Absinken der Hauptwolkenuntergrenze und sich verschlechternder Sicht fort, weil sie der Auffassung sind, „dahinter" würde sich das Wetter wieder bessern. In der Regel läuft dann ein solcher Flug folgendermaßen ab: Ein Pilot hofft auf besseres Wetter und fliegt weiter. Er verliert plötzlich den natürlichen Horizont als Referenzpunkt und versucht umzukehren. Doch auch nach der Kehrtwendung fehlt der Hori-

zont als Referenz. Er ist also schon so weit in diese schlechten Bedingungen eingeflogen, daß er nun vollständig „im Dreck" ist. Die weiteren Folgen sind absehbar.
- Ihr Wunsch, unbedingt das Ziel zu erreichen, darf nicht so übermächtig werden, daß Sie den Einflug in IMC riskieren.
- Wenn Sie eine IFR-Berechtigung haben, fordern Sie umgehend eine entsprechende Freigabe an, bevor Sie den natürlichen Horizont nicht mehr sehen. Wenn Sie diese Berechtigung nicht haben, leiten Sie sofort eine 180-Grad-Kurve ein, bevor Sie endgültig den Horizont als Referenzpunkt verlieren.

Zusammenfassung

Mit folgenden Wetterlagen ist zu rechnen:

- Morgennebel, wenn der Spread bei klarem Himmel und schwacher Luftbewegung bei 5° C oder darunter liegt.
- Nebel, wenn feuchte Luft von einem relativ warmen Gebiet über kälteres Wasser oder kälteren Erdboden strömt.
- Nebel, wenn der Spread 3° C oder geringer ist und weiter abnimmt.
- Nebel oder niedrige Stratusbewölkung, wenn ein mäßiger, feuchter Wind über ansteigendes Gelände weht (Temperatur und Taupunkt verändern sich bei Anhebung der Luftschicht um ca. 4° C pro 1.000 Fuß).
- Nasser Stark-Nebel, wenn die Luft von einer kalten Oberfläche (Land oder Wasser) über wärmeres Wasser getragen wird.
- Nebel, wenn Regen oder Nieselregen durch kalte Luft fällt. Dies ist besonders im Winter vor einer Warmfront und hinter einer stationären Kaltfront der Fall.
- Niedriger Stratus, wenn in niedriger Höhe feuchte Luft flache und kalte Luft überlagert.
- Schlechte Sichten durch Dunst und Rauch, wenn in einem Industriegebiet andauernder Hochdruck herrscht.
- Schlechte Sichten durch aufgewirbelten Sand oder Staub über trockenen Gebieten, wenn starke Winde wehen und die Atmosphäre instabil ist, z.B. häufig im Frühjahr.
- Schlechte Sicht durch Schnee oder Nieselregen.

Mit schlechten Sichten ist zu rechnen, wenn:

- Nebel durch eine Wolkenschicht verdeckt ist,
- Nebel in Verbindung mit Regen oder Nieselregen auftritt und keine Veränderung vorhergesagt wird,
- Staub bis in große Höhen getragen wurde und mit keinem Frontendurchgang oder Niederschlag zu rechnen ist,
- eine Rauch- oder Dunstschicht durch Bewölkung abgedeckt ist und
- Industriegegenden unter dem Einfluß eines stationären Hochdruckgebietes liegen.

Kapitel 8
Wetterinformationen und Wetterberatung

Alle Wetterinformationen für die Luftfahrt sind standardisiert. Diese Standardisierung, von der Flugwetterbeobachtung bis zur Flugwetterberatung, ist Voraussetzung für ein weltweit einheitliches System für die Sicherung der Luftfahrt, das Weltgebietsvorhersagesystem (WAFS). Das WAFS besteht aus den drei Ebenen *World Area Forecast Centres* (WAFCs), *Regional Area Forecast Centres* (RAFCs) und *National Meteorological Centres* (NMCs).

World Area Forecast Centres (WAFCs)

Die Weltgebietsvorhersagezentren London und Washington erarbeiten und verbreiten globale Wind- und Temperaturvorhersagen für die Höhenbereiche bis FL 390 sowie Vorhersagen signifikanter Wettererscheinungen (SWCs). Beide erstellen zur Ausfallsicherung die gleichen Produkte.

Regional Area Forecast Centres (RAFCs)

Über die gesamte Welt verteilte regionale Gebietsvorhersagezentralen wie Offenbach, Paris, Neu Delhi u.a. versorgen ihre Regionen mit Informationen. Bei Notwendigkeit erarbeiten sie weitere regional gegliederte Flugwetterprodukte.

National Meteorological Centres (NMCs)

Die nationalen meteorologischen Dienste sind für die meteorologische Sicherung der Luftfahrt in den einzelnen Staaten verantwortlich. In der Bundesrepublik Deutschland ist der Deutsche Wetterdienst (DWD, Offenbach) für die meteorologische Versorgung der Luftfahrt zuständig.

Flugmeteorologische Betreuung in Deutschland

Nach der Neuorganisation des DWD in den vergangenen Jahren ist der Flugwetterdienst im *Geschäftsfeld Luftfahrt* organisiert. Die Geschäftsfeldleitung hat ihren Sitz in der DWD-Zentrale.

Die flugmeteorologische Betreuung erfolgt durch sieben Regionalzentralen (RZ) mit ihren integrierten Luftfahrtberatungszentralen (LBZ) und den angeschlossenen Flugwetterwarten (FWW).

RZ/LBZ
- Hamburg
- Potsdam/Berlin
- Essen/Düsseldorf
- Offenbach
- Leipzig
- Stuttgart
- München

FWW
- Hamburg, Bremen, Hannover
- Berlin-Schönefeld, -Tegel, -Tempelhof
- Düsseldorf, Köln/Bonn, Münster/Osnabrück
- Frankfurt, Saarbrücken
- Leipzig, Dresden, Erfurt
- Stuttgart
- München, Nürnberg

Die Regionalzentralen erarbeiten Leitmaterial für die Flugwetterberatung in Form von Berichten und Warnungen. Die Luftfahrtberatungszentralen sind für die individuelle Beratung zuständig, verfassen spezielle Berichte für die Allgemeine Luftfahrt und üben den Warndienst für den angeschlossenen Bereich aus, sie erstellen Flugwettervorhersagen (TAF, Trend) für die angeschlossenen Flughäfen. An den LBZ sind Systeme für automatische Selfbriefingverfahren installiert.

An den Flugwetterwarten (FWW) wird der Wetterbeobachtungsdienst unter Einsatz moderner Technik durchgeführt. Sie sind Dokumentationsausgabe- und Informationsstellen entsprechend den Vorgaben von ICAO-Annex 3. Hier werden die Flugdokumentationen für die Luftfahrt zusammengestellt und zur Abholung bereitgehalten. Auf Anforderung werden Informationen und einfache Auskünfte abgegeben. Zur Entlastung der Flugwetterberatung ist an jeder FWW ein INFOMET-Telefon eingerichtet, über das Daten wie METAR, TAF, SIGMET u.ä. abgerufen werden können. Eine individuelle Beratung kann hier nicht durchgeführt werden.

Die oben beschriebene Neuorganisation wird bis zum Jahr 2000 abgeschlossen sein. Bis Ende 1997 wird der zur Zeit noch durchgeführte Beratungsdienst an den Flugwetterwarten Bremen, Hannover, Münster-Osnabrück, Köln/Bonn, Nürnberg und Saarbrücken auf die jeweils zuständige LBZ übergehen. Die LBZ, die außer in Offenbach zur Zeit noch an den Flughäfen angesiedelt sind, werden später in die RZ integriert werden.

In der Bundesrepublik Deutschland gibt es mehr als 100.000 Inhaber von Luftfahrtlizenzen. Eine ausschließlich individuelle Beratung dieser Luftfahrer ist aus Kapazitätsgründen nicht möglich. Damit jeder Luftfahrer trotzdem die für ihn zugeschnittene Beratung erhält, hat der DWD ein spezielles Flugwetterberatungskonzept entwickelt. Dieses geht davon aus, daß jeder Luftfahrer in einem 1. Schritt durch Selfbriefing über Telefax, Telefonansagedienst (AFWA/GAFOR, PID) oder Mailbox pc_met mit bedarfsgerecht aufbereitetem Standard-Grundlagenmaterial versorgt wird und bei Bedarf in einem 2. Schritt qualifizierte Informationen durch eine individuelle Beratung einholt.

Wetterschlüssel und Wettersymbole

Bodenwetterkarte

Synoptische Beobachtungen

Synoptische Beobachtungen sind die wichtigsten Wetterbeobachtungen, welche die Grundlage zur Erstellung der Wetterkarten geben. Diese Beobachtungen finden zu den folgenden Zeiten statt: 0000, 0300, 0600, 0900, 1200, 1500, 1800, 2100 GMT.

Sie umfassen folgende Punkte:

Symbole	Messungen
TTT	Temperatur der Luft in Zehntel °C
$T_d T_d T_d$	Taupunkt in Zehntel °C
$T_x T_x T_x$	Extreme Temperaturwerte in Zehntel °C (am Abend um 1800 wird das Maximum,
$T_n T_n T_n$	oder am Morgen um 0600 das Minimum abgelesen)
PPP	Barometerdruck in Zehntel hPa; für Stationen, die unter 500 m ü. M. liegen, auf Meereshöhe reduziert
appp	Veränderung des Luftdruckes seit der letzten synoptischen Beobachtung in Zehntel hPa (a: Art der Veränderung)
dd	Windrichtung am Boden in Einheiten von zehn Graden (rechtw.)
ff	Windstärke am Boden in Knoten
RRR	Niederschlagsmenge in mm während der vorherigen Periode, angegeben um 0000, 0600, 1200, 1800 GMT

Maritime Stationen beobachten den Zustand des Meeres, Bergstationen die unterhalb der Station liegenden Wolken. Diese verschiedenen Elemente werden in einer bestimmten Reihenfolge weitergegeben (Code SYNOP), mit zunehmender Tendenz von automatischen Stationen.

Die Angaben können aber auch zu jeder Zeit von den Stationen abgerufen werden. Man unterscheidet drei Arten von Beobachtungsstationen:

- Automatische ohne Beobachter
- Automatische mit Beobachter
- Nur mit Beobachter

Durch die automatischen Stationen können die Messungen besser verteilt und die Arbeit der Beobachter erheblich erleichtert werden.

Symbole	Beobachtungen und Schätzungen
N	Gesamtbetrag der Bewölkung in Achteln
N_h	Betrag der tiefen Wolken in Achteln
C_L	Art der tiefen Wolken
h	Höhe der tiefen Wolken über der Station
C_M	Art der mittleren Wolken
C_H	Art der hohen Wolken
VV	Sichtweite (in m oder km)
ww	Gegenwärtiger Witterungscharakter
W_1W_2	Witterungscharakter seit der letzten synoptischen Beobachtung
E	Zustand der Erdoberfläche

Spezielle Beobachtungen für die Luftfahrt

Auf einer gewissen Anzahl von Stationen (meistens Flugplätze) werden Beobachtungen vorgenommen, die Flugzeugen unterwegs und Flugwetterwarten übermittelt werden. Diese Beobachtungen sind zwar nicht so vollständig wie die synoptischen (alle 3 Stunden), sie werden aber in kürzeren Zeitabständen übermittelt (jede 1/2 oder volle Stunde). In der Zeit zwischen den Beobachtungen wird die Wetterlage von den Flugwetterwarten ständig überwacht. Bei gravierenden Veränderungen werden sofort entsprechende Meldungen weitergeleitet (SPECI).

Die Beobachtungen der Flugwetterwarten umfassen vor allem folgende für die Luftfahrt wichtigen Elemente:

Symbole	Flugwetterwarten-Beobachtungen
dddff f_mf_m	Windrichtung und -geschwindigkeit mit Angaben des Windmaximums
VVVV	Horizontale Sichtweite
$V_RV_RV_RV_R$ D_RD_R	Pistenhöchstsicht (RVR) für Pistenrichtung
w´w´	Gegenwärtiger Witterungscharakter
N_s CC h_sh_s	Bedeutsame Wolken: Betrag in Achteln Art Höhe
TT	Temperatur
T_dT_d	Taupunkt
$P_HP_HP_HP_H$	QNH (ganze hPa)

Diese Elemente werden, falls erforderlich, durch andere ergänzt, z.B. Pistenzustand (Wasser, Eis, Schnee etc.), Bremswirkung (SNOWTAM etc) und TREND.

Die Wetterbeobachtungen werden mit einem Code verschlüsselt, wobei eine Wettermeldung aus einer Serie von Gruppen mit je 5 Zahlen besteht. Die bereits beschriebenen Symbole sind in jedem Code in einer bestimmten Reihenfolge angeordnet und werden in der Meldung durch Zahlen ersetzt, die das Ergebnis der Messungen und Beobachtungen sind.

Man verwendet zur Übermittlung der synoptischen Beobachtungen folgenden Code:

SYNOP
(II)iii $i_R i_x hVV$ $Nddff$ $1s_n TTT$
$2s_n T_d T_d T_d$
$4PPPP$ $5appp$ $6RRRt_R$ $7wwW_1W_2$
$8N_h C_L C_M C_H$

Dabei bedeuten II die Kennzeichnung der betreffenden Region und iii die Kennziffer der Station.

i_R: Diese Ziffer zeigt, ob Angaben über die Niederschläge in den übermittelten Beobachtungen enthalten oder nicht enthalten sind.

i_x: Diese Ziffer gibt an, wie die Station betrieben wird (Personal oder automatisch) und wie wwW_1W_2 ermittelt wird.

s_n: Für $s_n = 0$, sind TTT oder $T_d T d^- d$ positiv oder gleich Null; für $s_n = 1$ sind sie negativ; für $s_n = 9$ folgt die Angabe der relativen Feuchtigkeit (UUU) anstelle von $T_d T_d T_d$).

t_R: Zeitspanne der Messung

Sollte es notwendig sein, die Höhe der tiefsten Wolken über der Station mit einer Genauigkeit von 30 m anzugeben, kann die zusätzliche Gruppe 9hh// hinzugefügt werden.

Die Gruppen $1s_n T_x T_x T_x$ und $2s_n T_r T_n T_n$ können eingesetzt werden, um die höchsten (1800 GMT) bzw. tiefsten (0600 GMT) Temperaturen zu übermitteln.

Dieser neue SYNOP-Code wurde durch die WMO anstelle des bisherigen Codes eingeführt, um die Beobachtungsauswertung mit elektronischen Verfahren besser zu realisieren.

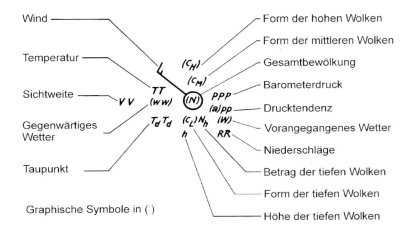

Abb. 107: Stationskreis mit Legende.

Stationskreis

Mit einer Gruppe von Symbolen kann man das Wetter an einem bestimmten Ort mit dem Stationskreis beschreiben. Das Zentrum dieses Kreises, in dem die Gesamtbewölkung angegeben ist, stellt den Ort dar. Mit dem Kreis verbunden ist das Zeichen für die Windrichtung und -stärke.

Um den Kreis verteilt sind verschiedene Symbole, die den Wetterbeobachtungen entsprechen (Abb. 107).

Abbildung 108 zeigt beispielhaft eine Stationskreis-Meldung. An dieser Muster-Station ist der Himmel zur Hälfte mit 3/8 Cumulonimbus-Wolken und 1/8 Altostratus und Cirren bedeckt. Zwischen 1.000 m und 1.500 m über Grund liegt die Untergrenze der tiefen Wolken. Der Wind weht aus Nord-Nord-Ost mit 10 Knoten. Der Druck ist in den letzten 3 Stunden um 0,5 hPa gestiegen (im zweiten Teil dieser Periode schneller) und hat einen aktuellen Wert von 1010,7 hPa. Die Temperatur liegt bei 21°, der Taupunkt bei 11° Celsius. Im vorangegangenen Wetter gab es Schauer, aktuell herrscht mäßiges bis starkes Schauerwetter.

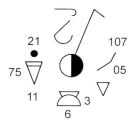

Abb. 108: Stationskreis.

Symbole der Bodenwetterkarte

1. Bedeckung N und N_h

N	N_h	Bedeckungsgrad
○	0	Wolkenlos
◐	1	Ein Achtel oder weniger
◐	2	Zwei Achtel
◐	3	Drei Achtel
◐	4	Vier Achtel
◐	5	Fünf Achtel
◐	6	Sechs Achtel
◐	7	Sieben Achtel oder mehr, noch nicht bedeckt
●	8	Acht Achtel, bedeckt
⊗	9	Himmel nicht sichtbar oder erkennbar

2. Höhe (h) der tiefen Wolken

h	Höhe über GND (ft)
0	0 - 150
1	150 - 300
2	300 - 600
3	600 - 1000
4	1.000 - 2.000
5	2.000 - 3.000
6	3.000 - 5.000
7	5.000 - 6.500
8	6.500 - 8.000
9	8.000 oder höher, oder keine Wolken

3. Sicht (VV)

VV	Sicht
01	100 m
09	900 m
10	1.000 m
50	5.000 m
56	6 km
57	7 km
60	10 km
70	20 km
80	30 km
81	35 km
82	40 km
88	70 km
89	mehr als 70 km

4. Luftdruck-Tendenz (a)

Code	a	Tendenz
0	∧	steigend, danach fallend
1	⌐	steigend, dann gleichbleibend
2	/	steigend
3	✓	erst fallend, stark steigend
4	—	gleichbleiben, wie vor 3 Std.
5	∨	fallend, dann steigend, Luftdruck niedriger als oder gleich hoch wie vor 3 Std.
6	⌐	fallend, dann gleichbleibend
7	\	fallend
8	∧	steigend, dann stark fallend

5. Vergangenes Wetter (w)

Code	W	Vergangenes Wetter
0	kein Symbol	Gesamtbedeckung nicht gößer als 4/8
1	kein Symbol	Zeitweise 4/8 oder weniger, zeitweise über 4/8
2	kein Symbol	Gesamtbedeckung dauernd größer als 4/8
3	⇝/+	Sand-, Staubsturm und Schneetreiben
4	≡	Nebel oder Dunst, Sicht unter 1 km
5	⁹	Sprühregen, Nieseln
6	●	Regen oder Regen mit Sprühregen
7	✶	Schnee, Schneeregen, Schneegriesel oder Eiskörner
8	▽	Schauer
9	⍾	Gewitter mit oder ohne Niederschlag

6. Art der tiefen Wolken (C_L)

Code	C_L	Beschreibung
1	⌒	Schönwetter-Cumulus (Cu)
2	⌂	Auftürmender Cumulus (Cu)
3	⌂	Cumulonimbus (Cb) ohne Amboß
4	⌓	Stratocumulus (Sc), entstanden aus Cumulus
5	⌣	Stratocumulus (Sc)
6	—	Stratus (St), Stratusdecke
7	- - -	Schlechtwetter-Fractostratus
8	⌇	Cumulus (Cu) und Stratocumulus (Sc) in verschiedenen Höhenschichten
9	⌓	Cumulonimbus mit Amboß

7. Art der mittelhohen Wolken (C_M)

Code	C_M	Beschreibung
1	∠	Durchsichtiger Altostratus (As)
2	∠∠	Undurchsichtiger Altostratus (As) oder Nimbostratus (Ns)
3	ᴗ	Durchsichtiger Altocumulus (Ac)
4	⌒	Durchsichtiger Altocumulus (Ac) lenticularis in Bänken
5	ᴗ	Halbdurchsichtiger, aufziehender Altucumulus (Ac) in Bändern
6	⌒	Aus Cumulus entstandener Altocumulus (Ac)
7	⌒⌒	Durchsichtige oder undurchsichtige Altocumulus-Schichten - Ac mit Altostratus (As) oder Nimbostratus (Ns)
8	M	Altocumulus castellanus (Ac cast) oder Ac floccus
9	⌇	Altocumulus (Ac) in verschiedenen Höhen bei chaotischem Himmel

8. Art der hohen Wolken (C_H)

Code	C_H	Beschreibung
1	⌒	Faserige Cirren
2	⌒⌒	Dichte Cirren (Ci)
3	⌒	Dichte Cirren (Ci), entstanden aus Amboßform
4	⌒	Aufziehende, dichter werdende Cirren (Ci), in Hakenform
5	⌒	Aufziehender Cirrostratus (Cs), nicht über 45° Höhe
6	∠	Aufziehender Cirrostratus (Cs), über 45° Höhe
7	⌒⌒	Cirrostratus (Cs), der den ganzen Himmel bedeckt
8	⌒	Cirrostratus (Cs), der nicht den ganzen Himmel bedeckt
9	⌇	Cirrocumulus (Cc)

9. Windgeschwindigkeit in Knoten (ff)

ff	kts	ff	kts
◎	Calm	⦌⦌⦌	40
—	1 - 2	⦌⦌⦌⸝	45
⸝	5	⦌	50
⸜	10	⦌⸝	55
⸜⸝	15	⦌⸜	60
⸜	20	⦌⸜⸝	65
⸜⸝⸝	25	⦌⸜⸜	70
⦌⦌	30	⦌⸜⸜⸝	75
⦌⦌⸝	35	⦌⦌	105

10. Wettersymbole für w´w´

⌒	Rauch
∞	Dunst
=	Feuchter Dunst
⇁	Staubsturm, Sandsturm
≡	Nebel
𝟿	Sprühregen
●	Regen
∿/∿	Gefrierender Sprühregen, Regen
✱	Schnee
△	Hagel
▽	Schauer
⎐	Gewitter

11. Weitere Wetterkartensymbole

a) Frontensymbole

Symbol	Art und Farbe
	Kaltfront (blau) Höhenkaltfront (blau)
	Warmfront (rot) Höhenwarmfront (rot)
	Okklusion (violett) Höhenokklusion (violett)
	Stationäre Bodenfront (oben, wechselweise rot und blau), Stationäre Höhenfront (unten, wechselweise rot und blau)
	Konvergenzlinie (orange) Instabilitätslinie (schwarz)

b) Drucklinien

Troglinien	schwarze, gestrichelte Linien
Isobaren	schwarze Linien
H	Antizyklone (Hochdruckgebiet)
T	Zyklone (Tiefdruckgebiet)

c) Niederschlagsgebiete

Regengebiete		hellgrün schraffiert
Sprühregen-gebiete	,,	hellgrün
Regenschauer	▽▽	hellgrün
Schneefall-gebiete		dunkelgrün schraffiert
Schneeschauer		dunkelgrün
Gewitter		rot oder blau
Nebelgebiete		gelb schraffiert

Significant Weather Chart (SWC)

In dieser Karte werden signifikante Wettererscheinungen dargestellt. Die SWC erscheint 4 x täglich um 0000, 0600, 1200 und 1800 UTC.

	Frontengebundene Wolkengebiete
	Nicht frontengebundene Wolkengebiete
Sc, Cu, Cb etc.	Wolkenarten (Abk.)
z.B. FL 110 FL 080	Wolkenobergrenzen Wolkenuntergrenzen (Angabe in Flight Level und Fuß)
BKN, LYR, OVC, SCT	Wolkenmenge mit diesen Abkürzungen
z.B.: 0° : FL 080	Nullgradgrenze in Flugfläche 80
	Gewitter
	Mäßige Turbulenz
	Starke Turbulenz
	Leichte Vereisung
	Mäßige Vereisung
	Starke Vereisung
CAT 1 400/240	Im markierten Gebiet starke Turbulenz von FL 240 bis FL 400
CAT 1	Diese Symbole werden jeweils am Kartenrand erläutert

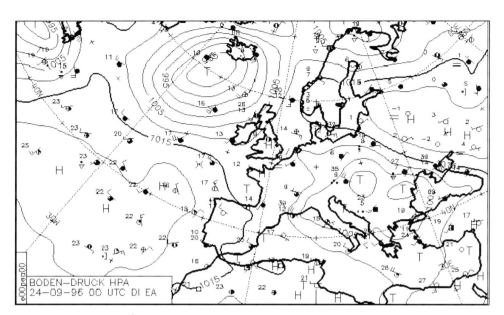

Abb. 109: Analysekarte E00PEA00.TIF ANA Boden, Stationswerte 00 UTC EUR/NAT-E (verkleinert und gekürzt, Quelle: pc_met-Mailbox, Deutscher Wetterdienst, Offenbach).

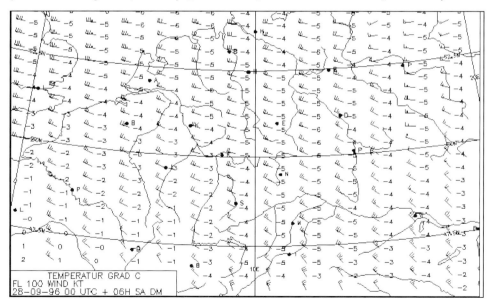

Abb. 110: Höhenwetterkarte I06WTA10.TIF VHS Wind/Temp FL100 VALID 06 UTC 00+06H EUR-C (verkleinert und gekürzt, Quelle: pc_met-Mailbox, Deutscher Wetterdienst, Offenbach)

METAR-Routinewettermeldung / SPECI-Sonderwettermeldung		
METAR / SPECI		Kennung für Art der Meldung
CCCC		ICAO-Ortskennung
GGggZ	YY	Monatstag des Beobachtungstermins nach UTC
GGggZ	GGgg	Beobachtungszeit in Std. und Minuten
GGggZ	Z	Kennbuchstabe zur Kennzeichnung von UTC
Auto		Kennwort zur Kennzeichnung einer vollautomatischen Meldung
dddffG$f_m f_m$ KMH/KT/MPS	ddd	Mittlere Windrichtung auf 10er Grad gerundet / VRB = Variabel / 00000 = Calm
	ff	Mittlere Windgeschwindigkeit der letzten 10 Minuten oder nach Windsprung / 00000 = Calm
	G	Kennbuchstabe zur Kennzeichnung von Böen
	$f_m f_m$	Höchste Windspitze der letzten 10 Minuten vor der Beobbachtungszeit
	KMH/KT/MPS	Kennbuchstaben zur Kennzeichnung der verwendeten Maßeinheit der Windgeschwindigkeit
$d_n d_n d_n V d_x d_x d_x$	$d_n d_n d_n$	Extremer Wert der Windrichtung entgegen dem Uhrzeigersinn / Gruppe folgt, wenn im 10-Minuten-Zeitraum vor der Beobachtung die Windrichtung um 60° und mehr schwankt und ff > 3 kt ist.
	V	Kennbuchstabe zur Kennzeichnung der Variabilität der Windrichtung / Gruppe folgt, wenn im 10-Minuten-Zeitraum vor der Beobachtung die Windrichtung um 60° und mehr schwankt und ff > 3 kt ist.
	$d_x d_x d_x$	Extremer Wert der Windrichtung im Uhrzeigersinn / Gruppe folgt, wenn im 10-Minuten-Zeitraum vor der Beobachtung die Windrichtung um 60° und mehr schwankt und ff > 3 kt ist.
VVVVD_V	VVVV	Schlechteste horizontale Sichtweite am Boden in Metern / Sicht 10 km und mehr, VVVV = 9999
	D_V	Wenn erforderlich, Richtung der min. Sichtweite / 8teilige Richtungsskala N, NE, E ....
$V_x V_x V_x V_x D_V$	$V_x V_x V_x V_x$	Maximale horizontale Sichtweite am Boden / Gruppe folgt, wenn min. Sichtweite unter 1.500 m und max. Sichtweite über 5.000 m ist.
	D_V	Richtung der max. Sichtweite / Gruppe folgt, wenn min. Sichtweite unter 1.500 m und max. Sichtweite über 5.000 m ist.
R$D_R D_R$/$V_R V_R V_R V_R$i	R	Kennbuchstabe zur Kennzeichnung von RVR
	$D_R D_R$	Nummer der Start- und Landebahn / Anfügung von LL, L, C, R, RR bei parallelen Landebahnen (bis max. 5) / L = Linke, C = Mittlere, R = Rechte Landebahn

$RD_RD_R/$ $V_RV_RV_RV_RVV_RV_RV_RV_Ri$	$V_RV_RV_RV_R$	Landebahnsichtweite RVR / in Metern (10-Min-Mittel); SPECI: 1-Min-Mittelwert / P1500: 1.500 m und mehr, M0050: < 50 m
	i	Tendenz der RVR / Änderung innerhalb eines 10-Min-Mittelungszeitraums / U: Verbesserung, D: Verschlechterung, N: Keine deutliche Änderung
	R	Kennbuchstabe zur Kennzeichnung von RVR / Wird gemeldet, wenn signifikante Schwankung der RVR auftritt
	D_RD_R	Nummer der Start- und Landebahn / Siehe Gruppe oben / Wird gemeldet, wenn signifikante Schwankung der RVR auftritt
	$V_RV_RV_RV_R$	Landebahnsichtweite RVR in Metern / Niedrigstes 1-Min-Mittel der letzten 10 Minuten / Wird gemeldet, wenn signifikante Schwankung der RVR auftritt
	V	Kennbuchstabe zur Kennzeichnung der Variabilität / Wird gemeldet, wenn signifikante Schwankung der RVR auftritt
	$V_RV_RV_RV_R$	Landebahnsichtweite RVR in Metern / Höchstes 1-Min-Mittel der letzten 10 Minuten / Wird gemeldet, wenn signifikante Schwankung der RVR auftritt
	i	Tendenz der RVR / Siehe Gruppe oben / Wird gemeldet, wenn signifikante Schwankung der RVR auftritt
w´w´		Gegenwärtiges Wetter (siehe sep. Tabelle am Ende)
$N_sN_sN_sh_sh_sh_s(CC)$ oder $VVh_sh_sh_s$ oder SKC oder NSC	$N_sN_sN_s$	Bedeckung des Himmels mit Wolken FEW = Gering 1-2/8 SCT = Aufgelockert 3-4/8 BKN = Durchbrochen 5-7/8 OVC = Bedeckt 8/8 / Nur CC = CB bei Cumulonimbus und CC = TCU bei aufgetürmtem Cumulus congestus
	$h_sh_sh_s$	Höhe der Untergrenze der Wolken in Metern auf 30m-Stufen (100 ft) bzw. 300m-Stufen (1.000 ft) abgerundet / Nur CC = CB bei Cumulonimbus und CC = TCU bei aufgetürmtem Cumulus congestus
	VV	Kennbuchstaben zur Kennzeichnung der Vertikalsicht / Gruppe wird gemeldet bei nicht erkennbarem Himmel
	$h_sh_sh_s$	Vertikalsicht in 30m-Stufen (100 ft) / /// = Vertikalsicht nicht verfügbar / Gruppe wird gemeldet bei nicht erkennbarem Himmel
	SKC	Kennbuchstaben für wolkenlos
	NSC	Kennbuchstaben für keine signifikanten Wolken (nur in Entwicklungsvorhersage)
CAVOK		Ersetzt VVVV, RVR, w´w´ und Wolken, wenn 1. VVV 10 km und mehr, 2. kein CB und keine Wolken unter 1.500 m (5.000 ft) oder unterhalb der höchsten Sektor-Mindesthöhe und 3. keine Wettererscheinungen gemäß w´w´-Tabelle

T′T′/T′$_d$T′$_d$	T′T′	Temperatur in °-Celsius / bei negativen Werten MT′T′
	T′$_d$T′$_d$	Taupunkt-Temperatur in °-Celsius / bei negativen Werten MT′$_d$T′$_d$
QP$_H$P$_H$P$_H$P$_H$	Q(A)	Kennbuchstabe für QNH
	P$_H$P$_H$P$_H$P$_H$	QNH-Wert in hPa abgerundet auf den nächst niedrigen ganzen hPa-Wert / bei Kennung A: Wert in 1/100 Inch
REw′w′	RE	Kennbuchstaben für vergangenes Wetter
	w′w′	Vergangenes Wetter seit der letzten Routinemeldung, sofern für die Luftfahrt von Bedeutung
WS RWYD$_R$D$_R$ oder WS ALL RWY	Kennbuchstaben	WS = Windscherung RWY = Start- und Landebahn ALL = Alle Start- und Landebahnen
	D$_R$D$_R$	Nummer der Start- und Landebahn / siehe links

Entwicklungsvorhersage (für die der Beobachtung folgenden 2 Stunden)

TTTTT		Kennbuchstaben für Art der Änderung / BECMG = werden, TEMPO = zeitweise, NOSIG = keine signifikante Änderung
TTGGgg	TT	Kennbuchstaben zur Kennzeichnung des Zeitverlaufs / FM = Beginnend, TL = Endend, AT = Ab
	GGgg	Zeitpunkt der Änderung auf den neuen Zustand
	Es folgen Angaben zu den Gruppen	dddffGf$_m$f$_m$ und/oder VVVV und/oder w′w′ und/oder N$_s$N$_s$N$_s$h$_s$h$_s$h$_s$ (CC) bzw. CAVOK (Bedeutung s. Zeile 1 und 2)
RMK		Kennbuchstaben, die anzeigen, daß nationale Informationen folgen

TAF-Flugplatzwettervorhersagen

TAF		Kennung für Flugplatzvorhersage
CCCC		ICAO-Ortskennung
YYGGggZ	YY	Monatstag der Ausgabe des TAF
	GGgg	Uhrzeit der Ausgabe des TAF in Stunden und Minuten UTC
	Z	Kennbuchstabe zur Kennzeichnung von UTC
Y$_1$Y$_1$G$_1$G$_1$G$_2$G$_2$	Y$_1$Y$_1$	Monatstag des Beginns des Vorhersagezeitraums
	G$_1$G$_1$	Beginn des Vorhersagezeitraums in Stunden UTC
	G$_2$G$_2$	Ende des Vorhersagezeitraums in Stunden UTC
dddffGf$_m$f$_m$KMH/KT/MPS	ddd	Mittlere Windrichtung auf 10er Grad gerundet / VRB = Variabel / 00000 = Calm
	ff	Mittlere Windgeschwindigkeit

	G	Kennbuchstabe zur Kennzeichnung von Böen
	$f_m f_m$	Höchste Windspitze
	KMH/KT/MPS	Kennbuchstaben zur Kennzeichnung der verwendeten Maßeinheit bei der Windgeschwindigkeit
VVVV		Schlechteste horizontale Sichtweite am Boden in Metern / Sicht 10 km oder mehr, VVVV = 9999
w´w´ oder NSW	w´w´	Vorhergesagtes signifikantes Wetter (s. w´w´-Tabelle)
	NSW	Wenn Ende des signifikanten Wetters vorhergesagt wird
$N_s N_s N_s h_s h_s h_s$(CC) oder $VV h_s h_s h_s$ oder SKC oder NSC	$N_s N_s N_s$	Bedeckung des Himmels mit Wolken FEW = Gering 1-2/8 SCT = Aufgelockert 3-4/8 BKN = Durchbrochen 5-7/8 OVC = Bedeckt 8/8 / CC = Wolkengattung nur CC = CB
	$h_s h_s h_s$	Höhe der Untergrenze der Wolken in Metern auf 30m-Stufen (100 ft) bzw. 300m-Stufen (1.000 ft) abgerundet / CC = Wolkengattung nur CC = CB
	VV	Kennbuchstaben zur Kennzeichnung der Vertikalsicht / Gruppe wird gemeldet bei nicht erkennbarem Himmel
	$h_s h_s h_s$	Vertikalsicht in 30m-Stufen (100 ft) / /// = Vertikalsicht nicht vorhersagbar / Gruppe wird gemeldet bei nicht erkennbarem Himmel
	SKC	Kennbuchstaben für wolkenlos
	NSC	Kennbuchstaben für keine signifikanten Wolken
CAVOK		Steht für VVVV, w´w´ und $N_s N_s N_s h_s h_s h_s$, wenn 1. VVVV 10 km und mehr, 2. kein CB und keine Wolken unter 1.500 m (5.000 ft) bzw. unterhalb der höchsten Sektor-Mindesthöhe und 3. keine Wettererscheinungen gemäß w´w´-Tabelle
$6 I_c h_i h_i h_i t_L$	6	Kennung für Vereisungsvorhersage / Gruppen werden nur gemeldet, wenn Vorhersage regional vereinbart.
	I_c	Art der Vereisung / Gruppen werden nur gemeldet, wenn Vorhersage regional vereinbart
	$h_i h_i h_i$	Untergrenze der Schicht der Vereisung in 30m-Stufen (100 ft) / Gruppen werden nur gemeldet, wenn Vorhersage regional vereinbart
	t_L	Dicke der Schicht in Tausender ft; $t_L = 0$, wenn bis zur Wolkenobergrenze / Gruppen werden nur gemeldet, wenn Vorhersage regional vereinbart
$(5 B h_s h_s h_s t_L)$	5	Kennung für Turbulenzvorhersage / Gruppen werden nur gemeldet, wenn Vorhersage regional vereinbart
	B	Art der Turbulenz / Gruppen werden nur gemeldet, wenn Vorhersage regional vereinbart
	$h_s h_s h_s$	Untergrenze der Schicht der Turbulenz in 30m-Stufen (100 ft) / Gruppen werden nur gemeldet, wenn Vorhersage regional vereinbart
	t_L	Dicke der Schicht in Tausender ft; $t_L = 0$, wenn bis zur Wolkenobergrenze / Gruppen werden nur gemeldet, wenn Vorhersage regional vereinbart

PROBC$_2$C$_2$	signif. Änderung(en) der Vorhersage	Wahrscheinlichkeit für das Auftreten eines alternativen Wertes / Elements oder für zeitliche Schwankungen (TTTTT = TEMPO, C$_2$C$_2$ = 30 oder 40% / Nachfolgend werden die Gruppen gemeldet, für deren Elemente signifikante Änderungen vorhergesagt werden
GGG$_e$G$_e$ und/oder TTTTT	signif. Änderung(en) der Vorhersage	GG = Beginn und G$_e$G$_e$ = Ende des Zeitraums, für den PROB gilt in Stunden UTC / Nachfolgend werden die Gruppen gemeldet, für deren Elemente signifikante Änderungen vorhergesagt werden
	signif. Änderung(en) der Vorhersage	Art der siginifikanten Änderung / BECMG - Änderung auf den neuen Zustand vollzieht sich mehr oder weniger gleichmäßig, TEMPO - nur zeitweiliges Auftreten der neuen Bedingg. < 1 Std oder < 50% von GG bis G$_e$G$_e$ / Nachfolgend werden die Gruppen gemeldet, für deren Elemente signifikante Änderungen vorhergesagt werden
GGG$_e$G$_e$	signif. Änderung(en) der Vorhersage	GG = Beginn und G$_e$G$_e$ = Ende des Änderungszeitraums in Std UTC / Nachfolgend werden die Gruppen gemeldet, für deren Elemente signifikante Änderungen vorhergesagt werden
TTGGgg	TT	Kennbuchstaben für die Einleitung eines selbständigen Vorhersageabschnitts / TTGGgg ist immer = FMGGgg
	GGgg	Zeitpunkt des Beginns des selbständigen Vorhersageabschnitts / TTGGgg ist immer = FMGGgg
(TT$_F$T$_F$/G$_F$G$_F$Z)	T	Kennung für Temperaturvorhersage / Gruppe wird nur gemeldet, wenn Vorhersage regional vereinbart wurde
	T$_F$T$_F$	Temperaturvorhersage / Gruppe wird nur gemeldet, wenn Vorhersage regional vereinbart wurde
	G$_F$G$_F$	Zeitpunkt, für den T$_F$T$_F$ vorhergesagt wird in Std UTC / Gruppe wird nur gemeldet, wenn Vorhersage regional vereinbart wurde
	Z	Kennung für UTC / Gruppe wird nur gemeldet, wenn Vorhersage regional vereinbart wurde

B - Intensität, Umgebung und Häufigkeit der Turbulenz			
Schlüsselzahl	Intensität	Umgebung	Häufigkeit
0	Keine Turbulenz		
1	leicht	-	-
2	mäßig	in wolkenfreier Luft	selten
3	mäßig	in wolkenfreier Luft	häufig
4	mäßig	in Wolken	selten
5	mäßig	in Wolken	häufig
6	stark	in wolkenfreier Luft	selten
7	stark	in wolkenfreier Luft	häufig
8	stark	in Wolken	selten
9	stark	in Wolken	häufig

I_c - Intensität und Umgebung der Vereisung an Luftfahrzeugen			
Schlüsselzahl	Intensität	Umgebung
0	Keine Vereisung	
1	leicht	-
2	leicht	in Wolken
3	leicht	in Niederschlag
4	mäßig	-
5	mäßig	in Wolken
6	mäßig	in Niederschlag
7	stark	-
8	stark	in Wolken
9	stark	in Niederschlag

w´w´ - Gegenwärtiges und vorhergesagtes signifikantes Wetter

Wettererscheinungen				
1 - Intensität oder Nähe	2 - Deskriptor	3 - Niederschlag	4 - Trübungserscheinungen	5 - Andere
- leicht	**MI** Flach	**DZ** Sprühregen	**BR** Feuchter Dunst	**PO** Kleintrombe (Staub-, Sandwirbel, Sandteufel)
mäßig (ohne Symbol)	**BC** -schwaden	**RA** Regen	**FG** Nebel	
	DR -fegen	**SN** Schnee	**FU** Rauch	**SQ** Böen
+ stark (bzw gut entwickelt, im Fall von Kleintromben (PO) oder Großtromben (FC))	**PR** Teil des Flughafens bedeckend	**SG** Schneegriesel	**VA** Vulkanasche	**FC** Wolkenschlauch, Großtrombe (Tornado, Wind-/Wasserhose)
	BL -treiben	**IC** Eiskristalle (Diamantstaub)	**DU** Verbreitet Staub	
VC In der Nähe	**SH** Schauer	**PE** Eiskörner	**SA** Sand	**SS** Sandsturm
	TS Gewitter	**GR** Hagel	**HZ** Trockener Dunst	**DS** Staubsturm
	FZ (gefrierend (unterkühlt)	**GS** kleiner Hagel oder Reif-/Frostgraupel		

Hinweise zu w´w´
1. VC (in der Nähe) wird für Erscheinungen angewendet, die in einer Entfernung bis zu 8 km von der Flugplatzbegrenzung, jedoch nicht direkt am Flugplatz auftreten.
2. BR (feuchter Dunst) wird angewendet bei Sichtweite von 1.000 m oder mehr bis 5.000 m.
3. Bei einer Niederschlagskombination wird die intensitätsstärkere Niederschlagsart zuerst genannt.
Beispiel: +RASN
4. Intensitätsangaben bei Gewitter mit Niederschlag beziehen sich auf Niederschlag. Tritt kein Niederschlag auf, ist TS ohne weitere Buchstabenabkürzung zu melden.

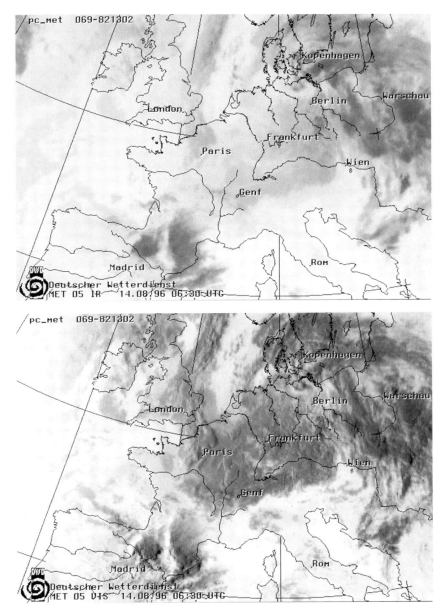

Abb. 111: Infrarot-Satellitenaufnahme (oben, Quelle: pc_met-Mailbox, Deutscher Wetterdienst, Offenbach)
Abb. 112: Sichtbarkeits-Satellitenaufnahme (unten, Quelle: pc_met-Mailbox, Deutscher Wetterdienst, Offenbach)

Flugwetterberatung des DWD für die Allgemeine Luftfahrt und den Luftsport

Der Deutsche Wetterdienst (DWD) hat die gesetzliche Aufgabe der meteorologischen Sicherung der zivilen Luftfahrt in der Bundesrepublik Deutschland. Zur Erfüllung dieser Aufgabe bietet der DWD neben der telefonischen Flugwetterberatung u.a. verschiedene automatische Verfahren an, über die alle Flugwetterinformationen für unterschiedliche Anforderungen sowohl für IFR- als auch für VFR-Flüge zum Abruf bereitgehalten werden.

Seit der Einführung dieser automatischen Verfahren erreichen den DWD immer wieder Anfragen, die eine Rechtsunsicherheit bei der Nutzung dieser Verfahren und bei der Anwendung der erhaltenen Informationen erkennen lassen. Insbesondere wird nachgefragt, ob die Nutzung der Selfbriefing-Verfahren (Abruf von Flugwettermeldungen und -vorhersagen über Datenübertragungseinrichtungen) die Forderungen des § 3a LuftVO erfüllt und ob der Luftfahrzeugführer bei ihrer Nutzung rechtlich abgesichert ist. Diese offenen Fragen sollen im folgenden beantwortet werden.

Allgemeines

Die vom Deutschen Wetterdienst angebotenen Beratungsverfahren entsprechen dem internationalen Standard und nutzen die neuesten technischen Entwicklungen. Sie beinhalten die entsprechend § 3a, Absatz 2 LuftVO notwendigen Flugwettermeldungen und Flugwettervorhersagen. Die Flugwetterinformationen können über die automatischen Systeme:

- Anrufbeantworter AFWA/GAFOR
- Mailbox pc_met
- T-Online (BTX)
- Telefaxabrufprogramme
- Telefonansagedienst PID

sowie von Luftfahrtberatungszentralen und festgelegten Flugwetterwarten telefonisch abgerufen werden.

Die Nutzung dieser automatischen Verfahren erfüllt die Forderungen des § 3a LuftVO, wonach sich der Luftfahrzeugführer über die verfügbaren Flugwettermeldungen und -vorhersagen ausreichend zu unterrichten hat. Die Entscheidung, welche Beratungsverfahren genutzt werden und welche Flugwetterinformationen für eine Flugaufgabe erforderlich sind, liegt bei dem Luftfahrzeugführer.

Der Zeitpunkt des Abrufs der Flugwetterinformationen über automatische Verfahren sowie das Einholen einer telefonischen Flugwetterberatung sollten so nahe wie möglich an der vorgesehenen Startzeit liegen.

Für Auskünfte oder Fragen zu Dienstleistungen und Produkten des DWD für die Luftfahrt steht der DWD unter folgender Anschrift zur Verfügung:

Deutscher Wetterdienst
Geschäftsfeld Luftfahrt
Postfach 100464
63004 Offenbach
Telefon 069-8062-2694, -2695
Telefax 069-8062-2014

Der DWD stellt die auf den nächsten Seiten folgenden Flugwetterberatungsverfahren für die Allgemeine Luftfahrt und den Luftsport in der Bundesrepublik Deutschland bereit.

AFWA/GAFOR

Flugwetterberatung über Anrufbeantworter

Für die Allgemeine Luftfahrt gibt es Flugwettervorhersagen in deutscher Sprache als „Automatische Flugwetteransage (AFWA)" über Anrufbeantworter mit Mehrfachzugang, die von den Luftfahrtberatungszentralen und Flugwetterwarten des DWD betrieben werden. Sie sind an das öffentliche Fernsprechnetz angeschlossen.

Die Flugwettervorhersagen werden für den Bereich NORD und den Bereich SÜD der Bundesrepublik Deutschland ausgegeben. Die Bereiche überlappen sich etwa zwischen dem Ruhr- und dem Rhein-Main-Gebiet sowie im Südteil der FIR Berlin. Die Vorhersagen für den Überlappungsbereich sind in beiden Berichten inhaltlich gleich.

Die Vorhersagen können in folgenden Ortsnetzen abgerufen werden:

Vorhersage für den Bereich NORD

Berlin	030-19725
Bremen	0421-19704
Düsseldorf	0211-19721
Hamburg	040-19713
Hannover	0511-19710
Köln/Bonn	02203-19702
Münster/Osnabrück	02571-19702

Vorhersage für den Bereich SÜD

Frankfurt	069-19737
München	089-19706
Nürnberg	0911-19708
Stuttgart	0711-227964

Die Flugwettervorhersagen gelten für VFR-Flüge innerhalb Deutschlands bis zu einer Höhe von 10.000 ft MSL. Die Flugwettervorhersagen enthalten folgende Angaben:

a) Einleitender Text und Gültigkeitsdauer der Vorhersage;

b) Kurze Beschreibung der Wetterlage, Gefahrenhinweise und Hinweis auf die Thermik für den Segelflug (April bis Oktober);

c) Höhenwinde für die Höhen 1.500 (nur Bereich NORD), 3.000, 5.000 und 10.000 Fuß über NN;

d) Höhe der Nullgradgrenze über NN.

e) Vorhersage der vorherrschenden Sichtflugmöglichkeiten in den einzelnen GAFOR-Gebieten für jeweils drei aufeinanderfolgende 2-Stunden-Perioden, eingestuft nach den 4 Kriterien des internationalen GAFOR-Codes und den zusätzlichen, nur national gültigen GAFOR-Stufen; Zeit der nächsten planmäßigen Aufsprache.

Die Aufsprache der Sichtflugmöglichkeiten erfolgt für alle 3 Vorhersageperioden je Gebiet mit den Anfangsbuchstaben der englischen Stufenbezeichnungen CHARLIE, OSCAR, DELTA, MIKE und X-RAY. Für die Stufen DELTA und MIKE werden zusätzlich Ziffern von 1 bis 8 angegeben, die einen Rückschluß darauf zulassen, ob die Einstufungen auf der Sichtweite oder auf der Wolkenuntergrenze beruhen.

GAFOR-Einstufungen

Die Einstufung der Sichtflugmöglichkeiten erfolgt in der Bundesrepublik Deutschland nach folgenden Kriterien:

A. Hauptstufen

CHARLIE=C (frei/clear, nur nationale Verwendung)
Horizontale Sichtweite am Boden 10 km oder mehr und keine Wolken mit einem Bedeckungsgrad von 4/8 oder mehr unterhalb 5.000 ft über der jeweiligen Bezugshöhe.

OSCAR=O (offen, open)
Horizontale Sichtweite am Boden 8 km oder mehr und keine Wolkenuntergrenze (4/8 oder mehr) unter 2.000 ft über der jeweiligen Bezugshöhe.

DELTA=D (schwierig, difficult)
Horizontale Sichtweite am Boden weniger als 8 km, mindestens 3 km und/oder Wolkenuntergrenze (4/8 oder mehr) unter 2.000 ft, jedoch nicht unter 1.000 ft über der jeweiligen Bezugshöhe.

MIKE=M (kritisch, marginal)
Horizontale Sichtweite am Boden weniger als 3 km, mindestens 1,5 km und/oder Wolkenuntergrenze (4/8 oder mehr) unter 1.000 ft, jedoch nicht unter 500 ft über der jeweiligen Bezugshöhe.

X-RAY=X (geschlossen/closed)
Horizontale Sichtweite am Boden weniger als 1,5 km und/oder Wolkenuntergrenze (4/8 oder mehr) unter 500 ft über der jeweiligen Bezugshöhe. Flüge nach Sichtflugregeln sind nicht möglich.

B. Unterstufen

Unterstufen für die Hauptstufen DELTA und MIKE in Form einer Ziffer von 1-8 gemäß dem Schema in Abbildung 113. Die Bezugshöhen der einzelnen Gebiete sind in der Karte (Abb. 114) und in den GAFOR-Tabellen angegeben.

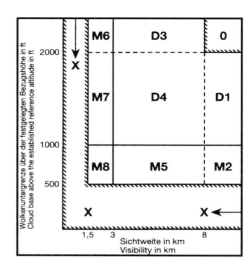

Abb. 113: Einstufungsbeispiel.

C. Einstufungsbeispiel (Abb. 113)

34 M7 D4 0: Für das Gebiet 34 (Niederrheinische Bucht, Bezugshöhe 700 ft NN) sind in diesem Beispiel folgende Sichtflugbedingungen vorhergesagt:

Erste 2-Stunden-Periode:
Horizontale Sichtweite am Boden zwischen 1,5 und 3 km und eine Wolkenuntergrenze (4/8 oder mehr) zwischen 1.000 und 2.000 ft über der Bezugshöhe, bzw. 1.700 und 2.700 ft über NN.

Zweite 2-Stunden-Periode:
Horizontale Sichtweite am Boden zwischen 3 und 8 km und eine Wolkenuntergrenze wie in der ersten 2-Stunden-Periode.

Dritte 2-Stunden-Periode:
Horizontale Sichtweite am Boden 8 km oder mehr und keine Wolkenuntergrenze (4/8 oder mehr) unter 2.000 ft über der Bezugshöhe, bzw. 2.700 ft über NN.

Ausgabezeiten und Gültigkeitsdauer der Berichte		Gültigkeitsdauer der Vorhersage		
Ausgabezeit1) (UTC)	gesamt	1. Periode	2. Periode	3. Periode
0230[2)]	0300 - 0900	0300 - 0500	0500 - 0700	0700 - 0900
0530	0600 - 1200	0600 - 0800	0800 - 1000	1000 - 1200
0830	0900 - 1500	0900 - 1100	1100 - 1300	1300 - 1500
1130	1200 - 1800	1200 - 1400	1400 - 1600	1600 - 1800
1430	1500 - 2100	1500 - 1700	1700 - 1900	1900 - 2100
2030		Aussichten für den Folgetag		

1) Zwischenzeitliche Aufsprachen sind bei unvorhergesehenen Wetteränderungen zwischen den planmäßigen Berichten von 0230 bzw. 0530 bis 1730 UTC vorgesehen.
2) Nur während der Gültigkeit der gesetzlichen Sommerzeit.

Die vorhergesagten Stufen der Sichtflugmöglichkeiten sollen zwar im weitaus größten Teil der jeweiligen Gebiete vorherrschend sein. Kleinräumige oder kurzzeitige Abweichungen sind jedoch möglich.

Die folgenden GAFOR-Tabellen geben die laufende Vorhersagebereichsnummer, den Vorhersagebereich und die Bezugshöhen in ft MSL an:

GAFOR-Tabellen

Vorhersagebereich Nord

01	Ostfriesland	100
02	Nordfriesland-Dithmarschen	100
03	Schleswig-Holsteinische Geest	200
04	Schleswig-Holsteinisches Hügelland	300
05	Nordwestliches Niedersachsen	200
06	Lüneburger Heide	400
07	Westliches Niedersachsen	300
08	Hannover	500
09	Teutoburger Wald	700
10	Weser-Leine Bergland	1400
11	Mecklenburgisches Tiefland	300
12	Vorpommern	200
13	Westliche Mecklenburgische Seenplatte und Prignitz	400
14	Östliche Mecklenburgische Seenplatte und Uckermark	400
15	Altmark	400
16	Hoher Fläming	600
17	Rhin-Havelluch und Ostbrandenburgisches Seengebiet	300
18	Barnim und Oderbruch	400
19	Spreewald und Gubener Waldland	400
20	Magdeburger Börde und Nördliches Harzvorland	700
21	Harz	2000
22	Leipzigerer Tieflandsbucht und Elbe-Elster Niederung	600
23	Niederlausitzer Heiden	600

Vorhersagebereich Nord und Süd

24	Thüringer Becken	1400
25	Mittelsächsisches Hügelland	1300
26	Oberlausitz und Lausitzer Gebirge	1500
27	Thüringer Wald, Frankenwald und Fichtelgebirge	2700
28	Erzgebirge	2700
31	Niederrheinisches Tiefland	300
32	Münsterland	500
33	Ruhrgebiet	500
34	Niederrheinische Bucht	700
35	Bergisches Land	1400
36	Sauerland	2400

37 Eifel	2000
38 Neuwieder Becken	800
39 Westerwald	1900
41 Hunsrück	2300
42 Taunus	1900
43 Nordhessisches Bergland mit Vogelsberg	2000
44 Rheinpfalz und Saarland	1900
45 Rhein-Main Gebiet und Wetterau	700
46 Odenwald und Spessart	1700
47 Rhön	2800

Vorhersagebereich Süd

51 Oberrheinische Tiefebene	900
52 Kraichgau	1100
53 Neckar-Kocher-Jagst-Gebiet	1700
54 Mainfranken und Nördliches Unterfranken	1400
55 Mittelfranken	1700
56 Oberfranken	1900
61 Schwarzwald	4000
62 Schwäbische Alb	3000
63 Fränkische Alb	2000
64 Oberpfälzer Wald	2400
71 Hochrhein- und Bodenseeraum	2100
72 Schwäbische Hochebene	2400
73 Westliche Donauniederung	1700
74 Südbayerisches Hügelland	1800
75 Östliche Donau- und Naabniederung	1600
76 Bayerischer Wald	3300
81 Westliches Alpenvorland	3300
82 Östliches Alpenvorland	2500
83 AllgäuerAlpen	6500
84 Östliche Bayerische Alpen	6500

Mailboxverfahren pc_met

pc_met ist ein interaktives PC-gestützes Selfbriefing-System, bei dem aus einer Mailbox über PC und Telefonmodem Wetterinformationen abgerufen werden können. Der Zugriff auf die Mailbox erfolgt über

Telefon 069-821302
ISDN................................... 069-82363115

Der DWD hat mit dem System pc_met eine Mailbox entwickelt, über die seit dem 01.04.1995 mit Hilfe von PC und Modem bzw. ISDN-Schnittstellenkarte Wetterinformationen abgerufen werden können. Das System wird von den Zentral- und Fernmelderechnern des DWD mehrmals pro Minute mit aktuellen Daten versorgt, so daß ein Abrufer immer die neuesten Informationen erhält. Die schnelle Ubertragungstechnik ermöglicht eine rasche Datenübermittlung. Ein Standardpaket, das ein Flugzeugführer zur Flugvorbereitung benötigt, wird je nach Modemgeschwindigkeit in 30 sec bis 2 Minuten übertragen.

Technische Voraussetzungen

Für pc_met wird ein Telefonanschluß, ein PC (empfohlen 486er unter MS-DOS mit VGA-Grafikkarte) und ein Highspeed-Modem (Übertragungsrate bis 28.800 Baud, mindestens 2.400 Baud) benötigt. Ob man nun Detail-Infos von Deutschland, eine Wetterübersicht von Europa oder vom Ostatlantik oder Radar- oder Satellitenbilder haben will, der PC liefert alle aktuellen meteorologischen Informationen.

Die Mailbox läuft mit dem Programm Maximus. Das PC-Terminalprogramm muß auf 8 Datenbits, 1 Stopbit und „keine" Parität (8N1) geschaltet sein.

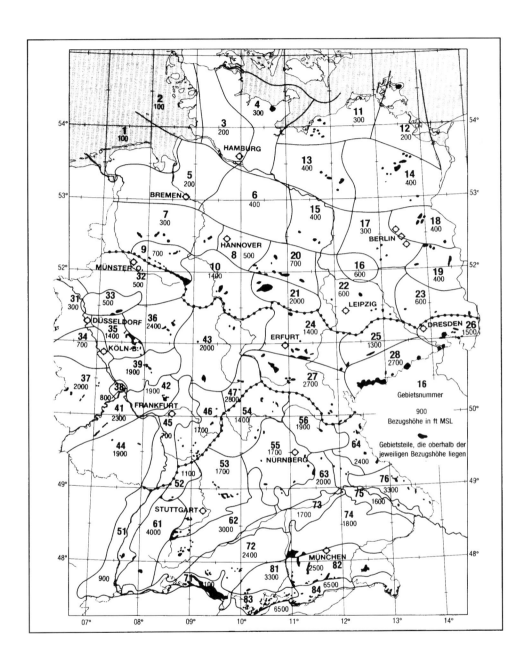

Abb. 114: GAFOR Gebietskarte Deutschland (Quelle: Deutscher Wetterdienst, Offenbach).

Selbstverständlich kann mit V42bis und MNP5 gearbeitet werden. Bei ISDN wird das X.75 Protokoll verwendet (empfohlener Treiber: CFOS). Für schnellen Anschluß an das aktuelle Wetter sorgen genügend Telefon- und ISDN-Leitungen. Um bei allen Connects die Daten-Sicherheit zu gewährleisten, erhält jeder Nutzer vom DWD ein persönliches Paßwort.

Datentransfer und Kosten

Das Hostsystem des DWD und eine spezielle Software bringen alle Daten mit modernster Übertragungstechnik blitzschnell auf den Bildschirm. In ca. 20 Sekunden stehen alle europäischen METARs und TAFs zur Verfügung, in ca. 8 Sekunden eine Wetterkarte und in ca. 30 Sekunden ein Satellitenbild. Mit ISDN geht alles etwa doppelt so schnell. Die Grundgebühr, die an den DWD zu zahlen ist, beträgt 150 DM pro Jahr (100 DM pro Halbjahr). Außer den Übertragungskosten (Telefongebühren) für die Telekom fallen keine weiteren Gebühren an.

pc_met Software

Zusätzlich gibt es zum Preis von 500 DM ein Softwarepaket, das den PC fast schon in eine private Flugwetterwarte verwandelt. Von der zeitgesteuerten, automatischen Datenanforderung über Radar- und Satellitenbildanimationen bis hin zur Darstellung aller notwendigen Wetterkarten wie Analysen, Boden- und Höhenvorhersagekarten sowie Signifikanten Wetterkarten erhält man alles, was an Wetterinformationen benötigt wird. Dazu gehören auch graphische Auswertungen von Radiosondenaufstiegen (Thermik, Vereisung, Turbulenz u.a.) sowie geographische Darstellungen von METAR-Meldungen, Angabe von METAR, TAF- und Warnmeldungen entlang beliebiger Flugrouten. Alle für den Piloten interessante und wichtige meteorologischen Fragen werden mit diesem Leistungspaket beantwortet.

Mit pc_met werden im einzelnen folgende Flugwetterinformationen zum Abruf bereitgestellt, die rund um die Uhr automatisch aktualisiert werden:

- METARs Deutschland (Flughäfen und ausgewählte Wetterstationen)
- METARs Europa, Mittelmeerraum
- TAFs Deutschland, Europa, Mittelmeerraum
- SIGMETs und AIRMETs Deutschland, Europa, Mittelmeerraum
- Flugplatzwetterwarnungen Deutschland
- Flugwetterübersichten Deutschland
- TEMPs Deutschland, Europa, Mittelmeerraum
- AFWA/GAFOR Deutschland
- GAFOR Österreich, Schweiz
- Segelflug- und Ballonwetterberichte Deutschland
- Satellitenbilder (VIS, IR halbstündlich)
- Radarbilder Deutschland (viertelstündlich)
- Analyse Boden, 850, 700 und 500 hPa
- Vorhersagekarten Boden, 850, 700 und 500 hPa für H + 12 bis H + 72 h
- Wind- und Temperaturvorhersagekarten von 2.000 ft GND bis FL 390
- Significant Weather Charts (SWC)
  - Mitteleuropa (Boden bis FL 100)
  - Europa (FL 100 bis FL 450)
  - Nordatlantik (FL 250 bis FL 630)
- Spezialvorhersagen für den Segelflug und die Ballonfahrt

pc_met Dateiauszüge

**Beispiel pc_met
Allgemeine Flugwetterübersicht
Datei AKT_EDDF.AFW**

502
FBEU40 EDDF 140230
Deutscher Wetterdienst
F L U G W E T T E R U E B E R S I C H T
gueltig vom 14.08.96, 03 UTC bis 14.08.96, 18 UTC
Vorhersagebereich: Gafor - Gebiete 41 - 47, sowie Luxemburg, Nordelsass und Nordlothringen

Wetterlage und Entwicklung:
Das Tief ueber Norddeutschland verlagert sich langsam ostwaerts. Sein herumgeholtes Frontensystem und das zugehoerige Hoehentief bestimmen das Wetter im Vorhersagebereich.

Wettergeschehen:
Sichten: zunaechst allgemein um 4 km, oertlich auch unter 1 km, am Tage langsam auf 10+ steigend, jedoch vor allem im Norden bei Niederschlag auch wieder unter 8 km.
Bewoelkung: oertlich Ceiling durch ST in 500 ft, sonst vielfach durch SC zwischen 2000- und 3000 ft, nachmittags im Norden auch 1000 ft ueber Flachgrund. Nachmittags im Norden auch CB mit Untergrenzen um 1500 ft. Nur anfangs im Westen, am Tage dann zeitweise im Sueden zeitweise keine sichtflugrelevante Ceiling.
Niederschlag: Zunaechst im Norden und Osten DZ, spaeter vor allem noerdlich von Mosel und Lahn RA und vereinzelt RA,TS

Vereisung: keine unter FL 100 ausserhalb von Gewittern

Wind und Temperatur um 12 UTC
 am Boden 280 Grad 10 Knoten, in Boeen -- Knoten
 1500 Fuss 290 Grad 15 Knoten, 17 Grad C
 3000 Fuss 290 Grad 15 Knoten, 14 Grad C
 5000 Fuss 300 Grad 15 Knoten, 10 Grad C
 10000 Fuss 320 Grad 15 Knoten, 01 Grad C
Turbulenz: ausserhalb konvektiver Ereignisse nur geringe

Nullgradgrenze: um fl110

Dieser Bericht wird nicht amendiert, die naechste Aktualisierung erfolgt am 14.08.96 um 11.30 Uhr.=

**Beispiel pc_met
AFWA/GAFOR
Datei AKT_EDDH.GAF**

745
FBDL30 EDDH 140500
AFWA fuer AL, Bereich Nord 140612

1.) Wetterlage :
Im Bereich eines Tiefs mit Kern ueber Niedersachsen weiterhin Zufuhr von wolkenreichen und labilen Luftmassen. Anfangs noch verbreitet Behinderungen durch schlechte Sichten und tiefe Untergrenzen, gebietsweise auch Nebel.Zeitweise schauerartiger Regen,oertlich auch gewittrig, mit Bedingungen schlechter als eingestuft. Bergland in Wolken. Keine nutzbare Thermik.

2.) Hoehenwinde :
Im Osten : 150/15 170/20 180/25 190/25kt
Im Westen: 300/15 320/20 340/20 360/25kt
Im aeussersten Norden alle Hoehen aus Nordost mit 20 bis 25 Knoten

3.) Nullgradgrenze :
Zwischen 9000 ft im Osten und 10000 ft im Westen.

4.) Vorhersage der Sichtflugmoeglichkeiten
01 M8,M5,D4 02 M8,M8,D4
03/04 X,M8,D4 05 X,M5,D4
06/08 X,M8,D4 09/10 X,X,M8
11/13 X,M8,D4 14/15 M8,D4,D3 16 M7,D4,D3

17/18 D4,D4,D3 19/20 M7,D4,D3
21 X,M8,D4 22 M8,D4,D3 23/24 D3,D4,O
25/26 D3,O,O 27 M8,D4,O 28 M5,D4,D4
31 X,M5,D1 32/33 M5,D4,D1 34 X,M5,D1
35/36 X,X,M5 37 X,M5,D1 38 M5,D4,D1
39 X,M5,M5
41 M8,M5,D1 42 X,X,X 43 M8,M5,D1
44 X,M5,D4 45 M8,D4,D1 46 M8,M5,D1
47 X,X,X

Beispiel pc_met
TAF
Datei FC_GER.TAF (Auszug)

##140721# UpDate:14.08./07.21##
FC 140600
YM 199608

EDAC 140716 18005KT 9999 BKN035 TEMPO
0716 4000 SHRA SCT010 BKN015CB
 PROB30 TEMPO 1216 BKN007=
EDAH 140716 14005KT 9999 BKN025 TEMPO
0709 4000 BR BKN010 TEMPO 0716
 3000 SHRA BKN010CB PROB30 TEMPO
1216 23015G25KT TSRA=
EDDB 140716 13005KT 9999 BKN035 TEMPO
0709 3000 BR TEMPO 0916 5000
 SHRA BKN020 PROB30 TEMPO 1216
23015G25KT TSRA BKN010CB=
EDDC 140716 16007KT 9999 BKN035 TEMPO
0716 4000 SHRA SCT010 BKN015CB
 PROB30 TEMPO 1216 TSRA PROB40
TEMPO 1416 2000 BR BKN005=
EDDE 140716 18005KT 9999 BKN035 TEMPO
0716 4000 SHRA SCT010 BKN015CB
 PROB30 TEMPO 1216 BKN007=
EDDG 140716 34007KT 4000 BKN010
BECMG 0810 9999 SCT030 TEMPO 1216
 4000 -SHRA BKN015=
EDDH 140716 03007KT 2000 BR BKN003
BECMG 0710 8000 BKN030 TEMPO 1116
 3000 SHRA PROB30 TSRA BKN010CB=
EDDI 140716 13005KT CAVOK BECMG 0709
BKN035 TEMPO 0816 5000 SHRA
 BKN020 PROB30 TEMPO 1216 23015G25KT
TSRA BKN010CB=

EDDK 140716 30010KT 3500 BKN009 BECMG
0710 9999 BKN025 PROB40 TEMPO
 1116 4000 SHRA BKN015CB=
EDDL 140716 32010KT 3000 BKN005 BECMG
0708 5000 BKN015 FM1000 32010KT
 9999 BKN020 TEMPO 1116 5000 SHRA
BKN010=
EDDM 140716 20008KT 5000 -RA SCT010
BKN020 TEMPO 1216 9999 SCT015
 BKN030=
EDDN 140716 25007KT 9000 SCT006 BKN015
TEMPO 0709 3000 -RADZ BKN005
 BECMG 0911 9999 BKN020 TEMPO 1116
5000 SHRA PROB30 TSRA BKN010CB =
EDDP 140716 18005KT 9999 BKN035 TEMPO
0716 4000 SHRA SCT010 BKN015CB
 PROB30 TEMPO 1216 BKN007=
EDDR 140716 26005KT 0600 FG OVC001
BECMG 0711 9999 BKN030=
EDDS 140716 25010KT 9999 SCT020
BKN040=
EDDT 140716 13005KT CAVOK BECMG 0709
BKN035 TEMPO 0816 5000 SHRA
 BKN020 PROB30 TEMPO 1216 23015G25KT
TSRA BKN010CB=
EDDW 140716 03010KT 5000 BKN007
BKN020 BECMG 0710 9000 BKN020=
EDFH 140716 28010KT 0800 FG OVC005
TEMPO 0710 0200 OVC002 BECMG 1013
 7000 SCT010 BKN015 PROB40 TEMPO 1316
4000 SHRA BKN010CB=
EDHI 140716 03007KT 2000 BR BKN003
BECMG 0710 8000 BKN030 TEMPO 1116
 3000 SHRA PROB40 TSRA BKN010CB=
EDHL 140716 03007KT 2000 BR BKN003
BECMG 0710 8000 BKN030 TEMPO 1116
 3000 SHRA PROB40 TSRA BKN010CB=

Beispiel pc_met
Stationsmeldungen
Datei SA_GER_2.OBS (Auszug)

##140700# UpDate:14.08./07.20##
SA 140700
YM 199608

SM 140700
10005 Elbe 1 0m 08013KT 6000 15/15 Q1013 =
10007 Deutsche Bucht 0m 08013KT 9000 17/15 Q1014 =
10015 Helgoland 4m 06013KT 9000 FEW012ST 16/15 Q1013 =
10020 List Sylt 26m 08005KT 10KM FEW010CU 18/15 Q1013 =
10022 Leck 7m 07007KT 8000 FEW015CU 17/15 Q1013 =
10026 Husum 28m 05006KT 4000 SCT012CU 16/15 Q1013 =
10033 Meierwik 27m 05003KT 6000 FEW010CU SCT080AC 17/15 Q1014 =
10034 Eggebek 20m 06007KT 6000 FEW008ST 18/15 Q1014 =
10035 Schleswig 47m 07005KT 3500 BKN005ST 15/15 Q1013 =
10037 Jagel 22m 06007KT 3700 BKN004ST 15/13 Q1013 =
10038 Hohn 12m 05004KT 3500 BKN004ST 16/14 Q1013 =
10042 Olpenitz 4m 05008KT 10KM 17/16 Q1013 =
10044 LT Kiel 5m 06007KT 8000 14/13 Q1012 =
10046 Kiel MIL 31m 06005KT 2500 BR BKN003ST 15/14 Q1013 =
10091 Arkona 42m 08010KT 5000 -RA BKN005ST 16/15 Q1013 =
10093 Putbus 40m 06002KT 3200 16/15 Q1012 =
10113 Norderney 11m 05010KT 10KM SCT016CU SCT025SC 17/15 Q1013 =
10122 Jever 7m 07004KT 4500 BKN009ST SCT045SC 16/14 Q1013 =
10126 Wittmundhafen 8m 04004KT 6000 SCT009ST SCT022SC BKN046SC 17/14 Q1013 =
10129 Bremerhaven 7m 07008KT 7000 BKN008ST 16/14 Q1012 =
10130 Elpersbuettel 3m 04007KT 10KM 15/15 Q1012 =
10131 Cuxhaven 5m 08009KT 7000 BKN006ST 15/14 Q1013 =
10136 Nordholz 23m 07007KT 4000 BKN006ST 16/13 Q1013 =
10142 Itzehoe 25m 06005KT 2500 REFG OVC002ST 15/13 Q1013 =
10146 Quickborn 13m 04004KT 8000 15/15 Q1012 =
10147 Hamburg 16m 05006KT 5000 FEW003ST BKN004ST 15/14 Q1012 =
10152 Pelzerhaken 1m 03007KT 0700 VV000 15/14 Q1013 =
10156 Luebeck 14m 04003KT 3500 REFG BKN004ST 15/15 Q1012 =
10161 Boltenhagen 15m 04002KT 1500 REFG BKN010ST 15/14 Q1012 =
10162 Schwerin 59m 04002KT 3000 -RA FEW013CU SCT033SC 14/14 Q1012 =
10168 Goldberg 58m 34002KT 10KM 15/14 Q1012 =
10170 Rostock-Warnem. 4m 01005KT 0300 -RA BKN006ST 15/15 Q1012 =
10172 Laage 40m 06002KT 4000 RERA BKN004ST 16/15 Q1012 =
10177 Teterow 46m 06004KT 2000 BR OVC006ST 15/15 Q1011 =
10180 Barth 7m 05007KT 3000 FEW020CU BKN100AC 16/16 Q1012 =
10184 Greifswald 2m 08003KT 1800 TS SCT033CB BKN050SC 16/16 Q1012 =

Beispiel pc_met
AIRMET/SIGMET
Datei WS_GER.SIG (Auszug)

$$140500/140800$$
EDBB

682
WADL41 EDZW 140500
EDBB AIRMET 2 VALID 140500/140800 EDZB

BERLIN FIR
1. SFC VIS OBS AND FCST BLW 5 KM IN N PARTS BLW 1 KM IMPR
2. MT OBSC ABV 2000 FT MSL OBS AND FCST NC
3. WIDESPREAD AREAS BKN CLD WITH

BASE LESS THAN 500 FT
IN N PARTS IMPR=
$$140520/140920$$
EDWW

784
WADL41 EDZW 140520
EDWW AIRMET 2 VALID 140520/140920
EDZH-

Bremen FIR SFC vis obs and fcst blw 5000 m in EDWW FIR nc.

Bremen FIR bkn to ovc blw 1000 ft gnd obs and fcst in most-parts EDWW FIR nc.

Bremen FIR mtn obsc abv 2000 ft msl obs and fcst in s-parts nc.

$$140600/140900$$
LOVV

079
WAOS41 LOWM 140556
LOVV AIRMET 2 VALID 140600/140900
LOWW -
WIEN FIR LOC MOD ICE FCST N OF LINE SOLNI OKF BTN FL100 AND FL220.
   MOV E. SLOWLY WKN.

$$140500/140900$$
EYVL

565
WSEN31 EKCH 140500
EYVL SIGMET 2 VALID 140500/140900 EYVI-VILNIUS FIR EMBD TS HVYGR OBS IN SW,W,NW PARTS VILNIUS FIR TOPS FL 310,MOV NE 10KT,NC=

Bildschirmtext (T-Online/BTX)

Über BTX stellt der DWD Wetterinformationen für die Luftfahrt zur Verfügung, die rund um die Uhr rechnergestützt aktualisiert werden.

Das Angebot umfaßt zur Zeit:

- METARs Deutschland, Europa
- TAFs Deutschland, Europa
- SIGMETs und AIRMETs Deutschland, Europa
- TEMPs Deutschland
- Flugwetterübersichten Deutschland
- AFWA/GAFOR Deutschland
- Segelflugwetterberichte
- Ballonwetterberichte

Die Flugwetterinformationen des DWD sind über die Leitseite „BTX-Programm des Deutschen Wetterdienstes" (BTX *44440#) zu erhalten oder können gezielt auf der Seite „Wetter für die Allgemeine Luftfahrt" (BTX *444408#) abgerufen werden.

Telefax

Über Telefax (automatischer Speicherabruf mit Telefax-Geräten der 3. Generation) bietet der DWD folgende Programmpakete an:

- IFR-Programm
- VFR-Programm
- Segelflug- und Ballonwetterinformationen

Die Inhalte der Programme und die Reihenfolge der Seiten wurden in Abstimmung mit den Luftfahrtverbänden festgelegt. Die Nutzer können nach Bedarf die Übertragung der Telefaxseiten individuell beenden.

IFR-Programm

Das IFR-Programm enthält die Produkte:

- Significant Weather Chart Mitteleuropa (Boden bis FL 100)
- Wind-/Temperaturvorhersagekarten für FL 50 und FL 100
- Significant Weather Chart Europa (FL 100 bis FL 450)
- TAFs Mitteleuropa
- Wind-/Temperaturvorhersagekarten für FL 180, 240, 300, 340, 390
- Weitere TAF-Zusammenstellungen
- Liste der Location Indicators der verbreiteten TAFs

Die Unterlagen werden regelmäßig aktualisiert. Eine Amendierung einzelner TAFs ist aus technischen Gründen nicht möglich. Das IFR-Programm kann über folgende Telefax-Nummern abgerufen werden:

Berlin 030-69008393
Dresden 0351-75563
Düsseldorf 0211-419515
Frankfurt 069-823453*, 823454**
Hamburg 040-50050412, 50050413
Hannover 0511-9735949
Köln/Bonn 02203-54156
Leipzig 0341-2241866
München 089-9701819, 9702726
Münster/Osnabrück 02571-91168
Nürnberg 0911-3650543
Stuttgart 0711-795926

*IFR-Programm für Mittel- und Westeuropa
**IFR-Programm für Nord-, Ost- und Südeuropa

VFR-Programm

Das VFR-Programm enthält diese Produkte:

- Flugwetterübersicht der zuständigen Regionalzentrale
- AFWA/GAFOR-Berichte Nord und Süd
- Significant Weather Chart Mitteleuropa (Boden bis FL 100)
- Wind-/Temperaturvorhersagekarten für FL 50 und FL 100
- TAFs Mitteleuropa

Die Unterlagen werden regelmäßig aktualisiert. Eine Amendierung einzelner TAFs ist aus technischen Gründen nicht möglich.

Das VFR-Programm kann über die folgenden Telefax-Nummern abgerufen werden:

Berlin 030-69008392, 69008394
Bremen 0421-5372174
Dresden 0351-75550
Düsseldorf 0211-4791117
Frankfurt 069-821769
Hamburg 040-50050414
Hannover 0511-9735948
Köln/Bonn 02203-591549
Leipzig 0341-2241865
München 089-9701818
Münster/Osnabrück 02571-91251
Nürnberg 0911-2650545
Stuttgart .... (0711-9484384

Segelflug- und Ballonwetterinformationen

1. Segelflugwetter für Hessen, Rheinland-Pfalz und das Saarland sowie für Baden-Württemberg:

- Segelflugwetterbericht für Hessen, Rheinland-Pfalz und das Saarland
- Konvektionskarten Südwestdeutschland
- Windkarten Südwestdeutschland
- Analyse Boden 00 UTC
- Analyse 500 hPa 00 UTC
- ausgewählter Temp
- Vorhersage Boden 00 UTC + 24 h
- Segelflugwetterbericht Baden-Württemberg
- Segelflugwetterbericht Bayern
- Segelflugwetterbericht Nordrhein-Westfalen
- Segelflugwetterbericht Sachsen, Sachsen-Anhalt und Thüringen

Das Programm kann über die Telefax-Nummern 069-814153 und 069-887230 abgerufen werden.

2. Segelflug- und Ballonwetter für Nordrhein-Westfalen:

- Segelflugwetterbericht (01.03. - 31.10.)
- Vorhersage Boden 00 UTC + 24 h
- ausgewählte Temps
- Vorhersage 850 hPa
- Ballonwetterbericht

Das Programm kann über die Telefax-Nummer 0211-412523 abgerufen werden.

3. Ballonwetterbericht Bayern

Der Ballonwetterbericht Bayern kann über die Telefax-Nummer 089-9701821 abgerufen werden.

PID - Privater Informationsdienst

Zusammen mit DeTeMedien werden Segelflug-, Ballonwetterberichte und Flugwetterübersichten zum Abruf angeboten:

Segelflugwetterberichte (01.03. - 31.10.)

Schleswig-Holstein, Hamburg,
Lüneburger Heide 0190-116941
Bremen und
Weser-Ems-Gebiet............... 0190-116942
Östliches und südliches
Niedersachsen 0190-116943
Mecklenburg-Vorpommern,
Brandenburg, Berlin 0190-116944
Nordrhein-Westfalen 0190-116945
Sachsen, Sachsen-Anhalt,
Thüringen 0190-116946
Hessen, Rheinland-Pfalz,
Saarland............................... 0190-116947
Baden-Württemberg............. 0190-116948
Bayern.................................. 0190-116949

Ballonwetterberichte

Schleswig-Holstein, Hamburg,
Lüneburger Heide 0190-116952
Mecklenburg-Vorpommern,
Brandenburg, Berlin 0190-116953
Niederrhein, Münsterland..... 0190-116954
südliches Nordrhein-Westfalen,
nördliches Rheinland-Pfalz .. 0190-116955
Hessen, südliches Rheinland-
Pfalz, Saarland..................... 0190-116956
Sachsen, Sachsen-Anhalt,
Thüringen 0190-116957
Bayern.................................. 0190-116958
Baden-Württemberg............. 0190-116959

Flugwetter GAFOR-Gebiete

GAFOR-Gebiete 01-10
sowie Dänemark, Südskandinavien
und Nordsee......................... 0190-116961
GAFOR-Gebiete 11-19
sowie mittlere Ostsee
und Pommern....................... 0190-116962
GAFOR-Gebiete 20-28
sowie Schlesien und die
Tschechische Republik 0190-116963
GAFOR-Gebiete 31-39
sowie Belgien und die
Niederlande.......................... 0190-116964
GAFOR-Gebiete 41-47
sowie Luxemburg, Nord-Elsaß
und Nord-Lothringen 0190-116965
GAFOR-Gebiete 51-84......... 0190-116966

Telefonische Flugwetterberatung

Eine telefonische Flugwetterberatung wird auf Anforderung von folgenden Luftfahrtberatungszentralen (LBZ) und Flugwetterwarten (FWW) erteilt:

LBZ Hamburg......................040-50050444
FWW Bremen 0421-5372170
FWW Hannover 0511-9739624
LBZ Berlin 030-69008350, 690008352
LBZ Leipzig 0341-8664113
LBZ Düsseldorf 0211-424140, 4216269
FWW Köln/Bonn ...02203-402247, 402248
FWW Münster/Osnabrück.....02571-91183
LBZ Offenbach..069-80622615, 80622616
FWW Saarbrücken..................06893-4650
LBZ Stuttgart.......................0711-9484338
LBZ München........................089-9785317
FWW Nürnberg 0911-3651680

Entsprechend der mit dem Bundesministerium für Verkehr und den Ländern abgestimmten Flugwetterberatungskonzeption des DWD werden einige individuellen Beratungskapazitäten im Zeitraum November 1996 bis Herbst 1997 von den Flugwetterwarten zu den Luftfahrtberatungszentralen verlegt.

INFOMET-Service

Zur Vorabinformation sowie zur Ergänzung und Aktualisierung bereits eingeholter Beratungen stehen an den meisten Luftfahrtberatungszentralen und Flugwetterwarten zusätzliche Telefonanschlüsse zur Verfügung:

Berlin-Tegel	030-41013663
Berlin-Schönefeld	030-60913702
Bremen	0421-5372164
Dresden	0351-8805041
Düsseldorf	0211-425937
Frankfurt	069-69032331
Hamburg	040-50050477
Hannover	0511-9739625
Köln/Bonn	02203-402558
Leipzig	0341-2241862/63
München	089-9785320
Münster/Osnabrück	02571-91184
Nürnberg	0911-3650521
Saarbrücken	06893-83391
Stuttgart	0711-9484369

Über diese Telefonnummern können folgende Informationen abgerufen werden:

- METARs
- TAFs
- SYNOPs (aktuelle Meldungen von Wetterstationen)
- SIGMETs und
- AIRMETs.

Über das INFOMET-Telefon wird keine darüber hinausgehende Flugwetterberatung erteilt.

GAMET und AIRMET

GAMET-Meldungen sind Gebietsvorhersagen für den unteren Luftraum für ein Fluginformationsgebiet (FIR) oder einen Teil davon. Vorhergesagt werden signifikante Wetterbedingungen. In der Bundesrepublik Deutschland werden GAMETs routinemäßig 4 mal täglich um 02, 08, 14 und 20 UTC erstellt. GAMETs werden amendiert (korrigiert), wenn vorhergesagte Erscheinungen nicht mehr erwartet werden.

GAMET/AIRMET werden in der englischen Klartextkurzform der ICAO formuliert. Sie werden international ausgetauscht und sind für den unteren Luftraum bis FL 100, im FIR München bis FL 150 gültig.

AIRMET-Meldungen sind Warnungen vor dem Auftreten signifikanter Wetterbedingungen, die Auswirkungen auf die Luftfahrt im unteren Luftraum haben. Die Wetterbedingungen, vor denen gewarnt wird, werden in der tabellarischen Zusammenfassung auf der folgenden Seite beschrieben. Sie entsprechen im wesentlichen denen im GARMET. AIRMETs ersetzen die bisher ausgegebenen ADVICEs FOR GENERAL AVIATION. Sie werden nur bei Bedarf ausgegeben. Der Meldungsaufbau entspricht dem bekannten SIGMET.

Folgende Regelungen sind zu beachten:

- Bei Gewitter entfallen Hinweise auf Vereisung und Turbulenz.
- Es wird (wenn notwendig und möglich) eine Ortsangabe gemacht.
- Es wird (wenn notwendig und möglich) eine Angabe über Verlagerungsrichtung und -geschwindigkeit gemacht.
- Bei allen Ereignissen werden Intensitätsänderungen und Tendenzen beschrieben.
- Die Gültigkeitsdauer beschränkt sich auf max. 4 Stunden, nur in Ausnahmefällen sind 6 Stunden erlaubt.
- AIRMETs werden täglich fortlaufend numeriert.

Kriterien	Voraussetzungen	Inhalt	Kennung	Beispiel
Bodenwind	verbreitet mittlere Windgeschwindigkeit > 30 kt	Windrichtung und mittlere Geschwindigkeit	SFC WSPD	SFC WSPD: 290-330/35 kt
Horizontale Sichtweite am Boden	Sichtweite verbreitet < 5.000 m	Sichtweite	SFC VIS	SFC VIS: IN COASTAL AREAS 3000 m
Signifikante Wettererscheinungen	Gewitter mit oder ohne Hagel (außer wenn bereits in SIGMET gemeldet)	Wettererscheinung	SIGWX	SIGWX: ISOL TS S OF 52 DEG N
Berge in Wolken	Berge sind ganz oder teilweise in Wolken	Höhe, ab der Berge in Wolken sind	MT OBSC	MT OBSC: ABV 2000 FT MSL
Bewölkung	verbreitet Bewölkung mit Bedeckungsgrad BKN oder OVC < 1.000 ft, Auftreten von Cumulonimbus ohne Gewitter	Bedeckungsgrad, Untergrenze, -Verteilung von Cb	CLD	CLD: OVC 500 FT CLD: OCNL CB IN E PARTS
Vereisung	mäßige Vereisung (nicht in konvektiver Bewölkung), außer wenn vor starker Vereisung bereits im SIGMET gewarnt	Intensität, Höhenbereich	ICE	ICE: MOD FL 050/080
Turbulenz	mäßige Turbulenz (nicht in Verbindung mit konvektiver Bewölkung), außer wenn vor starker Turbulenz bereits im SIGMET gewarnt	Intensität, Höhenbereich	TURB	TURB: MOD BLW FL 050
Leewellen	Leewellen mäßiger Intensität, außer wenn vor starken Leewellen bereits im SIGMET gewarnt	Intensität, Höhenbereich	MTW	MTW: MOD ABV FL 080

- AIRMETs werden aufgehoben, wenn das auslösende Ereignis nicht mehr erwartet wird.

GARMETs/AIRMETs werden in der englischen Klartextkurzform der ICAO formuliert.

Sie werden international ausgetauscht und sind für den unteren Luftraum bis FL 100, im FIR München bis FL 150, gültig.

Die AIRMET-Meldungen werden als Teil einer individuellen Beratung und im Rahmen der vom DWD angebotenen Selfbriefing-Verfahren wie pc_met, INFOMET-Telefon und BTX den Piloten zur Verfügung gestellt. AIRMET-Informationen werden kontrolliert fliegenden Piloten zusätzlich von der Deutschen Flugsicherung DFS beim Einflug in ein FIR über Funk mitgeteilt. VFR-Piloten, die ohne regulären Funkkontakt mit der DFS unterwegs sind, wird empfohlen, die Flugsicherung in eigenem Interesse auf evtl. ausgegebene AIRMETs anzusprechen.

AIRMET-Meldungen müssen wegen der Beschränkung auf die Vorhersage signifikanter Wettererscheinungen von mäßiger Intensität in engem Zusammenhang mit ausgegebenen SIGMETs verwendet werden. Ihre Nutzung entbindet den Piloten nicht, sich umfassend zu informieren.

AIRMETs werden seit dem 01.02.96 verbreitet. Von einigen Ländern werden seit diesem Zeitpunkt auch GAMETs ausgegeben, über die Einführung im Deutschen Wetterdienst wird im Laufe des 1. Halbjahres 1996 entschieden.

VOLMET (Flugfunk)

- Bremen VOLMET - 127,400 MHz
- Frankfurt VOLMET 1 - 127,600 MHz
- Frankfurt VOLMET 2 - 135,775 MHz
- Schönefeld VOLMET - 128,400 MHz

Die einzelnen VOLMET-Sender beinhalten die folgenden Meldungen:

Bremen VOLMET:
Hannover (EDDV)
Hamburg (EDDH)
Bremen (EDDW)
Köln/Bonn (EDDK)
Frankfurt (EDDF)
Berlin/Tempelhof (EDDI)
Berlin/Tegel (EDDT)
Amsterdam (EHAM)
Kopenhagen (EKCH)

Berlin VOLMET
Berlin/Schönefeld (EDDB)
Dresden (EDDC)
Leipzig/Halle (EDDP)
Prag (LKPR)
Berlin/Tempelhof (EDDI)
Berlin/Tegel (EDDT)
Kopenhagen (EKCH)
Warschau (EPWA)
Wien (LOWW)

Frankfurt VOLMET 1
Frankfurt (EDDF)
Brüssel (EBBR)
Amsterdam (EHAM)
Zürich (LSZH)
Genf (LSGG)
Basel-Mülhausen (LFSB)
Wien (LOWW)
Prag (LKPR)
Paris/Charles de Gaulle (LFPG)

Frankfurt VOLMET 2
Frankfurt (EDDF)
Köln/Bonn (EDDK)
Düsseldorf (EDDL)
Stuttgart (EDDS)
Nürnberg (EDDN)
München (EDDM)
Hamburg (EDDH)
Berlin/Tempelhof (EDDI)
Berlin/Tegel (EDDT)

Internet - World Wide Web

Über das Internet (World Wide Web) können unter der Adresse

       http://www.dwd.de

Informationen über den Deutschen Wetterdienst sowie einige ausgewählte aktuelle Informationen u.a. über das Flugwetter mit Vorhersagen abgerufen werden.

Wer direkt die Luftfahrt-Web-Pages abrufen möchte, wählt die Luftfahrt-Homepage des Deutschen Wetterdienstes

http://www.dwd.de/services/gflf/lf_home.html

Unter diesen Seiten erhält man z.B. Aktuelle Flugwetterübersichten sowie METAR- und TAF.

Beispiele (Stand: September 96):

Internet-METAR (Auszug)

Aktuelle Flugplatzwettermeldungen

Hamburg
Meldung vom 08.09.1996 04:50 UTC
EDDH 33003KT 9999 MIFG FEW050 07/07 Q1023 NOSIG =

Berlin/Schönefeld
Meldung vom 08.09.1996 04:50 UTC
EDDB 32005KT 9999 FEW030 BKN058 11/08 Q1019 NOSIG =

Frankfurt
Meldung vom 08.09.1996 04:50 UTC
EDDF 23002KT CAVOK 08/06 Q1023 NOSIG =

München
Meldung vom 08.09.1996 04:50 UTC
EDDM 21004KT 9999 SCT036 BKN070 07/06 Q1021 NOSIG =

Internet-TAF (Auszug)

Aktuelle Flugplatzwettervorhersagen

Hamburg
Meldung vom 08.09.1996 03:00 UTC
EDDH 080413 33005KT CAVOK PROB40 TEMPO 0406 0500 BCFG SKC=

Berlin/Schönefeld
Meldung vom 08.09.1996 03:00 UTC
EDDB 080413 34008KT CAVOK PROB40 TEMPO 0413 7000 RA SHRA BKN020=

Frankfurt
Meldung vom 08.09.1996 03:00 UTC
EDDF 080413 03008KT CAVOK=

München
Meldung vom 08.09.1996 03:00 UTC
EDDM 080413 VRB03KT CAVOK BECMG 0810 33010KT 9999 SCT030=

Kapitel 9
Anhang

Prüfungsübersicht Meteorologie

Grundlagen

1. Physikalischer Aufbau der Atmosphäre (Troposphäre, Stratosphäre)
2. Luftdruck, Lufttemperatur und Luftdichte, Druck- und Temperaturabnahme mit der Höhe, räumliche und zeitliche Änderung des Luftdruckes, Isobaren
3. Die ICAO-Standardatmosphäre, QFE, QFF, QNH, ICAO-Standardhöhe (Pressure level), QNH-Standardhöhe (QNH altitude), Berechnung der Sicherheitshöhe über Hindernissen (terrain clearance)
4. Wasserhaushalt der Atmosphäre, Luftfeuchte-Taupunkt-Verdampfung-Kondensation-Sublimation, adiabatischer Vorgang

Meteorologische Beobachtungen und Messungen

1. Instrumente, Maßeinheiten und Verfahren zur Messung von Luftdruck, Lufttemperatur, Luftfeuchte, Boden- und Höhenwind, Sicht, Wolken, Niederschlag

Synoptische Meteorologie*

1. Boden- und Höhenwetterkarten (850, 700, 500 hPa)
2. Druckgebilde der gemäßigten Breiten, Wetterbedingungen und Wolkenstruktur
3. Wetterfolge bei stabil und labil geschichteten Luftmassen und in Warmfront, Kaltfront, Okklusion, Konvergenzen, Hochdruckkeil

* Teilgebiet der Meteorologie, Ableitung der Wettervorhersage aus Beobachtung der Entwicklung von Wettererscheinungen.

Flugmeteorologie

1. Wind in Bodennähe, Wind in Abhängigkeit vom horizontalen Druckgradienten, Isobarenverlauf und Windrichtung in Bodennähe und Drehung mit der Höhe, lokale und erdweite Windsysteme, Einfluß des Erdreliefs und der Bodenreibung auf den Wind, Stau und Föhn, Boen
Turbulenz: orographisch, Scherflächen, Richtung, Stärke
2. Inversion, Begriff und Bedeutung
3. Wolkenentstehung der verschiedenen Arten, internationale Wolkeneinteilung,; Stockwerksgliederung, allgemeine Wolkencharakteristiken
4. Niederschläge, Niederschlagsformen, Niederschlagsarten, Auswirkung des Niederschlags auf Flugdurchführung
5. Ursachen, Arten und Grade der Luftfahrzeugvereisung, Einfluß von Temperaturbereichen und Wolkengattungen auf die Luftfahrzeugvereisung
6. Bedingungen für die Gewitterbildung, Einteilung und Entstehung von Gewittern, Gefahrenmomente bei Flügen durch Gewitter, Auswirkung von Blitzschlag und statischer Aufladung, Wahl des Flugweges bei Gewitterlagen
7. Atmosphärische Einflüsse auf die Sichtweite: Dunst und Nebel, Faktoren, von denen die Nebelbildung abhängt; die hauptsächlichsten Nebelarten, Beurteilung von Nebellagen

Meteorologische Information und Dokumentation

1. Organisation des Flugwetterdienstes
2. Gebrauch des Luftfahrthandbuches zur Entnahme von MET-Informationen
3. Flugwettermeldungen und Landewettervorhersagen, VOLMET, SIGMET
4. Wetterschlüssel für die Luftfahrt (METAR, TAF)
5. Wetterberatung durch Flugwetterdienst, automatischen Anrufbeantworter, Btx, PCMET, Zusammenstellen der Dokumentation

Fragenkatalog Meteorologie

Der Übersicht wegen ist der „Fragenkatalog Meteorologie" vollständig abgedruckt, auch wenn nicht alle Themen in diesem Handbuch eingehend behandelt werden.

1. Wie heißt die Lufthülle der Erde?
a) Troposphäre
b) Atmosphäre
c) Biosphäre
d) Stratosphäre

2. Welcher Bestandteil ist in dem Gasgemisch Luft für das Wettergeschehen verantwortlich?
a) Helium
b) Stickstoff
c) Sauerstoff
d) Wasserdampf

3. In welche Schichten wird die Atmosphäre in aufsteigender Reihenfolge eingeteilt?
a) Strato-, Tropo-, Meso-, Ionosphäre
b) Strato-, Tropo-, Iono-, Mesosphäre
c) Tropo-, Strato-, Meso-, Ionosphäre
d) Tropo-, Iono-, Strato-, Mesosphäre

4. In welchem Bereich der Atmosphäre spielt sich das Wettergeschehen ab?
a) Tropopause
b) Mesosphäre
c) Stratosphäre
d) Troposphäre

5. Wie heißt die unterste Sphäre, beziehungsweise die Zone des Wettergeschehens?
a) Stratosphäre
b) Mesosphäre
c) Troposphäre
d) Thermosphäre

6. Wo befindet sich in der Atmosphäre immer eine Inversion oder Isothermie?
a) An der Tropopause
b) An allen Wolkenuntergrenzen
c) Am Erdboden
d) Nirgendwo; denn in der Atmosphäre nimmt die Temperatur generell mit der Höhe ab.

7. Welche Bezeichnung trägt die Obergrenze der Sphäre, in der sich das Wettergeschehen abspielt und wie hoch liegt sie in der Standardatmosphäre?
a) Tropopause 11 km MSL
b) Stratopause 20 km MSL
c) Tropopause 20 km MSL
d) Stratopause 11 km MSL

8. Wie ändert sich der prozentuale Anteil des Sauerstoffes in der Troposphäre mit zunehmender Höhe? Er
a) nimmt zu
b) bleibt gleich
c) nimmt ab
d) nimmt je nach Luftdruck ab oder zu

9. Welche Zustandsgröße weist innerhalb der Troposphäre mit zunehmender Höhe nach der ISA einen geradlinigen (linearen) Verlauf auf?
a) Luftdruck
b) Lufttemperatur
c) Luftfeuchte
d) Luftdichte

10. In welcher ungefähren Höhe beträgt der atmosphärische Druck die Hälfte des Druckes vom Meeresniveau?
a) 1.500 m MSL
b) 2.500 m MSL
c) 5.500 m MSL
d) 7.000 m MSL

11. Wie groß ist der prozentuale Sauerstoffgehalt der Luft in 5.500 m Höhe (500 hPa)?
a) 21%
b) 10,5%
c) 78%
d) 39%

12. Die Mächtigkeit der Erdatmosphäre beträgt ungefähr 600 km. In welcher Höhe ist etwa die Hälfte des auf der Erdoberfläche lastenden Luftdruckes erreicht? In
a) 5.500 m MSL
b) 300 km MSL
c) 8.000 m MSL
d) Höhe der Tropopause

13. Welcher angegebene Wert entspricht dem Normaldruck 1013,2 hPa?

a) 19,29 in Hg
b) 670 mmHg
c) 750 mmHg
d) 760 mmHg

14. Mit welchen beiden Instrumenten wird im Flugwetterdienst der Luftdruck gemessen?
a) Quecksilberbarometer, Hygrometer
b) Stationsbarometer, Psychrometer
c) Aneroidbarometer, Hygrometer
d) Dosenbarometer, Quecksilberbarometer

15. Die Differenz zwischen Temperatur und Taupunkt wird bezeichnet als
a) Mischungsverhältnis
b) Feuchttemperatur
c) relative Feuchte
d) Spread

16. Die relative Luftfeuchte ist definiert als
a) der Wasserdampfgehalt in Gramm pro Kubikmeter feuchter Luft
b) der Wasserdampfgehalt in Gramm pro Kilogramm trockener Luft
c) das Verhältnis des tatsächlich vorhandenen Wasserdampfgehaltes zum maximal möglichen, ausgedrückt in Prozent
d) das Verhältnis des tatsächlich vorhandenen Wasserdampfgehaltes zur absoluten Feuchtigkeit, ausgedrückt in Prozent

17. Welche Erscheinung tritt ein, wenn die Lufttemperatur den Taupunkt erreicht hat und dieser über dem Gefrierpunkt liegt?
a) Niederschlagsausfall
b) Dunstbildung
c) Kondensation
d) Sublimation

18. Wie verhalten sich Temperatur und Taupunkt in aufsteigender Luft?
a) Der Spread (Differenz zwischen Temperatur und Taupunkt) wird größer
b) Der Spread verringert sich
c) Der Spread bleibt gleich
d) Temperatur und Taupunkt ändern sich nicht

19. Wie verhalten sich Temperatur und Taupunkt in absinkender Luft?
a) Der Spread (Differenz zwischen Temperatur und Taupunkt) wird größer

b) Der Spread verringert sich
c) Der Spread bleibt gleich
d) Temperatur und Taupunkt ändern sich nicht

20. Mit der Faustformel Spread x 400 = ? berechnet man die
a) relative Feuchte
b) Temperatur in den Flugflächen
c) Wolkenobergrenze in Meter bei Quellbewölkung
d) Wolkenuntergrenze in ft GND bei Cumulus-Wolken

21. Im Flugwetterdienst erfolgen die Windgeschwindigkeitsangaben in
a) Beaufortstärken
b) MPH
c) ft/min
d) kt

22. Wenn bei gleichbleibendem Luftdruck die Temperatur steigt,
a) steigt die relative Feuchte
b) vermindert sich der Spread nicht
c) sinkt der Taupunkt
d) nimmt die Luftdichte ab

23. Die Luftdichte ist im wesentlichen abhängig von der Lufttemperatur und dem Luftdruck. Sie nimmt zu, wenn der Luftdruck
a) steigt und die Lufttemperatur fällt
b) fällt und die Lufttemperatur fällt
c) steigt und die Lufttemperatur steigt
d) fällt und die Lufttemperatur steigt

24. Welche Wetterelemente sind für die VFR-Flugdurchführung besonders wichtig?
a) Sicht, Wind, Bewölkung
b) Wind, Luftdruck, Temperatur
c) Wolkenobergrenze, Höhenwind, Schichtung
d) Spez. Feuchte, Temperatur, Bodenwind

25. Unter Bodensicht versteht man die
a) Sicht aus dem Cockpit in Flugrichtung zum Boden
b) Angabe der horizontalen Sicht von einer amtlich beauftragten Person auf einem Flugplatz
c) Sichtangabe in Richtung Landebahn
d) Senkrechtsicht vom Luftfahrzeug zur Erdoberfläche

26. Wodurch wird die Bodensicht beeinflußt? Durch
a) Luftdruck
b) Feuchtigkeit
c) Temperatur
d) Luftdichte

27. Wie lauten die von der ICAO festgelegten Daten der Standardatmosphäre?
a) Relative Feuchte 100%, Temperaturgradient -3° C/1.000 ft, Luftdruck in MSL 750 mmHg, Temperatur 15° C in MSL
b) Temperatur 15° C in MSL, relative Feuchte 20%, Temperaturgradient -0,65° C/100 m, Luftdruck in MSL 29,92 Inches
c) Luftdruck in MSL 1013,2 hPa, Temperatur 15° C in MSL, relative Feuchte 0%, Temperaturgradient -0,65° C/100 m
d) Temperaturgradient -1° C/100 m, Luftdruck in MSL 1013,2 hPa, Temperatur 15° C, relative Feuchte 0%

28. Wie groß ist die in der ICAO-Standardatmosphäre angenommene Temperaturabnahme mit der Höhe?
a) 1° C/100 m
b) 0,65° C/100 m
c) 3° C/1.000 ft
d) 2° C/100 m

29. Welcher Wert wurde für die Luftdichte der ICAO-Standardatmosphäre in MSL festgelegt?
a) 1,293 kg/L
b) 1,226 g/m3
c) 0,001293 g/m3
d) 1,226 kg/m3

30. Wie groß ist der Sauerstoffanteil der Luft in der Troposphäre?
a) 78%
b) 14%
c) 50%
d) 21%

31. Was ist unter der barometrischen Höhenstufe zu verstehen?
a) Der Höhenunterschied, über den der Luftdruck im Mittel um die Hälfte abnimmt (etwa 5.500 m)
b) Die Höhendifferenz, über die der Luftdruck um 1 hPa abnimmt

c) Die Umrechnung von Millimeter Quecksilbersäule in Hectopascal
d) Die Höhendifferenz, über die die Temperatur um 1° C abnimmt

32. Wie verändert sich bei der barometrischen Höhenstufe die Höhendifferenz pro hPa in der Vertikalen?
a) Bis 500 hPa ändert sie sich nicht, dann verdoppelt sie sich
b) Sie ist mit der Höhe abnehmend
c) Sie ist mit der Höhe zunehmend
d) Sie ist bis 500 hPa zunehmend, dann abnehmend

33. Wie wird der gemessene und mit Hilfe der Standardatmosphäre auf Meereshöhe (MSL) reduzierte Luftdruck bezeichnet?
a) QFF
b) QFE
c) QNE
d) QNH

34. Was zeigt der Höhenmesser im Fluge an, wenn das QNH in der Druckskala eingestellt ist? Die
a) Höhe über MSL
b) Höhe über dem Platz
c) Höhe über 1013,2 hPa
d) Flugplatzhöhe

35. Nach der Landung zeigt der Höhenmesser die Platzhöhe an. Er war eingestellt auf
a) QNH
b) QFF
c) QFE
d) QNE

36. Bei welcher Flugplatzhöhe stimmen die Werte für QFE, QNH und auch QFF überein?
a) Immer bei Werten unter MSL
b) Bei beliebiger Platzhöhe unter standardatmosphärischen Bedingungen
c) Immer bei ft MSL und bei Bedingungen der Standardatmosphäre
d) Nur bei Platzdruck 1013,2 hPa

37. In welchen Fällen ist z. B. das QFE größer als das QNH?
a) Das ist überhaupt nicht möglich
b) Wenn der Flugplatz bzw. die Landebahn

unter Meereshöhe liegt
c) Das ist nur bei hochgelegenen Flugplätzen der Fall
d) Nur möglich bei Standardatmosphären-Bedingungen

38. Welche Definition trifft für QFE zu? QFE ist
a) der mit Hilfe der augenblicklichen Temperatur auf Meeresniveau reduzierte Stationsdruck
b) der aktuelle Luftdruck am Flugplatz
c) der Höhenwert in ft, der dem QNH in der Standardatmosphäre entspricht
d) der mit Hilfe der ISA-Temperatur auf Meeresniveau reduzierte Stationsdruck

39. Welche Definition trifft für QNH zu? QNH ist
a) der mit Hilfe der augenblicklichen Temperatur auf Meeresniveau reduzierte Stationsdruck
b) der Höhenwert in ft, der dem QFE in der Standardatmosphäre entspricht
c) der mit Hilfe der augenblicklich herrschenden Temperatur für den höchsten Punkt der S/L-Bahn errechnete Luftdruck
d) der mit Hilfe der Standardatmosphäre auf Meeresniveau reduzierte QFE-Wert

40. QFF ist der auf Meeresniveau reduzierte Stationsdruck, berechnet mit Hilfe der aktuellen Lufttemperatur an der Wetterstation. Wo wird dieser Druckwert benutzt?
a) In Bodenwetterkarten
b) In Höhenwetterkarten
c) Bei Luftdruckangaben durch die Flugsicherung
d) Bei Eichung von Höhenmessern

41. Welche Höhe wird von einem auf QNH eingestellten Höhenmesser als wahre Höhe immer richtig angezeigt?
a) Die Höhe über der 1013,2 hPa-Fläche
b) Die Höhe über dem Startplatz
c) Die Höhe über MSL
d) Jede Höhe

42. Bei einem Flug von einem Gebiet höheren in ein Gebiet tieferen Luftdrucks ist bei gleichbleibender Höhenmesseranzeige und unter Beibehaltung der Druckeinstellung im Gerät die angezeigte Höhe
a) zu hoch
b) zu tief
c) nur bei kalter Luft zu tief
d) die richtige Höhe

43. In einer Luftmasse, die kälter als die Standardatmosphäre ist, zeigt ein Höhenmesser
a) einen nicht verwendbaren
b) den richtigen
c) einen zu hohen
d) einen zu niedrigen
Wert an

44. Zur Bestimmung des QNH benötigt man
a) QFF und die Stationshöhe
b) Stationsdruck und Mitteltemperatur
c) QFF und die Mitteltemperatur
d) Stationsdruck und Stationshöhe

45. Das Luftfahrzeug fliegt höher als der Höhenmesser anzeigt, weil
a) die starken Winde über den Geländeunebenheiten den Druck im Flugniveau verfälschen
b) der Flug in ein Kaltluftgebiet führt
c) der Flug in ein Hochdruckgebiet führt
d) der Flug, ohne Nachstellung des Höhenmessers in ein Gebiet tieferen Druckes erfolgt

46. Die Anzeige eines Höhenmessers kann zu hoch sein, weil
a) der Flug in ein Warmluftgebiet führt
b) ein zu niedriges QFE benutzt wird
c) der Flug zum höheren Druck gerichtet ist
d) der Flug in ein Tiefdruckgebiet führt

47. Der Höhenmesser ist auf 1013,2 hPa eingestellt. Die angezeigte Höhe ist bei höherem Druck
a) größer als die wahre Höhe
b) kleiner als die wahre Höhe
c) gleich der wahren Höhe
d) nicht vergleichbar

48. Nach einem Überlandflug bei Standardhöhenmessereinstellung wird der Höhenmesser zum Zwecke der Landung auf das erhaltene QNH = 1030 hPa eingestellt. Welche Höhe zeigt der Höhenmesser dann an?
a) eine höhere Höhe
b) eine niedrigere Höhe
c) die gleiche Höhe
d) die richtige Höhe über GND

49. In einem abgestellten Luftfahrzeug zeigt der Höhenmesser abends 350 ft, am nächsten Morgen 400 ft. Was ist dafür die Ursache?
a) Der Luftdruck ist über Nacht gefallen
b) Der Höhenmesser wurde berichtet
c) Es muß ein Defekt am Höhenmesser vorliegen
d) Der Luftdruck ist über Nacht gestiegen

50. Kondensation erfolgt, wenn folgende Voraussetzungen erfüllt sind:
a) Sättigung und Kondensationskerne
b) großer Spread, Taupunkt größer als Lufttemperatur
c) kleiner Spread, Taupunkt kleiner als Lufttemperatur
d) Dampfdruck gleich Barometerstand

51. Wie gelangt der Wasserdampf in die Atmosphäre?
a) Nur durch Verdampfung
b) Hauptsächlich durch Verdunstung
c) Immer durch Abkühlung der Luft
d) Nur durch Sublimation

52. Wie verändert sich die Aufnahmefähigkeit der Luft für Wasserdampf mit der Temperatur? Sie
a) nimmt mit abnehmender Temperatur zu
b) nimmt mit zunehmender Temperatur ab
c) verändert sich überhaupt nicht
d) nimmt mit zunehmender Temperatur zu

53. In welchen Zustandsformen kommt das Wasser in der Atmosphäre vor?
a) Flüssig, fest
b) Gasförmig, flüssig, fest
c) Gasförmig, fest
d) Flüssig, gasförmig

54. Unter Verdunstung versteht man den Übergang
a) flüssig - gasförmig
b) gasförmig - fest
c) fest - flüssig
d) gasförmig - flüssig

55. Unter Kondensation versteht man den Übergang
a) fest - flüssig
b) flüssig - gasförmig
c) gasförmig - fest
d) gasförmig - flüssig

56. Unter Sublimation versteht man den Übergang
a) gasförmig - flüssig - fest
b) fest - flüssig - gasförmig
c) flüssig - gasförmig
d) gasförmig - fest oder umgekehrt

57. Welche Zustandsänderung des Wassers setzt Wärme frei?
a) fest - flüssig
b) flüssig - gasförmig
c) fest - gasförmig
d) gasförmig - flüssig

58. Als einen adiabatischen Vorgang bezeichnet man in der Meteorologie
a) eine Änderung von Volumen und Temperatur der Luft ohne Wärmeaustausch mit der Umgebung bei Vertikalbewegungen
b) die Abkühlung eines bewegten Luftvolumens durch ruhende, kühlere Luft
c) die Erwärmung und Volumenverkleinerung bei aufsteigender Luft
d) jede vertikale Luftbewegung, bei der es zu Kondensation und damit zu Wärmegewinn kommt

59. Um wieviel Grad pro 100 m kühlt sich trockene Luft beim Aufsteigen ab?
a) 0,5° C/100 m
b) 0,65° C/100 m
c) 1,0° C/100 m
d) 6,5° C/100 m

60. Wann spricht man von einem trockenadiabatischen Vorgang?
a) Wenn sich Wolken bilden, ohne daß es zu Niederschlag kommt
b) Wenn die Luft beim Aufsteigen sich um 1° C/100 m abkühlt oder beim Absinken sich um 1° C/100 m erwärmt und keine Wolkenbildung (Kondensation) zeigt
c) Wenn sich beim Aufsteigen (oder Absinken) der Luft etwa vorhandene Wolken auflösen
d) Wenn fallender Niederschlag infolge der Trockenheit der Luft verdunstet, bevor er den Erdboden erreicht

61. Luft steigt auf, dehnt sich aus, kühlt sich ab. Trotz Abkühlung kann die aufsteigende Luft wärmer als die Umgebung sein. Die Folge ist weiteres Aufsteigen. Hierbei handelt es sich um eine
a) stabile
b) indifferente
c) labile
d) variable
Luftschichtung

62. Aufsteigende, nicht gesättigte Luft dehnt sich aus und kühlt sich um welchen Betrag ab?
a) 0,65° C/100 m
b) 2° C/1.000 ft
c) 1° C/1.000 ft
d) 1° C/100 m

63. Um wieviel kühlt sich aufsteigende, gesättigte Luft durchschnittlich ab? Um
a) 0,6° C/100 m
b) 3° C/1.000 ft
c) 0,65° C/1.000 ft
d) 1° C/100 m

64. Welcher Vorgang heißt feuchtadiabatisch?
a) Trockene Luft erreicht das Kondensationsniveau und bildet Wolken
b) Durch Absinken feuchter Luftmassen kondensiert der Wasserdampf
c) Gesättigte Luft steigt auf und kühlt sich mit weniger als 1° C/100 m ab
d) Mit Feuchtigkeit gesättigte Luft steigt auf und kühlt sich mit mehr als 1° C/100 m ab

65. Wann ist eine Luftmasse stabil geschichtet? Wenn
a) aufsteigende Luft in der Höhe wärmer als die Umgebung ankommt
b) aufsteigende Luft in der Höhe kälter als die Umgebung ankommt
c) aufsteigende Luft in jeder Höhe die Temperatur der Umgebung angenommen hat
d) gesättigte Luft feuchtadiabatisch aufsteigt

66. Auf der Bodenwetterkarte sind Isobaren Linien, die Orte mit
a) gleicher Luftdruckänderung
b) gleichem QFF
c) gleichem QNH
d) gleichem QFE
verbinden.

67. In welchen Wetterkarten findet man Isobaren?
a) In allen Höhenwetterkarten
b) In den Höhenwindkarten
c) In allen Wetterkarten
d) Nur in Bodenwetterkarten (Analysen- und Vorhersagekarten)

68. Es herrscht Thermik. Am Boden beträgt die Differenz zwischen Lufttemperatur und Taupunkt (Spread) 20° C. Wie hoch liegt die Basis der zu beobachtenden Quellwolken?
a) Etwa 5.000 ft GND
b) 2.000 m MSL
c) 2.000 m GND
d) 8.000 ft GND

69. Dem dargestellten Stationsmodell (Stationskreis) sind zu entnehmen: Luftdruck, Sicht, Bedeckungsgrad!
a) 8/8 Bedeckung, Sicht 800 m, Luftdruck 1011 hPa
b) Luftdruck 1011 hPa, Sicht 8 km, Himmel nicht erkennbar
c) Sicht 80 m, Luftdruck 1011 hPa,
d) Luftdruck 1001,1 hPa, Sicht 800 m, Himmel nicht erkennbar

70. Dem dargestellten Stationsmodell (Stationskreis) sind zu entnehmen: Luftdruck, Wind, Bedeckungsgrad!

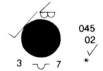

a) 1004,5 hPa, 240/05, 8/8
b) 1045 hPa, 060/05, 4/4
c) 1004,5 hPa, 060/05, 8/8
d) 1045 hPa, 240/15, 8/8

71. Dem dargestellten Stationsmodell (Stationskreis) sind Temperatur und Taupunkt zu entnehmen: Temperatur / Taupunkt

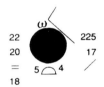

a) 22,5° C / 17° C
b) 20° C / 17° C
c) 22° C / 18° C
d) 20° C / 18° C

72. Welche Bedeutung haben in der angegebenen Reihenfolge die nachstehenden Grundsymbole?

a) Regen, Nieseln, Schauer, Gewitter, Schnee, Nebel
b) Nieseln, Regen, Gewitter, Schauer, Schnee, Hochnebel
c) Regentropfen, Sprühregen, Hagel, Donner, Schnee, Dunst
d) Regen, Sprühregen, Graupel, Gewitter, Schnee, Nebel

73. Welcher Wetterzustand und welches ihn darstellende Symbol passen nicht zusammen?
a) Gewitter
b) Schauer
c) Schneeregen
d) Nebel

74. In einer Bodenwetterkarte werden grün markiert:
a) Nebelgebiete
b) Niederschlagsgebiete
c) Okklusionen
d) Kaltfronten

75. In einer Bodenwetterkarte werden gelb markiert:
a) Niederschlagsgebiete
b) Warmfronten
c) Okklusionen
d) Nebelgebiete

76. Eine am Boden vorhandene Warmfront wird auf der Wetterkarte durch eine rote Linie oder aber in Schwarzweißdarstellung mit welchen Symbolen markiert?

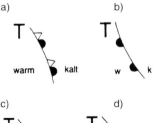

77. Eine am Boden vorhandene Kaltfront wird auf der Wetterkarte durch eine blaue Linie oder aber in Schwarzweißdarstellung mit welchen Symbolen markiert?

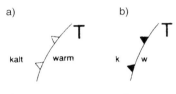

78. Welches ist das Okklusionssymbol in der Bodenwetterkarte?

79. Was bedeutet folgendes Symbol auf der Bodenwetterkarte?

a) Ehemalige Kaltfront verlagert sich jetzt als Warmfront
b) Okklusion mit Warm- und Kaltfrontcharakter
c) Ehemalige Warmfront verlagert sich jetzt als Kaltfront
d) Stationäre Front am Boden

80. Welche Informationen kann man einer aktuellen Höhenwetterkarte entnehmen?
a) Luftdruck, Höhentemperatur, Luftfeuchtigkeit, Wind in Richtung und Geschwindigkeit
b) Höhen der Hauptdruckfläche, Lufttemperatur, Taupunkt, Windrichtung und Windgeschwindigkeit
c) Luftdruck, Temperatur, Taupunkt, Wolkenexistenz, Windrichtung und Windgeschwindigkeit
d) Druckwerte und Lage der Hoch- und Tiefdruckgebiete, Lufttemperatur, Taupunkt und Wind

81. Auf welche Höhenangabe beziehen sich die Hauptdruckflächen (850 hPa, 700 hPa, 500 hPa) der Höhenwetterkarten? Auf
a) die 1013,2 hPa-Fläche
b) die 1000 hPa-Fläche
c) den Meeresspiegel (MSL)
d) den Erdboden (GND)

82. Was sind Isohypsen?
a) Linien gleicher Temperatur
b) Linien gleichen Druckes
c) Linien gleicher Windgeschwindigkeit
d) Linien gleicher Höhe einer Hauptdruckfläche über MSL

83. Welche Richtung und Geschwindigkeit werden durch dieses Symbol dargestellt?

a) Ostwind mit 50 kt
b) Westwind mit 25 kt
c) Westwind mit 50 kt
d) Ostwind mit 25 kt

84. Welches ist die Höhe der 850 hPa-Fläche und die zugehörige Temperatur in der Standardatmosphäre?
a) 5.000 ft, 0° C
b) 1.000 ft, -5° C
c) 5.000 ft, +5° C
d) 5.000 m, +5° C

85. Welches ist die Höhe der 700 hPa-Fläche und die dazugehörige Temperatur in der Standardatmosphäre?
a) 5.000 ft, +5° C
b) 5.000 m, +5° C
c) 5.000 ft, 0° C
d) 10.000 ft, -5° C

86. Welches ist die Höhe der 500 hPa-Fläche und die zugehörige Temperatur in der Standardatmosphäre?
a) 18.000 ft, -21° C
b) 1.800 m, -18° C
c) 20.000 ft, -23° C
d) 5.000 m, -21° C

87. Wie nennt man Isolinien in den Bodenwetter- und Höhenwetterkarten?
a) Isotachen und Isoponen
b) Isobaren und Isohypsen
c) Isotachen und Isobaren
d) Isobaren und Isogonen

88. Wo findet großräumiges Aufsteigen von Luftmassen statt?
a) Im Hochdruckgebiet
b) Über der Absinkinversion
c) In Hoch- und Tiefdruckgebieten
d) In Tiefdruckgebieten

89. In welche Richtung ziehen im allgemeinen die Tiefdruckgebiete auf der Nordhalbkugel? Nach
a) Osten
b) Süden
c) Norden
d) Westen

90. In welchem Sinn (verglichen mit der Drehbewegung eines Uhrzeigers) wird ein Tiefdruckgebiet und ein Hochdruckgebiet auf der Nordhalbkugel umströmt?
a) Tief im Uhrzeigersinn, Hoch gegen Uhrzeigersinn
b) Tief und Hoch im Uhrzeigersinn

c) Tief und Hoch entgegen dem Uhrzeigersinn
d) Tief entgegen, Hoch im Uhrzeigersinn

91. Was ist ein Zwischenhoch?
a) Ein warmes Hoch zwischen zwei ortsfesten Zyklonen
b) Der Warmsektor einer in voller Entwicklung befindlichen Zyklone
c) Der hohe Luftdruck auf der Luvseite eines Gebirges
d) Relativ hoher Druck zwischen Tiefdruckgebieten

92. Was ist eine Hochdruckbrücke?
a) Ein langgestrecktes Hochdruckgebiet mit einer ovalen Isobarenform
b) Die Verbindung zwischen zwei Zyklonen über ein Zwischenhoch
c) Ein Gebiet unbestimmter Form, in dem der Luftdruck mindestens 1025 hPa beträgt
d) Eine Zone hohen Luftdruckes, die zwei Hochdruckgebiete verbindet

93. Findet man in einem Gebiet hohen Luftdrucks in jedem Fall gute Flug-Bedingungen?
a) Meist nur im Sommer, in der kalten Jahreszeit in den Niederungen häufig Nebel oder Hochnebel
b) Ja, im Spätsommer besonders gute Verhältnisse
c) Bei Hochdruckwetter sind die Flugbedingungen immer gut
d) Im Winter durchweg gutes Flugwetter, im Sommer dagegen häufig kräftige Gewitter

94. In welchem Druckgebilde finden Abwärtsbewegungen statt und welche Schichtung bildet sich dadurch allmählich aus? Im
a) Hoch, stabile Schichtung
b) Tief, stabile Schichtung
c) Hoch, labile Schichtung
d) Tief, labile Schichtung

95. Absinkbewegungen in einem sommerlichen Hochdruckgebiet sind gekennzeichnet durch
a) Erwärmung, Inversionsauflösung, Wolkenauflösung
b) Inversionsbildung, Abkühlung, Wolkenbildung
c) Erwärmung, Inversionsbildung, Wolkenauflösung
d) Wolkenauflösung, Abkühlung, Inversionsauflosung

96. Welche Bewölkung ist im Sommer bei zunehmend feuchtlabiler Schichtung zu erwarten?
a) Cu und Cb
b) Ns, darüber As
c) St, in der Höhe Ci
d) Wolkenauflösung

97. Welche Schlechtwetterverhältnisse sind für ein winterliches Hochdruckgebiet charakteristisch?
a) Nebel, Hochnebel, gelegentlich geringer Niederschlag
b) Horizontal ausgedehnte Bewölkung mit Dauerregen
c) Schlechte Sicht durch Dauerschneefall
d) Vertikal mächtige Wolken mit tiefen Untergrenzen

98. Warum findet man in stationären Hochdruckgebieten meist heiteres Wetter? Weil
a) bei dem hohen Luftdruck sich durch Erwärmung keine Wolken bilden können
b) sich im Hoch eine Absinkinversion auflöst
c) sich durch Sonneneinstrahlung alle Wolken auflösen
d) im Hoch ein Absinken mit Wolkenauflösung vorherrscht

99. Tiefer Stratus (Hochnebel) bildet sich vor allem aus
a) nach einem kräftigen Kaltlufteinbruch im Sommer
b) bei Hochdruckwetter im Winter mit tiefliegender Inversion
c) im Hochdruckgebiet im Sommer mit nächtlicher Ausstrahlung
d) an der Küste bei ablandigen Winden in allen Jahreszeiten

100. Woher kommen im Winter die nach Mitteleuropa einfließenden maritimen Polarluftmassen?
a) Skandinavien
b) Nordrußland
c) Grönland - Nordatlantik
d) Balkan

101. Was versteht man in der Meteorologie unter einer Konvergenz?
a) Ein wolkenloses Gebiet im Lee von Gebirgen
b) Ein Staugebiet im Luv von Gebirgen
c) Eine frontähnliche Zone, an der Luft auseinanderfließt und Wolken sich auflösen
d) Eine frontähnliche Zone, an der die Luft zusammenströmt, sich meist Wolken bilden und ein Windsprung stattfindet

102. Was versteht man unter einem Höhentrog? Ein Gebiet
a) mit Warmluft in der Höhe, wo die Druckflächen höher als in der Umgebung liegen
b) mit Kaltluft in der Höhe, wo die Druckflächen tiefer als in der Umgebung liegen
c) mit starken Höhenwinden (Strahlstrom - Jetstream) mit antizyklonaler Krümmung der Isohypsen
d) in dem die Luft in der Höhe absinkt und die Wolken sich auflösen

103. Welchen Einfluß auf das Wettergeschehen im Voralpengebiet hat häufig das Vorhandensein eines kräftigen Tiefdruckgebietes über der Biskaya und eines ausgeprägten Hochdruckgebietes über Südosteuropa?
a) Kaltlufteinbruch mit Stau am Alpennordrand
b) Windschwache Lagen mit verbreitet auftretendem Nebel
c) Ausgeprägte Gewitterlage, besonders in Ostbayern
d) Entwicklung einer Föhnwetterlage mit Wolkenauflösung im Voralpengebiet

104. Welche Wettererscheinungen sind bei Durchzug einer Zyklone der Reihenfolge nach zu beobachten?
a) Aufklaren nach längerem Regen, Quellbewölkung, fallender Luftdruck, Schauertätigkeit
b) Hohe Bewölkung, steigender Luftdruck, böiger Westwind, Schauer
c) Absinkende Bewölkung, Druckabfall, Niederschläge, Bewölkungsauflockerung, Druckanstieg mit Winddrehung, Quellbewölkung
d) Absinkende Bewölkung, Temperatursturz, Niederschläge, Aufklaren, Schauer

105. In welchem Sinn dreht auf der Nordhalbkugel der Bodenwind bei Durchgang von Warm- und Kaltfront?
a) WF nach rechts, KF nach links
b) WF nach links, KF nach rechts
c) WF nach links, KF nach links
d) WF nach rechts, KF nach rechts

106. Das allmähliche Dichterwerden von Cirrus-Wolken deutet im allgemeinen die Annäherung einer
a) Kaltfront
b) Warmfront
c) Okklusion mit Kaltfrontcharakter
d) Instabilitätslinie
an

107. Wie verändert sich der Luftdruck beim Durchzug der Fronten der Idealzyklone? (WF = Warmfront, KF = Kaltfront) Vor der WF / Hinter der WF / Hinter der KF
a) fallend / gleichbleibend / stark steigend
b) fallend / steigend / fallend
c) steigend / fallend / gleichbleibend
d) gleichbleibend / fallend / stark steigend

108. Vormittags haben sich Cumuli gebildet. Am Nachmittag soll ein kräftiger Höhentrog das Gebiet überqueren. Womit muß gerechnet werden? Mit
a) Ausbreitung der Cu zu Sc an einer Absinkinversion
b) Überentwicklung der Cu zu Cb, evtl. mit Gewittern
c) Auflösung der Cu und Übergang zu Blauthermik
d) Aufzug von Cs und As und Auflösung der Cu

109. Wie bewegen sich im Bereich einer Warmfront Warm- und Kaltluft zueinander?
a) Warmluft wird durch Kaltluft unterwandert
b) Kaltluft wird durch Warmluft unterwandert
c) Kaltluft gleitet auf Warmluft auf
d) Warmluft gleitet auf kältere Luft auf

110. Über einem Beobachter sind die ersten Wolken eines beginnenden Wolkenaufzuges (As, Cs) zu sehen. Wie weit ist die zugehörige Warmfront noch von ihm entfernt?
a) 40 - 60 km
b) 60 - 80 km
c) 100 - 120 km
d) 400 - 800 km

111. Welche Wolkengattungen sind typisch für Warmfrontbewölkung?
a) Ci Cc Ns Cb
b) Cc Ac Cu Cb
c) Ci Cs As Ns
d) Cc Sc St Ns

112. Welche Wolken sind bei aufgleitender feuchter, stabil geschichteter Warmluft in Frontennähe zu finden?
a) Ns St
b) Sc Ac
c) Ci Cu
d) Cu Cb

113. Welche Wettererscheinungen sind für eine heranziehende Warmfront der Idealzyklone typisch?
a) Wolkenaufzug, absinkende Wolkenuntergrenze, schauerartige Niederschläge, gute Sichtverhältnisse
b) Wolkenaufzug mit Ci, Cs, As und Landregen aus Ns, außerhalb des Niederschlags gute Sicht, böiger Nordwestwind
c) Wolkenaufzug und Wolkenverdichtung, absinkende Wolkenuntergrenze, einsetzender Dauerniederschlag, Sichtverschlechterung
d) Bewölkungsaufzug Ci, Cs, Ac, St, Sc und eingelagerte Cb

114. Welche Wetterverhältnisse und Wettererscheinungen hat ein Flugzeugführer zu erwarten, der eine sich nähernde Warmfront durchfliegen will?
a) Abnehmende Bewölkung, durch Erwärmung aufkommende Thermik, Böigkeit, einzelne Schauer
b) Absinkende Schichtbewölkung, Niederschlag zur Front zunehmend, im Winter Vereisungsgefahr, deutliche Sichtverschlechterung
c) Sicht durch Schauer stark beeinträchtigt, Cb mit örtlichem Gewitter und stark böigen Winden, gefährliche Flugzeugvereisung im Niederschlag
d) Nur vereinzelt Altocomulus lenticularis mit örtlicher Turbulenz, vereinzelt leichter Sprühregen, Wind dreht markant nach links

115. Welcher Gefahr setzt sich ein Luftfahrer aus, der nach VFR durch eine Warmfront fliegt?
a) Keiner besonderen Gefahr
b) Geringer Wolkenhöhe, schlechter Sicht, Regen, im Winter Vereisungsgefahr
c) Gewitter
d) Starker Böigkeit und Schauern

116. Welche Wettererscheinungen sind für einen Kaltlufttropfen im Sommer charakteristisch?
a) Temperaturrückgang, Wolkenauflösung
b) Keine besonderen Wettererscheinungen
c) Abnehmende Bewölkung, Nebelneigung, Abkühlung
d) Überwiegend starke Bewölkung, Schauer oder Gewitter

117. Sie fliegen im Sommer in FL 65 einer Warmfront entgegen und befinden sich 300 km vor der Bodenfront. Mit welchen Wetterverhältnissen müssen Sie rechnen?
Wolken / Flugposition relativ zu den Wolken / Sicht / Niederschlag
a) Ac, As, Sc / in Wolken / schlecht / leichter Schneeregen
b) Ci, Cs / darunter / gut / Schauer
c) St, Sc, Ns / zwischen Wolkenschichten / schlecht / starker Regen
d) As, Cs / darunter / gut / leichter Regen

118. Wie nennt man den Teil einer Zyklone zwischen Warm- und Kaltfront?
a) Warmsektor
b) Zwischenhoch
c) Rückseite
d) Vorderseite

119. Welches Wettergeschehen ist in der warmen Jahreszeit innerhalb eines Warmsektors in der Regel zu erwarten?
a) Tiefe Schichtwolkendecke, Sprühregen, schlechte Sicht
b) Mittelhohe Schichtbewölkung, Regen, mäßige Sicht
c) Hochreichende Quellwolken, Regenschauer, sehr gute Sicht
d) Mittelhohe Wolkenfelder, kaum Niederschlag, mäßige bis gute Sicht

120. Welches Wettergeschehen ist in der kalten Jahreszeit innerhalb eines Warmsektors in der Regel zu erwarten?
a) Quellwolken ohne Niederschlag

b) Mittelhohe Schichtwolken, anhaltender Schneefall, mäßige Sicht
c) Hochreichende Quellbewölkung, Schneeschauer, sehr gute Sicht
d) Meist niedrige Schichtbewölkung, leichter Niederschlag, mäßige Sicht

121. Welche Wolkengattung ist typisch für Kaltfrontbewölkung im Sommer?
a) Cumulonimbus
b) Stratus
c) Nimbostratus
d) Altostratus

122. Wie verhalten sich Wind und Sicht beim Durchzug einer Kaltfront im Sommer, und welche Wolken und Niederschläge werden dabei beobachtet?
a) Windsprung und starke Böen, mäßige Sicht, As, Ns, Nieselregen
b) Plötzliche Winddrehung nach links, Böen, As, Ns, Schauerregen
c) Linksdrehung des Windes, Böen, gute Sicht, Cb, Wolkenfetzen, Schauer
d) Rechtsdrehender Wind, Böen, mäßige Sicht, Cb, Regenschauer, eventuell Gewitter

123. Wie ändert sich der Wind beim Durchzug der Kaltfront der Idealzyklone?
a) Richtung bleibt gleich, Geschwindigkeit nimmt zu
b) Richtung bleibt gleich. Geschwindigkeit nimmt ab
c) Richtung von SW auf NW drehend, Geschwindigkeit nimmt erheblich ab
d) Richtung von SW auf NW drehend, Geschwindigkeit nimmt zu

124. Im Bereich einer Front erscheint in tieferen Luftschichten Cumulusbewölkung, der eine Böenwalze in Bodennähe vorauseilt. Dies ist das Merkmal einer
a) Okklusion
b) Warmfront
c) Kaltfront
d) Stationären Front

125. Wo findet man bei der Idealzyklone das typische Rückseitenwetter?
a) Hinter der Kaltfront
b) Im Warmsektor
c) Hinter der Warmfront
d) Nur im Zentrum des Tiefs

126. Womit muß ein Luftfahrzeugfahrer bei einer herannahenden Kaltfront rechnen?
a) Wolkenaufzug mit Ci, Cs, As und Landregen aus Ns
b) Sichtabnahme, aufkommender Dauerniederschlag, Wind stetig aus verschiedenen Richtungen, doch nicht böig
c) Sicht durch Schauerniederschlag stark beeinträchtigt, in der Front kräftig quellende Cu- und Cb-Wolken, eventuell Gewitter, absinkende Wolkenuntergrenzen, Turbulenz
d) Föhniges Aufheitern mit lockerer Quellbewölkung und leichte Sprühregenfälle

127. Wie wirkt sich ein Höhentrog im allgemeinen auf das Wetter aus? Durch
a) langandauernde Aufgleitniederschläge
b) Schauer und Gewitter
c) Absinken und Wolkenauflösung
d) Windstille und Hochnebel

128. Der Durchzug einer Kaltfront macht sich am Boden wie folgt bemerkbar:
a) Druckabfall und Temperaturerhöhung
b) Druckanstieg und Temperaturrückgang
c) Druckabfall und Temperaturrückgang
d) Druckanstieg und Temperaturanstieg

129. Welche Wettererscheinungen sind für Rückseitenwetter typisch?
a) Aufgelockerte Schichtbewölkung mit starker Thermik
b) Wechselnde Schichtbewölkung bei guter Sicht
c) Anhaltende Niederschläge bei schlechter Sicht
d) Böige Winde mit Quellbewölkung und vereinzelt Schauer

130. Welche charakteristischen Wettererscheinungen sind mit einer Kaltfront verbunden?
a) Ausgedehnte Nimbostratus-Bewölkung mit lang andauernden Niederschlägen, keine nennenswerte Windrichtungsänderung
b) Starke Bewölkung mit eingelagerten Cumulonimben mit schauerartig verstärkten Niederschlägen (zum Teil Gewitter), deutlicher Windsprung nach rechts

c) Nach dichtem Cirrenaufzug zunehmende Quellbewölkung mit Sprühregen, Winddrehung nach links
d) Deutlicher Windsprung nach rechts, starke mittelhohe Bewölkung, kein Niederschlag

131. Welche Formulierung beschreibt den Okklusionsvorgang richtig?
a) Eine Warmfront holt die vorauslaufende Kaltfront ein und vereinigt sich mit ihr
b) Eine Kaltfront vereinigt sich mit der zugehörigen Böenlinie
c) Die Tiefdruckgebiete einer Zyklonenfamilie vereinigen sich mit der Mutterzyklone
d) Eine Kaltfront holt die vorauslaufende Warmfront ein, wobei die Warmluft vom Boden abgehoben wird

132. An welcher Front sind normalerweise länger anhaltende Niederschläge zu erwarten? An
a) einer Okklusion
b) einer Kaltfront
c) einer Warmfront
d) allen Fronten

133. Mit welcher Bewölkung muß man bei einer ausgeprägten Okklusion rechnen?
a) Hochreichende Frontbewölkung mit Schicht- und Quellwolken
b) Nur tiefe und mittelhohe Schichtbewölkung
c) Hochnebel
d) Nur Quellbewölkung

134. Wovon hängt die Bezeichnung einer Luftmasse ab?
a) Von den beiden Luftmassen, aus denen sie durch Mischung hervorgegangen ist
b) Vom Ursprungsort und dem Weg, den sie zurückgelegt hat
c) Nur von dem Weg, den sie seit ihrer Entstehung zurückgelegt hat
d) Nur von dem Gebiet, wo sie entstanden ist

135. Welche im Sommer zu uns gelangende Luftmasse ist häufig mit Gewitterneigung verbunden?
a) Nordseeluft
b) Kontinentalluft
c) Mittelmeer-Biskayaluft
d) Atlantikluft

136. Welche Strömungsvorgänge in der Atmosphäre zeigen Altocumulus-Lenticularis-Wolken in der Nähe eines Gebirges an?
a) Wetterverbesserung nach Durchzug einer Kaltfront
b) Kräftige kammparallele Windströmung
c) Föhn mit Anregung atmosphärischer Wellen evtl. mit Rotoren und starker Turbulenz
d) Aufkommende, kräftige Gewitter

137. Welche beiden Hauptluftmassen sind am europäischen Wettergeschehen am häufigsten beteiligt?
a) Arktische Polarluft, Polarluft
b) Arktische Polarluft, Tropikluft
c) Maritime Polarluft, Subtropikluft
d) Tropikluft, afrikanische Tropikluft

138. Welche der aufgeführten Luftmassen weisen im allgemeinen die geringste Luftfeuchtigkeit und meist sehr gute Sichtweiten auf?
a) Maritime Polarluft
b) Maritime Tropikluft
c) Kontinentale Tropikluft
d) Kontinentale Polarluft

139. Welche typischen Erscheinungen weist eine feuchte Kaltluft auf, die von unten her erwärmt (labilisiert) wird?
a) Nebel und Nieseln
b) Dauerniederschlag
c) Ruhige Luftbewegung
d) Schauer und Gewitter

140. Wodurch kann eine stabile Luftmasse labil werden? Durch
a) Abkühlung oben und Erwärmung unten
b) Abkühlung unten und Abkühlung oben
c) Erwärmung unten und Erwärmung oben
d) Erwärmung oben und Abkühlung unten

141. Eine Luftmasse wird stabilisiert durch
a) Erwärmung oben und Abkühlung unten
b) Abkühlung oben und Erwärmung unten
c) Erwärmung unten und Erwärmung oben
d) Abkühlung unten und Abkühlung oben

142. Was vermindert die Stabilität einer Luftmasse?
a) Erwärmung vom Boden aus
b) Absinkende Luft

c) Abkühlung von unten
d) Verminderung des Wasserdampfes

143. Mit welchen Bewölkungsverhältnissen und welchen Wettererscheinungen muß man im Sommer bei einer hochreichend labil geschichteten Luftmasse rechnen?
a) Aufgelockerte Quellbewölkung ohne nennenswerte Niederschläge
b) Geschlossene Schicht- bzw. Schichthaufenbewölkung mit einzelnen leichten Regenfällen
c) Fast geschlossene Quellbewölkung mit eingelagerten Cb, häufige Schauer, einzelne Gewitter
d) Langanhaltende Regenfälle aus geschlossener, tiefliegender Schichtbewölkung

144. In ihrem Erscheinungsbild sind labile Luftschichten zu erkennen an
a) Schichtbewölkung, Dunstschichten und feintropfigem Dauerregen
b) Quellbewölkung, geringer vertikaler Luftbewegung, feintropfigem Regen
c) Quellbewölkung, starker vertikaler Luftbewegung, großtropfigem Schauerniederschlag
d) Dunstschichten an Temperaturumkehrschichten

145. Wind entsteht ursächlich durch
a) Dichteunterschiede
b) Druckunterschiede
c) topographische Unterschiede
d) Temperaturunterschiede

146. Der horizontale Druckgradient ergibt sich aus
a) dem Druckunterschied, bezogen auf eine bestimmte Strecke
b) der Entfernung zwischen Hoch und Tief
c) dem Druckunterschied zwischen zwei Isobaren
d) der Neigung des Geländes

147. Die Reibung bewirkt, daß der Wind in den bodennahen Luftschichten abgeschwächt wird und von der isobaren-parallelen Richtung
a) zum hohen Luftdruck abgelenkt wird
b) keine Ablenkung erfährt
c) zum tiefen Luftdruck abgelenkt wird
d) ständig nach rechts abgelenkt wird

148. Der Wind in den Höhenwetterkarten verläuft auf der Nordhalbkugel
a) parallel zu den Isohypsen mit dem Zentrum des Hochs links und dem Zentrum des Tiefs rechts der Windrichtung
b) parallel zu den Isohypsen mit dem Zentrum des Tiefs links und dem Zentrum des Hochs rechts der Windrichtung
c) senkrecht zu den Isohypsen vom Hoch zum Tief
d) senkrecht zu den Isohypsen vom Tief zum Hoch

149. In der Bodenwetterkarte sind Gebiete hoher Windgeschwindigkeiten erkennbar
a) weit voneinander entfernte Isobaren
b) starke Krümmung der Isobaren
c) geringe Isobarenabstände
d) in sich geschlossene Isobaren

150. In Gebieten, in denen auf der Bodenwetterkarte die Isobaren sehr weit auseinander liegen, kann man
a) schwachen Wind
b) auffrischenden Wind
c) starken Wind
d) böigen Wind
erwarten

151. Wie verändert sich in einem Gebiet die Windgeschwindigkeit, wenn sich der Isobarenabstand dort auf der Bodenwetterkarte innerhalb eines Zeitraumes von 3 Stunden (von einem Kartentermin zum anderen) vergrößert?
a) Wind ist variabel
b) Wind wurde stärker
c) Kein Einfluß auf die Windgeschwindigkeiten
d) Wind wurde schwächer

152. Wie weht der Wind oberhalb der Reibungshöhe?
a) Parallel zu den Isohypsen
b) Unmittelbar vom Hoch zum Tief
c) Senkrecht zu den Isobaren
d) Von der warmen zur kalten Luftmasse

153. Auf der Nordhalbkugel ändert der Wind vom Boden bis zur Reibungshöhe seine Richtung. In welche Richtung dreht er? Nach
a) Westen
b) rechts

c) links
d) Osten

154. Bei einem Bodenwind W/V = 240°/15 kt liegt das Tiefzentrum in der Bodenwetterkarte etwa in Richtung
a) 270°
b) 360°
c) 130°
d) 240°

155. Bei einem Bodenwind W/V = 150°/20 kt liegt das Hochzentrum in der Bodenwetterkarte etwa in Richtung
a) 270°
b) 130°
c) 90°
d) 240°

156. Bei einem Bodenwind W/V = 360°/10 kt ist in etwa 1.000 m Höhe ein Wind aus
a) 150°/30 kt
b) 330°/30 kt
c) 330°/20 kt
d) 030°/20 kt
zu erwarten

157. In Hamburg beträgt der Bodenwind W/V = 060°/10 kt. Welcher Wind ist bei normalen Verhältnissen in etwa 1.000 m Höhe zu erwarten und wo etwa liegt das Hochdruckgebiet? W/V =
a) 150°/30 kt, im Süden
b) 360°/20 kt, im Osten
c) 090°/20 kt, im Norden
d) 060°/10 kt, im Westen

158. Bei einem Höhenwind W/V = 300°/35 kt in 5.000 ft ist mit einem Bodenwind W/V =
a) 090°/17 kt
b) 270°/15 kt
c) 330°/50 kt
d) 330°/15 kt
zu rechnen

159. Wenn quer zu einem Höhenzug feuchte Luft mit starkem Wind strömt, ist in der Regel zu erwarten, daß
a) im Luv Staubewölkung und im Lee gute Sicht herrscht
b) im Luv und im Lee die Wolken bis in die Täler herunter aufliegen

c) die Wolkendecke über Kammlagen angehoben wird
d) im Luv die Wolkendecke aufgerissen ist und im Lee die Wolken bis ins Tal absinken

160. Beim Überqueren eines Gebirges wird die Wetterwirksamkeit einer Front
a) nicht beeinflußt
b) im Lee verstärkt und im Luv abgeschwächt
c) im Lee abgeschwächt und im Luv verstärkt
d) zu beiden Seiten in der Nähe des Gebirgskammes verstärkt

161. Im Alpenvorland herrscht Föhn. Welche Wetterverhältnisse sind im Süden der Alpen zu erwarten?
a) Wolkenauflösung und gute Sichtverhältnisse
b) Gleiche Wetterverhältnisse wie im Alpenvorland
c) Ansteigende Wolkenbasis mit sich rasch bessernden Sichtverhältnissen
d) Aufliegende Staubewölkung

162. Was versteht man unter Nordstau an den Alpen?
a) Tiefe Hochnebelschichten im Alpenvorland bei einer winterlichen Hochdruckwetterlage mit Kern über den Alpen
b) Tiefe Bewölkung beim Auftreten von Gewittern über den Alpen
c) Tiefe, an den Berghängen meist aufliegende Bewölkung bei Zustrom feuchter Luft aus nördlichen Richtungen
d) Tiefe Bewölkung bei raschem Durchzug von Warm- und Kaltfronten von Westen

163. Der Föhn
a) ist eine Wettererscheinung, die nur im Alpenraum vorkommt
b) ist die Folgewirkung adiabatischer Vorgänge beim Überströmen von Höhenzügen (Mittel- oder Hochgebirge)
c) mit relativ hohen Temperaturen und hoher Luftfeuchtigkeit ist eine typische Sommererscheinung
d) entsteht immer durch erhitzte Luftmassen, die von Süden her über die Alpen transportiert werden

164. Welche charakteristischen Merkmale zeigt das Wetter auf der Föhnseite eines Gebirges?

a) Starke Bewölkung, Niederschlag, gute Sicht
b) Geringe Bewölkung, ungewöhnlicher Temperaturanstieg, geringe Luftfeuchte, oft böige Winde
c) Geringe Bewölkung, kein Niederschlag, hohe Luftfeuchte
d) Wechselnde Bewölkung, einzelne Schauer, schwacher Wind

165. Die auf der Föhnseite der Gebirge gegenüber der Stauseite höhere Temperatur hat ihre Ursache in der
a) Wolkenbildung
b) Erwärmung durch die bei Wolkenarmut mögliche Sonneneinstrahlung
c) Ausbildung tiefen Luftdruckes (Leetief)
d) stärkeren Erwärmung (trockenadiabatisch) auf der Leeseite als Abkühlung (feuchtadiabatisch) auf der Luvseite

166. Bei starkem Föhn werden häufig linsenförmige Wolken beobachtet. Sie bilden sich
a) am stärksten hinter dem Gebirge in einer Entfernung von der 20-fachen Höhe des Hindernisses
b) nur in der Nähe des Kammes in gleicher Höhe
c) am Rotor der Föhnseite
d) oberhalb des Gebirgskammes und auf der Leeseite

167. Im Alpenvorland herrscht Nordstau. München hat eine Wolkenuntergrenze von 800 ft GND und 3 km Sicht. Ist ein VFR-Flug zur Alpensüdseite möglich?
a) Ja, weil dort Föhn mit Wolkenauflösung und guten Sichtverhältnissen zu erwarten ist
b) Nein, weil die Alpen von Norden her mit aufliegenden Wolken angestaut sind
c) Nein, weil auf der Alpensüdseite Wellenwolken mit starker Turbulenz zu erwarten sind
d) Nein, weil bei Nordstau auf der Alpensüdseite in der Regel Nebel herrscht

168. Bei einem Flug das Rhonetal aufwärts ist zeitweise mit erheblich böigem Gegenwind zu rechnen. Dieser orographisch bedingte Wind heißt:
a) Monsun
b) Bora
c) Mistral
d) Föhn

169. Mistral ist ein orographisch bedingter Wind. Wo ist er anzutreffen?
a) An der Adria
b) Im Rhonetal
c) In der oberitalienischen Tiefebene
d) An der Nordseite der Apenninen

170. Bora ist ein orographisch bedingter Wind. Wo ist er anzutreffen?
a) An der Adriaküste
b) Im Rhonetal
c) In der oberitalienischen Tiefebene
d) An der Nordseite der Apenninen

171. Welcher Wind ist nicht durch die Orographie bedingt?
a) Scirocco
b) Bora
c) Mistral
d) Hangauf- und Hangabwind

172. Zu welcher Tageszeit weht der Bergwind?
a) Vor Sonnenuntergang
b) Nach Sonnenaufgang
c) Nachts
d) Tagsüber

173. Zu welcher Tageszeit weht der Talwind?
a) Tagsüber
b) Vor Sonnenaufgang
c) Nachts
d) Nach Sonnenuntergang

174. Zu welcher Tageszeit weht der Seewind am stärksten?
a) Frühmorgens
b) Um Mitternacht
c) Abends
d) Am Nachmittag

175. Zu welcher Tageszeit weht der Landwind am stärksten?
a) Abends
b) Tagsüber
c) Vormittags
d) Vor Sonnenaufgang

176. Wo ist bei Cu-Bewölkung die Vertikalböigkeit am geringsten?
a) Unter der Wolkenbasis
b) Über den Wolken

c) Zwischen den einzelnen Cumuli
d) In den Wolken

177. Wie nennt man die Böigkeit, die durch die Erwärmung der Erdoberfläche hervorgerufen wird?
a) Dynamische Turbulenz
b) Reibungsturbulenz
c) Scherungsturbulenz
d) Thermische Turbulenz

178. Worauf ist orographische Turbulenz zurückzuführen? Auf
a) die Erwärmung des Erdbodens
b) die Richtungs- und Geschwindigkeitsänderung des Höhenwindes
c) den Temperatur- und Windsprung an einer Inversion
d) die Oberflächenform des Erdbodens und die Stärke des Windes

179. Bei mäßiger bis starker Turbulenz hat der Pilot beim Landeanflug die Geschwindigkeit gegenüber der normalen Anfluggeschwindigkeit zu erhöhen. Diese Turbulenz hat ihre Ursache häufig in
a) dem Vorhandensein einer Bodeninversion
b) dem Herannahen einer Warmfront mit plötzlicher Winddrehung
c) starken Luftdruckschwankungen mit Bildung atmosphärischer Wellen
d) dem Vorhandensein verschieden hoher Hindernisse vor der Landebahn sowie eines mäßigen bis starken Windes

180. Was versteht man unter Blauthermik?
a) Thermik ohne Cumulus-Bildung
b) Thermik mit nur 3/8 Cu-Bedeckungsgrad
c) Starke Böigkeit zwischen zwei Cumulonimben
d) Turbulenz im wolkenfreien Raum, meist in der Nachbarschaft eines Jetstreams

181. Welche Erscheinung kann beim Vorhandensein einer relativ starken bodennahen Inversion auftreten?
a) Luftfahrzeugvereisung
b) Scherungsturbulenz
c) Unterkühlter Niederschlag
d) Dichtezunahme mit der Höhe

182. Die ATIS gibt im Anschluß an die aktuelle Wetterdurchsage folgende Information: Severe windshear reported between surface and 2400 ft, sfc-wind 300/5, 2400 ft 130/35
a) Diese Information ist nur für Großraumflugzeuge bestimmt und nur für diese gefährlich
b) Dies ist eine Warnung und wird über FIS auf Anfrage verbreitet
c) Dieser Meldungsinhalt hat keine Auswirkung auf eine bevorstehende Landung
d) Man muß besonders sorgfältig den Landeanflug vorbereiten und dabei auch auf eine starke Scherungsturbulenz gefaßt sein

183. Was versteht man unter dem Begriff Isothermie?
a) Die gleichbleibende Temperatur für eine bestimmte Zeitspanne
b) Die über eine bestimmte Höhendifferenz gleichbleibende Temperatur
c) Die gleichbleibende Temperaturänderung -0,65° C/100 m
d) Keine Temperaturänderung an einem bestimmten Ort zwischen Tag und Nacht

184. Eine meist nur auf Schichten geringer vertikaler Mächtigkeit beschränkte Temperaturzunahme mit der Höhe nennt man
a) Warmluftadvektion
b) Isothermie
c) Inversion
d) Temperaturindifferenz

185. Innerhalb einer Inversion ändert sich die Temperatur mit zunehmender Höhe wie folgt: Die Temperatur
a) nimmt ab
b) bleibt gleich
c) verhält sich indifferent
d) nimmt zu

186. Welcher der folgenden Temperaturgradienten muß einer Inversion zugeschrieben werden?
a) +2° C/1.000 ft
b) +/-0° C/1.000 ft
c) -10° C/1.000 ft
d) -2° C/1.000 ft

187. Im Bereich einer Inversion ist die Schichtung

199

a) labil
b) feuchtlabil
c) indifferent
d) stabil

188. In einer Inversion
a) nimmt die Temperatur nach oben unvermittelt sehr stark ab, so daß eine stabile Lage entsteht
b) nimmt die Temperatur mit der Höhe - statt abzunehmen - zu
c) ist der Temperaturgradient gleich Null
d) bleibt die Temperatur mit zunehmender Höhe gleich

189. Eine Bodeninversion entsteht dadurch, daß
a) kältere Luft herangeführt wird
b) der Erdboden - und damit auch die aufliegende Luftschicht - sich durch Ausstrahlung abkühlt
c) der Erdboden nachts langwellige Wärmestrahlung abgibt, die die darüberliegende Luftschicht erwärmt
d) ausschließlich absinkende und sich erwärmende Luft den Erdboden noch nicht ganz erreicht hat

190. Wie ist bei einem Flug am Tage etwa 1.000 ft über einer kräftigen bodennahen Inversion die Vertikal- und Schrägsicht sowie die Flugsicht zu beurteilen?
a) Flugsicht gut, Schrägsicht gut, Vertikalsicht gut
b) Vertikalsicht mäßig, Flugsicht schlecht, Schrägsicht gut
c) Schrägsicht mäßig, Vertikalsicht mäßig, Flugsicht mäßig
d) Flugsicht gut, Vertikalsicht mäßig, Schrägsicht schlecht

191. Wo befindet sich im Bereich einer bodennahen Inversion die höchste Luftfeuchte und damit die schlechteste Sicht?
a) Nur an der Inversionsgrenze
b) Am Boden
c) Oberhalb der Inversion
d) Unterhalb der Inversion

192. Ist es möglich, daß bei einer winterlichen Hockdrucklage über Deutschland die Temperatur in München -5° C, in Nürnberg -10° C und auf der Zugspitze dagegen +1° C beträgt?
a) Unmöglich, da die Temperatur immer mit der Höhe abnimmt
b) Nur bei feuchtlabiler Schichtung möglich
c) Nein, da keine adiabatische Temperaturabnahme gegeben ist
d) Ja, bei einer ausgeprägten Inversionswetterlage

193. Welcher Gefahr ist ein Flugzeug während des Starts bei einer ausgeprägten Bodeninversion ausgesetzt, das voll betankt und beladen ist?
a) Die Auswirkungen durch das Vorhandensein einer Inversion können niemals so geartet sein, daß eine Gefahr daraus entsteht.
b) Vertikale Umlagerungen in der labil geschichteten Luft oberhalb der Inversion verursachen eine erhebliche Turbulenz
c) Die Luftfeuchte oberhalb der Inversion führt an der kalten Oberfläche des Luftfahrzeuges zu Reifbildung (Strömungsabriß).
d) Nach oben nimmt die Dichte der Luft und damit die Tragfähigkeit stark ab und außerdem besteht die Möglichkeit einer Windscherung

194. Als Schichtwolken werden bezeichnet:
a) Cu, Cb, Sc
b) Cc, Ac, Cb
c) As, Ns, St
d) Ac, Sc, Cc

195. Welche der genannten Wolkengattungen erreicht die größte vertikale Mächtigkeit?
a) Nimbostratus
b) Altocumulus
c) Stratocumulus
d) Stratus

196. In welcher Antwort sind nur Bezeichnungen für Quellwolken enthalten?
a) Cc, Ac, Cu, Cb
b) Ac, St, Cb, Cc
c) Cu, Ci, Sc, Ac
d) Cb, Cu, As, Sc

197. Welche Stockwerksgliederung der Wolkengattungen trifft in etwa für die mittleren Breiten zu?
Tiefes / Mittelhohes / Hohes Niveau
a) 0-7.000 ft / 7.000-16.500 ft / 16.500-40.000 ft

b) 0-4.000 ft / 4.000-20.000 ft / 20.000-40.000 ft
c) 0-5.000 ft / 5.000-25.000 ft / 25.000-40.000 ft
d) 0-5.000 ft / 5.000-20.000 ft / 20.000-35.000 ft

198. Welche Wolkengattungen können zwischen Grund und 7.000 ft Höhe vorkommen?
a) Sc, As, Cs, Ci
b) Cb, Ac, As, Sc
c) Ci, Cb, As, Ac
d) Cu, Cb, St, Sc

199. Wolken im tiefen Niveau sind
a) Sc, St, Cu, Cb
b) Ns, As, Ac
c) Ci, Cs, Cc
d) Ns, Sc, Ci

200. Welche Änderung ist eine wesentliche Voraussetzung für die Wolkenbildung?
a) Temperaturerhöhung (erhöhte Wasserdampfaufnahmefähigkeit)
b) Druckerhöhung (Kompression)
c) Windgeschwindigkeitszunahme (Durchmischung)
d) Temperaturabnahme mit Spreadverminderung

201. Welche Faktoren führen zur Wolken- oder Nebelbildung, wenn die notwendigen Voraussetzungen (Kondensationskerne etc.) gegeben sind?
a) Abkühlung der Luft durch Hebung oder durch Ausstrahlung
b) Erwärmung der Luft durch Absinken oder Einstrahlung
c) Vergrößerung des Spread durch Erwärmung und damit erhöhte Wasserdampfaufnahme bis zur Sättigung
d) Hohe Windgeschwindigkeit

202. Welche Wolkengattung bildet sich im Sommer durch kräftige Sonneneinstrahlung und bei entsprechender Feuchte?
a) Sc
b) Ac
c) Cu
d) Ci

203. Zu welcher Tageszeit neigen bei einer Wetterlage mit Höheninversion Haufenwolken in Schichtwolken überzugehen?

a) Nach Sonnenaufgang
b) Vor Sonnenaufgang
c) Am Spätnachmittag
d) Um Mitternacht

204. Welche Wolkengattungen werden dem Niveau zwischen 2 bis 6 km zugeordnet?
a) Ci, Cc, Cs
b) Sc, St, Cu, Cb
c) Ac, As, Ns
d) Ci, Sc, Cc, St

205. Altocumulus (Ac) und Altostratus (As) sind Wolken
a) im hohen Niveau
b) im mittelhohen Niveau
c) im tiefen Niveau
d) die durch alle Bereiche gehen

206. Cirrus (Ci) und Cirrostratus (Cs) sind insbesondere charakterisiert durch
a) Haken- und Schleierform
b) eine quellige Struktur
c) eine ausgeprägte Wellenstruktur
d) Vorkommen im mittleren und tiefen Niveau

207. Die Wolke, die zwischen 1.000 und 20.000 ft bei stabiler Schichtung anzutreffen ist und gleichzeitig Wasser im flüssigen und festen Aggregatzustand besitzt, ist der
a) Cb
b) As
c) Ns
d) Ci

208. Welche Wolkengattung trifft man nicht im mittelhohen Niveau an?
a) Cb
b) Ci
c) Ns
d) As

209. Was versteht man unter ALTOCUMULUS CASTELLANUS?
a) Hochreichende Gewitterwolken
b) Typische Föhnwolken
c) Türmchenförmige, mittelhohe Wolken, oft als Gewittervorboten angesehen
d) Dünne Eiswolken, die mit einem Ring um die Sonne verbunden sind

210. Aus einer mit Ns klassifizierten Bewölkung
a) fällt gelegentlich Niederschlag
b) fällt grundsätzlich Niederschlag
c) sind Schauerniederschläge zu erwarten
d) treten keinerlei Niederschläge auf

211. Aus welcher der nachstehend genannten Wolken fällt grundsätzlich Niederschlag?
a) Cumulus (Cu)
b) Cirrus (Ci)
c) Stratus (St)
d) Nimbostratus (Ns)

212. Hagel entsteht
a) durch Zusammenwachsen von unterkühlten Wassertropfen mit Eiskristallen im Aufwind von Cumulonimbuswolken
b) wenn Schnee durch unterkühlte Wolken fällt und dabei Wolkentröpfchen aufnimmt
c) wenn sich in Cirruswolken Eiskristalle mit unterkühlten Wolkentröpfchen verbinden
d) wenn großtropfiger Regen sich bei Temperaturen unter 0° C so weit unterkühlt, daß er beim Aufschlag auf den Boden sofort gefriert

213. Die Niederschläge aus einer Aufgleitbewölkung (Warmfront) sind vornehmlich:
a) Regenschauer, Schneeschauer
b) aus Gewittern fallender Nieselregen
c) Hagel, Graupel, Schneefall
d) Nieseln, anhaltender Regen- bzw. Schneefall

214. Welche Niederschläge sind aus einer Aufgleitbewölkung im Sommer zu erwarten?
a) Schauer
b) Hagel
c) Dauerregen
d) Kein Niederschlag

215. Gefrierender Regen entsteht
a) generell bei Temperaturen um den Gefrierpunkt
b) durch Schmelzen von Schneeflocken, die in einer bodennahen Kaltluft-Schicht zu Eiskörnern gefrieren
c) durch Schmelzen von Hagelkörnern, die dann in eine Kaltluftschicht mit Temperaturen unter 0° C fallen
d) durch Abkühlung von Regentropfen innerhalb einer Kaltluftschicht unter 0° C, die erst beim Auftreffen auf Gegenstände oder auf dem Boden sofort gefrieren

216. Durch welchen Niederschlag wird die Sichtweite am stärksten herabgesetzt?
a) Sprühregen
b) Schneeschauer
c) Landregen
d) Stauniederschlag in stabiler Warmluft

217. Mit welcher Sicht muß man bei starken Schneeschauern immer rechnen?
a) Kaum unter 4 km
b) Nicht weniger als 1,5 km
c) Niemals weniger als 1 km
d) Um 500 m und weniger

218. Zu welcher Jahreszeit ist vornehmlich mit Hagel zu rechnen?
a) In jeder Jahreszeit
b) Im Sommerhalbjahr bei hochreichenden und starken Gewittern
c) Nur in der Jahreszeit. in der die Lufttemperatur nicht über 15° C ansteigt
d) Vor allem in der kalten Jahreszeit

219. Welche Wolkengattung und welche Niederschlagsform passen nicht zusammen?
a) Cu und Nieselregen
b) Cb und Schauer
c) Ns und Landregen
d) St und Sprühregen

220. In welchem Bereich eines ausgeprägten Tiefdruckgebietes treten meist länger anhaltende Niederschläge auf?
a) An der Vorderseite des Tiefs (Warmfrontbereich)
b) Auf der Rückseite des Tiefs
c) Im Warmsektor
d) Überall

221. In welcher Antwort sind in richtiger Reihenfolge die Wolkengattungen genannt, aus denen die Niederschläge: Nieseln, Dauer- bzw. Landregen und Schauer fallen?
a) Ac, Ns, Cb
b) St, Ns, Cb
c) Sc, Ns, Cu
d) Ci, Sc, Ns

222. In welcher Antwort sind nur Wolken genannt, aus denen Niederschlag den Erdboden erreichen kann?
a) Ns, St, Cs, Cb
b) Cb, Cu, Sc, Cc
c) As, Ns, St, Cb
d) Sc, St, Cu, Ci

223. Welche Wolkengattung und welche Niederschlagsformen passen zusammen?
a) Cu und Nieseln
b) Ac und Schauer
c) Cb und Landregen
d) Ns und Dauerniederschlag

224. Bei welcher Wolkengattung muß mit Schauern gerechnet werden?
a) Stratocumulus
b) Cumulonimbus
c) Nimbostratus
d) Stratus

225. Die beiden Wolkengattungen, die langanhaltenden bzw. großtropfigen, meist ergiebigen Niederschlag liefern, sind
a) Cu, Cb
b) Ns, Cb
c) Cu, Ns
d) St, As

226. Von welchen Gegebenheiten ist die Bildung, Art und Stärke eines Eisansatzes abhängig?
a) Relative Feuchte, Geschwindigkeit des Luftfahrzeuges, Jahreszeit
b) Reibungswärme, Feuchteverteilung, Luftdruck, Wolkenhöhe
c) Luftdruck, Windgeschwindigkeit, Flughöhe, Luftdichte
d) Temperatur, Tröpfchengröße, Wassergehalt der Wolke, Profildicke, Geschwindigkeit des Luftfahrzeuges

227. Die Art der Vereisung, die sich an der Oberfläche des Luftfahrzeuges bildet, ist abhängig von
a) dem augenblicklichen Spread
b) der Stärke der Höheninversion
c) der Größe der Wolkentröpfchen
d) der Geschwindigkeit des Luftfahrzeuges

228. Welche Vereisungsarten gibt es?
a) Harteis, Rauheis, gemischtes Eis
b) Klareis, Rauheis
c) Rauhfrost, Rauhreif
d) Packeis, Mischeis

229. In welchem Temperaturbereich tritt am häufigsten Luftfahrzeugvereisung auf?
a) 0° C bis -6° C
b) -12° C bis -32° C
c) -10° C bis -15° C
d) +3° C bis -3° C

230. Welche Eisansatzart ergeben größere unterkühlte Wassertröpfchen einer Wolke?
a) Rauhreif
b) Klareis
c) Rauheis und Klareis gemischt
d) Rauheis

231. Welche Eisansatzart ergeben kleinere unterkühlte Wassertröpfchen einer Wolke?
a) Rauheis
b) Rauhreif
c) Rauheis und Klareis gemischt
d) Klareis

232. Kleine unterkühlte Wassertröpfchen einer Wolke treffen auf die Tragflächenvorderkanten, gefrieren spontan, schließen dabei Luft ein und bilden einen brüchigen Eisansatz, der gegen den Wind wächst. Welche Art der Vereisung wird hier beschrieben?
a) Rauheis
b) Rauhreif
c) Klareis
d) Rauhreif mit Rauheis

233. Kann in jeder Wolke Vereisung angetroffen werden?
a) Nein, da der Eisansatz unter anderem von der Temperatur, dem Wassergehalt der Wolke und der Tröpfchengröße abhängt
b) Ja, da alle Wolken aus Wasser bestehen
c) Ja, da alle Wolken in Temperaturbereiche unter 0° C vorstoßen
d) Nein, nur in Wolken aus Eiskristallen

234. Kann Reifbildung am Luftfahrzeug gefährlich werden?
a) Es ergibt sich durch erhöhte Reibung eine

203

kaum kontrollierbare Verlängerung der Flugzeit
b) Es vermindert den Auftrieb und kann bei Start und Landung gefährlich werden
c) Es besteht keine Gefahr, da weder Profilveränderung noch Massenverlust auftreten
d) Nur bei Flügen in kältere Luftschichten bei plötzlicher Bildung eines weißen Beschlages auch über den Cockpitfenstern

235. Welche Entstehungsart von Vereisung ist die schnellste und gefährlichste? Vereisung durch
a) Schneeregen
b) Gefrierenden Regen
c) Eiskristalle
d) Rauhreif

236. Welche Auswirkung hat die Vereisung durch gefrierenden Regen?
a) Nur leichter Rauheisansatz
b) Ohne Belang, da unterkühlter Niederschlag bei Auftreffen auf das Luftfahrzeug sofort abfließt und verdunstet
c) Innerhalb weniger Minuten kann durch sie ein Luftfahrzeug völlig flugruntüchtig werden
d) Nur geringe Gefährdung durch geringe Massenzunahme

237. Bis zu welcher höchsten Lufttemperatur muß in der Regel bei mitteleuropäischen Verhältnissen mit Vergaservereisung gerechnet werden?
a) 30° C
b) -5° C
c) 20° C
d) 0° C

238. Reifansatz, der sich über Nacht am abgestellten Luftfahrzeug gebildet hat, ist die Folge von
a) einem nächtlichen Einbruch trockener Kaltluft
b) Abkühlung der Luft auf einen negativen Taupunkt
c) Abkühlung der Luft unter 0° C
d) Gefrierendem Niederschlag

239. Die Bildung von Rauheis am Luftfahrzeug ist zu erwarten
a) in Kaltluftbewölkung (Quellbewölkung) im Temperaturbereich von 0° C bis -15° C
b) in und unmittelbar unterhalb einer Schichtbewölkung im Temperaturbereich von 0° C bis -15° C
c) grundsätzlich bei Temperaturen von +5° C bis -20° C
d) beim Durchfliegen von Cirren

240. Wann ist auch außerhalb von Wolken mit Vereisung zu rechnen?
a) Bei -6° C und Dunst
b) Bei unterkühlten Wolkentröpfchen, unmittelbar unterhalb von einer Schichtwolkendecke und bei gefrierendem Regen
c) Wenn Schnee fällt
d) Niemals

241. Welche Wolkengattung ist für die Bildung von Klareis, welche für Rauheis verantwortlich? Quellwolken / Schichtwolken
a) Klareis / Klareis
b) Klareis / Rauheis
c) Rauheis / Klareis
d) Rauheis / Rauheis

242. Wann ist im Winter besonders auf Vereisung durch gefrierenden Regen zu achten? Bei Annäherung
a) einer Warmfront
b) einer Kaltfront
c) einer Konvergenz
d) eines Kaltlufttropfens

243. Wie stark kann der Aufwind in einer kräftig entwickelten Gewitterwolke sein?
a) 5 m/s
b) 2 m/s
c) weniger als 1 m/s
d) mehr als 10 m/s

244. Mit welcher horizontalen Ausdehnung kann man gewöhnlich im Sommer bei einer ausgeprägten Gewitterfront senkrecht zur Front rechnen?
a) 1 - 2 km
b) mehr als 1 km
c) 8 - 10 km
d) 4 - 6 km

245. Wie hoch reichen normalerweise die Gewitterwolken im Sommer in Mitteleuropa?
a) 10.000 bis 15.000 ft

b) 20.000 bis 25.000 ft
c) 35.000 bis 45.000 ft
d) 25.000 bis 35.000 ft

246. Welche verschiedenen Stadien durchläuft eine Gewitterwolke?
a) Cumulonimbus-, Regen-, Cirrusstadium
b) Cumulus-, Reife-, Auflösungsstadium
c) Anfangs-, Cumulus-, Auflösungsstadium
d) Anfangs-, Mittel-, Endstadium

247. Welcher vertikale Temperaturverlauf ist für die Bildung von Gewittern wesentliche Voraussetzung?
a) Geringe Temperaturabnahme mit der Höhe
b) Starke Temperaturabnahme mit der Höhe
c) Temperaturzunahme mit der Höhe
d) Vorhandensein einer Isothermie

248. Welche Verhältnisse sind Voraussetzung für die Bildung von Wärmegewittern?
a) Geringe Luftbewegung, lange klare Nacht, hohe Luftfeuchte
b) Starke Labilität, niedrige Luftfeuchte, lebhafter Wind, hohe fast geschlossene Bewölkung
c) Hohe Luftfeuchte, hohe Temperatur, geringe Luftbewegung, Stabilität
d) Hohe Temperatur, hohe Luftfeuchte, geringer Wind, hohe Labilität

249. Voraussetzung für jede Art von Gewitterbildung ist eine
a) feuchtstabile Luftschichtung
b) hochreichende, feuchtlabile Schichtung
c) starke vertikale Luftströmung
d) starke Sonneneinstrahlung bei stabiler Schichtung

250. Zu welchen Tageszeiten entstehen normalerweise einzelne Wärmegewitter im Sommer? Über Land / Über See
a) nachmittags / vormittags
b) vormittags / nachmittags
c) nachmittags / nachts
d) vormittags / nachts

251. Welche Bedingungen herrschen im Cumulusstadium eines Gewitters im Wolkenkern bzgl. des Aggregatzustandes des Wassers und der Luftbewegung?
Aggregatzustand / Luftbewegung

a) flüssig und fest / auf- und abwärts gerichtet
b) flüssig / auf- und abwärts gerichtet
c) flüssig und fest / aufwärts gerichtet
d) flüssig / aufwärts gerichtet

252. Das Reifestadium eines Gewitters ist gekennzeichnet durch
a) ausschließlich starke Abwärtsbewegung der Luft mit Niederschlagsausfall ohne elektrische Erscheinungen
b) auf- und abwärts gerichtete Luftströmungen, Niederschlagsbildung, häufige elektrische Erscheinungen
c) Blitz und Donner, starke, nur aufwärts gerichtete Luftströmungen und daher kein Niederschlagsausfall
d) auf- und abwärts gerichtete Luftströmungen mit starker Turbulenz, keinerlei Niederschlag und elektrische Erscheinungen

253. Worin liegt die Hauptgefahr beim Unterfliegen eines Cb im Reifestadium?
a) Induktionsströme von Erdblitzen stören die Funknavigation und den Sprechfunk
b) Starke Turbulenz, häufiger Blitzschlag, stärkste Vereisung unterhalb der gesamten Wolkenbasis sind beim Unterfliegen in jedem Moment gegeben
c) Die starke Abkühlung unterhalb der Wolke beeinflußt zusammen mit dem hinter dem Gewitter immer auftretenden Druckanstieg die Höhenmesseranzeige so, daß diese wesentlich zu hoch sein kann
d) Starker Niederschlag behindert die Bodensicht, es können starke Turbulenz, Hagelschlag und gefährliche Abwinde auftreten

254. Für das Auflösungsstadium eines Gewitters sind charakteristisch
a) nur abwärts gerichtete Luftströmung innerhalb der Wolke; oberhalb der Nullgradgrenze überwiegt noch der flüssige Aggregatzustand; geringe Blitzgefahr
b) nur abwärts gerichtete Luftströmung; oberhalb der Nullgradgrenze überwiegt der feste Aggregatzustand; gleichförmiges Ausregnen des Niederschlags; keine Blitzgefahr
c) auf- und abwärts gerichtete Luftströmung, Turbulenz, immer noch starke Vereisungsgefahr im mittleren Teil des Cb
d) auf- und abwärts gerichtete Luftströmung,

mäßige bis starke Turbulenz, leichte bis mäßige Blitzschlaggefahr, mäßige bis starke Vereisungsgefahr

255. Zu welcher Tageszeit und unter welchen Bedingungen entstehen im allgemeinen Frontgewitter?
a) Meist nachmittags beim Aufgleiten warmer Luft auf kalte
b) Zu jeder Tageszeit gegen Ende einer sommerlichen Hochdrucklage
c) Morgens beim Einfließen tropischer Luft auf den unterkühlten Boden
d) Zu jeder Tageszeit bei Einbruch hochreichender Kaltluft

256. Worauf ist die Erscheinung einer Böenwalze zurückzuführen? Auf
a) die mit dem Niederschlag aus dem Cb herabstürzende Luft
b) einen intensiven Warmluftvorstoß
c) starke vertikale Luftströmungen auf der Rückseite das Cb
d) die Windrichtungsänderung, die mit dem Durchgang einer Gewitterfront auftritt

257. Zu welcher Tageszeit können orographische, d.h. hindernisbedingte Gewitter entstehen?
a) Nur nachmittags bei stärkster Erwärmung der Hindernisse
b) Bei feuchtlabiler Schichtung zu jeder Tageszeit
c) Bevorzugt in den Frühstunden, wenn die Stabilität am größten ist
d) Nur nachts, wenn die Labilität größte Wirkung zeigt

258. Mit welchen Maßnahmen sollte ein Luftfahrzeugführer die Gefahren bei Gewittertätigkeit auf seiner Flugstrecke vermeiden?
a) Gewitter möglichst auf kürzestem Wege durchfliegen
b) Jede Annäherung an einen Cb vermeiden
c) Gewitterherde am sichersten gegen den Wind unterfliegen
d) Bei Gewittertätigkeit dürfen erst gar keine Sichtflüge durchgeführt werden

259. Was führt bei sonst gleichbleibenden Bedingungen zu Sichtrückgang?
a) Erhöhung der Lufttemperatur
b) Rückgang des Taupunkts
c) Verkleinerung des Spread
d) Abnahme der relativen Feuchte

260. Wann spricht man von Dunst? Bei Sichtweiten
a) von 1.000 bis unter 8.000 m
b) von 1.000 bis 5.000 ft
c) von 1.000 bis 3.000 ft
d) unter 1.000 m

261. Daß Flugsichten von 3 km und andererseits von 8 km zur gleichen Zeit von zwei Luftfahrzeugführern in etwa gleicher Position gemeldet werden, ist
a) unmöglich
b) möglich bei Wolkenflug
c) möglich bei starkem Dunst
d) möglich bei tiefstehender Sonne und unterschiedlicher Blickrichtung

262. Wie verhalten sich bei Nebel Temperatur, Taupunkt und relative Feuchte zueinander?
a) Großer Spread, hohe relative Feuchte, Temperatur ungleich Taupunkt
b) Kleiner Spread, geringe relative Feuchte, Temperatur gleich Taupunkt
c) Temperatur gleich Taupunkt, relative Feuchte nahe oder gleich 100%, Spread gleich Null
d) Temperatur, Taupunkt, Spread und relative Feuchte sind gleich

263. Wann setzt die Bildung von Strahlungsnebel bevorzugt ein?
a) Bei wolkenlosem Himmel und schwachem Wind nach SS sowie kleinem Spread
b) Nur nach vorangegangener starker Sonneneinstrahlung
c) Bei starkem Wind in einer langen klaren Nacht
d) Bei bewölktem Himmel, geringer Luftbewegung und großem Spread

264. Wann trifft man Strahlungsnebel am häufigsten an?
a) Vor Einbruch der Nacht
b) Um Mitternacht
c) Kurz nach Sonnenuntergang
d) Kurz nach Sonnenaufgang

265. Bei welchen Verhältnissen sind die Bedingungen für die Bildung von Mischungsnebel am günstigsten?
a) Bei Mischung von warmer, trockener mit kalter, feuchter Luft
b) Bei Mischung von feuchtwarmer mit kalter Luft
c) Über tauender Schneedecke
d) Über warmen Wasserflächen

266. Welche meteorologische Nebelart ist nicht von der Temperatur der Erdoberfläche abhängig?
a) Strahlungsnebel
b) Verdunstungsnebel
c) Advektionsnebel
d) Mischungsnebel

267. Wann bilden sich vor allem tiefe Stratusdecken (Hochnebel) aus?
a) Nach einem kräftigen Kaltlufteinbruch im Sommer
b) Bei Hochdruckwetter im Winter mit tiefliegender Inversion
c) Bei Hochdruckwetter im Sommer mit nächtlicher Ausstrahlung
d) An den Küsten bei ablandigen Winden in allen Jahreszeiten

268. Der in Mitteleuropa während der kalten Jahreszeit am häufigsten auttretende Nebel ist der
a) Strahlungsnebel
b) Nebel bei Fronten
c) Seenebel
d) Mischungsnebel

269. Warme, feuchte Luft gelangt über eine kalte Oberfläche; es bildet sich
a) Strahlungsnebel
b) Verdunstungsnebel
c) Advektionsnebel
d) Mischungsnebel

270. Advektionsnebel entsteht, wenn
a) kalte Luftmassen vom Meer auf die Küste zuströmen
b) warme, feuchte Luft über kalte Flächen strömt
c) sich durch nächtliche Wärmeausstrahlung des Erdbodens die unteren Luftschichten stark abkühlen
d) sich verschiedene Luftmassen vermischen

271. Eine Nebellage kann im Winterhalbjahr längere Zeit andauern, wenn
a) von Westen Bewölkung aufzieht und der Wind stark auffrischt
b) bei anhaltendem Ostwind eine kalte kontinentale Luftmasse herangeführt wird
c) bei ungehinderten Strahlungsverhältnissen starke Turbulenz auftritt
d) eine niedrige und kräftige Inversion vorhanden ist

272. Welche Geländeformen begünstigen die Dunst- und Nebelbildung?
a) Hügeliges Gelände mit ausgedehnten Sandflächen, die am Tage viel Wärme speichern
b) Talbecken und Senken mit feuchtem Untergrund
c) Schnee- und eisbedeckte Ebenen mit kaltem Nordwind
d) Sonnenabgewandte Hänge mit Absinkbewegungen der aufliegenden Luft

273. Welche Vorgänge begünstigen die Auflösung eines Strahlungsnebels?
a) Zunehmende Luftbewegung und Erwärmung
b) Sich verstärkende Ausstrahlung und zunehmende Turbulenz
c) Überströmen einer kühleren Oberfläche bei gleichzeitigem Aufklaren
d) Taupunktänderung im Sinne einer Spreadverminderung und Abkühlung

274. Wetterwarnungen vor bestimmten Wettererscheinungen, die für Fluginformations-Gebiete (FIR) in englischem Klartext (abgekürzt) ausgegeben werden, nennt man
a) METAR
b) TAF
c) SIGMET
d) GAFOR

275. Welche offenbar gefährliche Wettererscheinung erfordert kein SIGMET?
a) Erhebliche Leewellenturbulenz
b) Nebel
c) Sandsturm
d) Starke Böenlinie

276. Was ist unter SIGMET zu verstehen?
a) Flughafenwettervorhersage mit 9-stündiger Gültigkeit

b) Warnung vor besonders gefährlichen Wettererscheinungen
c) Halbstündige Meldungen über das aktuelle Flugplatzwetter
d) Ständige Ausstrahlung des Flugplatzwetters über VOR

277. Wovor wird unter dem Kennwort SIGMET gewarnt? Vor
a) Glatteis auf der Landebahn, Vereisung der Zurollwege
b) plötzlichem Auftreten von Nebelfeldern
c) Schneefall, mäßiger Vereisung und Turbulenz, Sturmböen, Wärmegewittern, Nebelbänken
d) starker Vereisung und Turbulenz, starken Gewittern, Leewellen, Böenlinien, Sandsturm, Hagel

278. Ein Hinweis für die Allgemeine Luftfahrt (ADVICE FÜR GA)
a) ist ein Hinweis auf gute Flugbedingungen entlang einer bestimmten Flugroute
b) kommt in Mitteleuropa nicht vor
c) wird jeden Monat von der DFS Deutsche Flugsicherung GmbH veröffentlicht
d) ist ein Hinweis auf bestimmte für die Allgemeine Luftfahrt gefährliche Wettererscheinungen, die noch kein SIGMET erfordern

279. Der Luftfahrzeugführer bekommt auf der Flugwetterwarte einen Hinweis über eine starke Böenfront (squall line). Welches Kennwort hat diese Information?
a) GAFOR
b) SIGMET
c) ADVICE for GA
d) TAF

280. Unter welcher Bezeichnung erfolgt von der Flugwetterwarte ein besonderer Hinweis über starke Vereisung?
a) TAF
b) GAFOR
c) METAR
d) SIGMET

281. In welchen Warnkomplex gehören die signifikanten meteorologischen Erscheinungen wie Hagel, starke Vereisung, starke Böigkeit?
a) Warnungen der Flugwetterwarten nur für den eigenen Flughafen
b) Warnungen für den eigenen Flughafen und die an den Warndienst angeschlossenen Landeplätze
c) SIGMET
d) Hinweis für die Allgemeine Luftfahrt (GA)

282. METAR ist
a) eine Bodenwettermeldung für den Bereich eines Flughafens
b) eine Flugwettervorhersage gültig für 9 Stunden
c) zusammen mit dem Trend eine Streckenwetterberatung gültig für 2 Stunden
d) eine Bezeichnung für alle aktuellen Bodenwettermeldungen

283. Welche der nachstehenden Angaben ist eine Landewettervorhersage?
a) METAR
b) TAF
c) METAR + Trend
d) SIGMET

284. Welchen Zeitraum überdeckt der Trend einer Landewettevorhersage?
a) 9 bis 18 Stunden
b) 5 Stunden
c) 1 Stunde
d) 2 Stunden

285. Um welche Zeit (UTC) wurde die folgende METAR Meldung von München ausgegeben?
sadl edz 110420 =
eddm 27010kt 7000 63ra 8st010 02/01 1013 temp5st005 =
a) 2000 UTC
b) 0420 UTC
c) 1120 UTC
d) 1104 UTC

286. Der Wettermeldung eddn 27010kt cavok 20/10 1020 nosig =
entnimmt man eine Sichtweite von
a) 10 km oder mehr
b) mehr als 8 km
c) es ist keine Sichtangabe enthalten
d) mehr als 5 km

287. Welche Bedingungen sind mit CAVOK verknüpft?

a) Sicht 8 km oder mehr, keine Wolken unter 5.000 ft GND, kein Niederschlag, kein Gewitter, kein Nebel
b) Sicht 10 km oder mehr, keine Wolken unter 5.000 ft GND, kein Cb, kein Niederschlag, kein Gewitter, kein flacher Nebel, kein niedriges Schneefegen
c) Sicht 10 km oder mehr, Hauptwolkenuntergrenze nicht unter 5.000 ft MSL, kein Cb, kein Niederschlag, kein Donner hörbar, kein flacher Nebel oder niedriges Schneefegen
d) Sicht mehr als 10 km, keine Wolken unter 2.000 ft MSL, kein Cb, kein Gewitter, kein Niederschlag

288. Wie lautet die Definition für die Hauptwolkenuntergrenze (Ceiling)?
a) Eine Wolkendecke, die mindestens 4/8 des Himmels bedeckt
b) Die Untergrenze der niedrigsten Wolkenschicht über Grund oder Wasser, die mehr als die Hälfte des Himmels bedeckt und unterhalb von 6.000 Meter (20.000 Fuß) liegt
c) Eine Wolkendecke, die 4/8 oder mehr als die Hälfte des Himmels bedeckt, unter 20.000 ft MSL
d) Eine Wolkendecke von 4/8 oder mehr zwischen 2.000 und 20.000 ft GND

289. Die von einer Flugwetterwarte in ihrem METAR angegebene Sichtweite ist eine
a) Flugsicht
b) Schrägsicht
c) Vertikalsicht
d) Horizontale Sichtweite (Bodensicht)

290. In welchen zeitlichen Abständen werden METAR-Meldungen in der Regel abgegeben?
a) Stündlich
b) Halbstündlich
c) Alle 3 Stunden
d) Unregelmäßig

291. Wie sind in aktuellen Flugplatzwettermeldungen (METAR) Wolkenbasishöhen angegeben?
a) ft MSL
b) m MSL
c) m GND
d) ft GND

292. In welcher Antwort sind alle Wetterelemente aus der nachstehenden METAR-Meldung richtig wiedergegeben?
eddn 33013kt 9999 80RASH 1cb020 3cu025 13/09 1016 =
a) Wind aus 330°/13 km/h, Sicht 10 km, nach Regenschauer, 1/8 Cumulonimbus in 2.000 ft MSL, 3/8 Cumuli in 2.500 ft MSL, Temperatur 13° C, Taupunkt 0,9° C, QNH = 1016 hPa
b) Wind aus 330°/13 kt, Sicht 10 km oder mehr, Regenschauer, 1/8 Cumulonimbus in 2.000 ft GND, 3/8 Cumuli in 2.500 ft GND, Temperatur 13° C, Taupunkt 9° C, QNH = 1016 hPa
c) Wind aus 330°/13 m/s, Sicht 10 km nach Regenschauer, 1/8 Cumulonimbus in 2.000 ft, 3/8 Cumuli in 2500 ft, Taupunktdifferenz 4° C, QNH = 1016 hPa
d) Wind aus 330°/13 m/h, Sicht 9 km und mehr, Regenschauer, 1/8 Cumulonimbus in 2.000 ft GND, 3/8 Cumuli in 2.500 ft GND, Taupunktdifferenz 4° C, QNH = 1016 hPa

293. Welche Bedeutung hat die Angabe NOSIG in einer Landewettervorhersage? Keine
a) wesentliche Wetteränderung innerhalb der nächsten 2 Stunden
b) wesentliche Wetterveränderung innerhalb der nächsten Stunde
c) signifikante Änderung bis zur nächsten Ausgabe der Landewettervorhersage
d) Änderung aller in der Landewettervorhersage gemachten Angaben in den nächsten 2 Stunden

294. Was versteht man unter einem TAF?
a) Flugplatzwettervorhersage
b) Landewettervorhersage
c) Aktuelles Flugplatzwetter
d) Gefahrenmeldung

295. Ein Luftfahrzeugführer bekommt bei der Wetterberatung u. a. folgende schriftliche Meldung vorgelegt:
eddm 1904 VRB02kt 2000 10br 3st005 8sc020 tempo 1200 41bcfg 8st004 =
1. Um welche Meldung handelt es sich?
2. Welche Gültigkeitsdauer hat diese Meldung?
a) Landewettervorhersage 2 h
b) METAR 0,5 h
c) TAF 9 h
d) Trend 2 h

296. Was bedeutet im TAF die Änderungsgruppe GRADU?
a) Allmählicher Übergang von einem besseren/schlechteren in einen schlechteren/besseren Zustand
b) Zeitweilige Wetteränderung, die nicht länger andauert als 1 Stunde
c) Rascher Übergang innerhalb einer halben Stunde
d) Häufige, kurzzeitige Änderungen des Wetterzustandes

297. Was bedeutet im TAF die Änderungsgruppe RAPID?
a) Änderung, die häufiger eintritt als bei INTER
b) Übergang in weniger als zwei Stunden
c) Übergang in weniger als einer halben Stunde
d) Kurze zeitweilige Änderung innerhalb der nächsten 3 Stunden

298. Welche Bedeutung hat im TAF die Änderungsgruppe INTER?
a) Übergang in einen neuen Zustand wird unterbrochen
b) Änderungen des Grundzustandes kommen weniger häufig vor als mit TEMPO angezeigt
c) Übergang in einen anderen Grundzustand tritt innerhalb einer halben Stunde ein
d) Änderungen des Grundzustandes kommen kurzfristiger vor als mit TEMPO angezeigt

299. Die Angabe PROB 30, PROB 20 oder PROB 10 im TAF bedeutet
a) zeitweilige problematische Wetterentwicklung
b) voraussichtliche Änderung in 3, 2 oder 1 Stunde
c) Wahl der Änderungsgruppe ist unsicher
d) Wahrscheinlichkeit der Vorhersage in Prozent

300. Welche der Antworten enthält ausschließlich Änderungsgruppen, die den Grundzustand des TAF verändern?
a) GRADU RAPID
b) TEMPO INTER
c) PROB TEMPO
d) TEMPO RAPID

301. Welche der Antworten enthält ausschließlich Änderungsgruppen, die den Grundzustand des TAF nur unterbrechen, aber nicht auf Dauer verändern?
a) GRADU RAPID
b) GRADU TEMP
c) TEMPO INTER
d) TEMPO RAPID

302. Welcher Wetterzustand und welche Sicht werden in Nürnberg für 12 UTC vorhergesagt?
eddn 0716 22005kt 4000 61ra 5st004 7st008 gradu 0711 28010kt 9999 wx nil 5sc030 temp1316 5000 80rash 7cu015 prob30 95ts 5cb010 =
a) keine besondere Wettererscheinung, über 10 km
b) Gewitter, 5.000 m
c) Regen, 4.000 m
d) Schauer, 5.000 m

303. Welche Wolken sind nach 12 UTC in Frankfurt zu erwarten?
eddf 1019 06015kt 5000 10br 7sc035 tempo 2500 56 fzdz 3st010 7sc015 gradu 1012 3000 71sn 7sc025 =
a) 3st010
b) 7sc025
c) 3st010 7sc015
d) 7sc035

304. Mit welcher Sichtweite und mit welcher Wolkenuntergrenze muß man um 14 UTC in Innsbruck rechnen?
lowi 1019 08003kt 8000 5sc030 tempo 1013 5000 10br 3sc015 6sc020 gradu 1214 12012kt
a) 8.000 m, 3.000 ft
b) 8.000 m, 2.000 ft
c) 5.000 m, 2.500 ft
d) 5.000 m, 2.000 ft

305. Welcher Zeitraum wäre für eine Landung in Stuttgart am günstigsten?
edds 1019 vrb03kt 2500 10br 8st015 gradu 11113 8000 5sc020 gradu 1517 2000 10br skc =
a) 17 UTC - 19 UTC
b) 10 UTC - 11 UTC
c) 15 UTC - 17 UTC
d) 13 UTC - 15 UTC

306. Mit welcher niedrigsten Ceiling muß in Bremen nach 12 UTC gerechnet werden?

eddw 1019 20012kt 0600 58ra 5st001 8st003
gradu 1012 27015/25kt 9999 5sc015 tempo
5000 80rash 6cb010 =
a) 100 ft GND
b) 300 ft GND
c) 1.000 ft GND
d) 1.500 ft GND

307. Was ist unter der Bezeichnung VOLMET zu verstehen?
a) Dauernde Ausstrahlung von Flughafenwettermeldungen, die für Luftfahrzeuge in der Luft bestimmt sind
b) Flugplatzwettervorhersage eines Flughafens im MET-Code
c) Automatischer Flugwetteransagedienst
d) Wettervorhersage für ein Luftfahrzeug

308. Eine VHF-VOLMET-Sendung beinhaltet
a) Wetterinformationen, die über automatischen Anrufbeantworter abgerufen werden
b) aktuelle Flughafen-Wettermeldungen mit oder ohne Trend
c) METAR + Trend und TAF
d) Lande- und Startinformationen für Flughäfen über Funk

309. Wo findet man nähere Angaben über den Flugwetterdienst?
a) NOTAM
b) Luftverkehrs-Zulassungs-Ordnung (LuftVZO)
c) Luftfahrthandbuch, Band I, COM
d) Luftfahrthandbuch, Band I, MET

310. Für welchen der nachstehenden Flüge ist eine Wetterberatung nicht erforderlich?
a) Nachtflug
b) Schleppflug zu einem anderen Flugplatz
c) Flug in der Platzrunde
d) Überlandflug

311. Was ist unter dem AFWA/GAFOR-System zu verstehen?
a) Landewettervorhersage für Luftfahrzeuge
b) Dauernde Ausstrahlung von Flughafenwetterbeobachtungen, die für Luftfahrzeuge in der Luft bestimmt sind
c) Flupplatzwettervorhersage eines Flughafens
d) Flugwetterberatung über automatischen Anrufbeantworter für VFR-Flüge

312. Reicht ein einmaliger Abruf der automatischen Flugwetteransage (AFWA) für einen Hin- und Rückflug aus?
a) Jeder Abruf ist für den ganzen Tag gültig
b) Ja, wenn Hin- und Rückflug im Gültigkeitszeitraum erfolgen
c) Der Abruf muß lediglich innerhalb von 2 h vor dem Start erfolgen
d) Für den Rückflug muß auf jeden Fall erneut ein Bericht eingeholt werden

313. In welchen Zeitabständen werden die Flugwettervorhersagen im AFWA/ GAFOR-System erneuert?
a) 9 Stunden
b) 3 Stunden
c) 6 Stunden
d) 2 Stunden

314. Die automatische Flugwetteransage nach dem AFWA/GAFOR-System muß innerhalb welcher Zeit vor dem Start abgerufen sein?
a) 1 Stunde
b) 4 Stunden
c) 6 Stunden
d) 2 Stunden

315. Welches ist bei der GAFOR-Einstufung die richtige Reihenfolge von der größten Beeinträchtigung zur gefahrlosen Situation?
a) MIKE, DELTA, X-RAY, OSCAR, CHARLY
b) CHARLY, OSCAR, DELTA, MIKE, X-RAY
c) X-RAY, MIKE, DELTA, OSCAR, CHARLY
d) DELTA, CHARLY, X-RAY, MIKE, OSCAR

316. Was geschieht, wenn es zwischen zwei planmäßigen Aufsprachen der Automatischen Flugwetteransage (AFWA) zu einer unvorhergesehenen Wetterverschlechterung kommt? Es
a) wird nötigenfalls der gesamte Bericht neu erstellt und aufgesprochen
b) wird lediglich ein neuer Bericht an das benachbarte Ausland gegeben
c) wird lediglich ein zusätzlicher Hinweis auf das Band gesprochen
d) darf nichts unternommen werden

317. Was bedeutet bei der GAFOR-Einstufung der Buchstabe O (OSCAR)?
a) Horizontale Sichtweite am Boden 8 km und

mehr und keine Wolkenuntergrenze (4/8 oder mehr) unter 2.000 ft über der jeweiligen Bezugshöhe
b) Horizontale Sichtweite mehr als 8 km und/oder Wolkenuntergrenze mehr als 1.000 ft über der jeweiligen Bezugshöhe
c) Horizontale Sichtweite 5 bis 8 km und/oder Wolkenuntergrenze 1.000 bis 2.000 ft über der jeweiligen Bezugshöhe
d) Horizontale Sichtweite mehr als 5 km und/oder Wolkenuntergrenze mehr als 3.000 ft über der jeweiligen Bezugshöhe

318. Was bedeutet bei der GAFOR-Einstufung der Buchstabe D (DELTA)?
a) Horizontale Sichtweite am Boden 8 km und/oder Wolkenuntergrenze über 2.000 ft über der jeweiligen Bezugshöhe
b) Horizontale Sichtweite am Boden weniger als 8 km, mindestens jedoch 3 km und/oder Wolkenuntergrenze (4/8 oder mehr) unter 2.000 ft, jedoch nicht unter 1.000 ft über der jeweiligen Bezugshöhe
c) Horizontale Sichtweite 1,5 bis 3 km und/oder Wolkenuntergrenze mehr als 500 ft, jedoch weniger als 1.000 ft über der jeweiligen Bezugshöhe
d) Horizontale Sichtweite 1,5 km, Wolkenuntergrenze unter 500 ft, jedoch keine Niederschläge in den nächsten 2 Stunden, Vereisung möglich

319. Was bedeutet bei der GAFOR-Einstufung der Buchstabe M (MIKE)?
a) Horizontale Sichtweite am Boden weniger als 3 km, mindestens 1,5 km und/ oder Wolkenuntergrenze (4/8 oder mehr) unter 1.000 ft, jedoch nicht unter 500 ft über der jeweiligen Bezugshöhe
b) Horizontale Sichtweite weniger als 3 km, mindestens 1,5 km und/oder Wolkenuntergrenze unter 2.000 ft, jedoch nicht unter 1.000 ft über der jeweiligen Bezugshöhe
c) Horizontale Sichtweite weniger als 1,5 km und/oder Wolkenuntergrenze unter 1.000 ft, jedoch nicht unter 500 ft über der jeweiligen Bezugshöhe
d) Horizontale Sichtweite weniger als 1,5 km und/oder Wolkenuntergrenze unter 500 ft über der jeweiligen Bezugshöhe

320. Was bedeutet bei der GAFOR-Einstufung der Buchstabe C (CHARLY)?
a) Horizontale Sichtweite am Boden weniger als 5 km und/oder Wolkenuntergrenze (4/8 oder mehr) zwischen 1.000 und 2.000 ft über der jeweiligen Bezugshöhe
b) Horizontale Sichtweite am Boden 10 km oder mehr und keine Wolken mit einem Bedeckungsgrad von 4/8 oder mehr unter 5.000 ft über der jeweiligen Bezugshöhe
c) Horizontale Sichtweite am Boden weniger als 1,5 km und/oder Wolkenuntergrenze (4/8 oder mehr) unter 500 ft über der jeweiligen Bezugshöhe
d) Horizontale Sichtweite weniger als 3 km, mindestens 1,5 km und/oder Wolkenuntergrenze unter 2.000 ft, jedoch nicht unter 1.000 ft über der jeweiligen Bezugshöhe

321. Was bedeutet bei der GAFOR-Einstufung der Buchstabe X (X-RAY)?
a) Horizontale Sichtweite am Boden weniger als 1,5 km und/oder Wolkenuntergrenze 1.000 ft über der jeweiligen Bezugshöhe
b) Horizontale Sichtweite am Boden 1,5 bis 2 km und/oder Wolkenuntergrenze 500 ft über der jeweiligen Bezugshöhe
c) Horizontale Sichtweite am Boden 1,5 km und/oder Wolkenuntergrenze 800 ft über der jeweiligen Bezugshöhe
d) Horizontale Sichtweite am Boden weniger als 1,5 km und/oder Wolkenuntergrenze (4/8 oder mehr) unter 500 ft über der jeweiligen Bezugshöhe

322. In einem GAFOR-Gebiet liegen die Wolkenuntergrenzen überwiegend bei 3.000 ft GND. Es herrscht eine Sicht von 2.000 m. Wie ist das Gebiet nach GAFOR einzustufen?
a) OSCAR
b) DELTA
c) MIKE
d) X-Ray

323. Die Höhenangaben der Wolkenuntergrenzen in einer Bodenwetterkarte basieren auf
a) GND
b) MSL
c) der 1000 hPa-Fläche
d) der mittleren Höhe des betreffenden Gebietes

324. Was bedeutet bei der GAFOR-Einstufung MIKE und DELTA eine zusätzlich angegebene Ziffer hinter M bzw. D?
a) Damit wird die Zeit der Gültigkeit in Stunden angegeben
b) Zusatzinformation über den vorherrschenden Wetterzustand
c) Die Ziffer gibt an, ob die Einstufung aufgrund der Sichtweite, der Wolkenuntergrenze über der jeweiligen Gebietsbezugshöhe oder wegen beider Kriterien vorgenommen wurde
d) Die Ziffer gibt an, ob die Einstufung aufgrund der Sichtweite, der Wolkenuntergrenze über GND oder wegen beider Kriterien vorgenommen wurde

325. Was versteht man unter dem Begriff „Bezugshöhe" im AFWA/GAFOR- System?
a) Das generelle Referenzniveau in der BRD für die Einstufung der Wolkenuntergrenze
b) Die für jedes Gebiet festgelegte Höhe, auf die sich die Wolkenuntergrenze bei der GAFOR-Einstufung bezieht
c) Die Höhe der Wolkenuntergrenze über MSL
d) Die Höhe der Wolkenuntergrenze über GND

326. Welche Bedeutung haben folgende Symbole

a) Leichte Turbulenz, mäßige Vereisung
b) Mäßige Vereisung, mäßige Turbulenz
c) Mäßige Turbulenz, schwere Vereisung
d) Mäßige Vereisung, schwere Turbulenz

327. Wie wird auf den Vorhersagekarten für den Bereich Europa/Mittelmeer (EUM) der 850 hPa-Fläche der Höhenwind in Richtung und Geschwindigkeit dargestellt? Durch
a) Windpfeile (mit Schaft und Fiederung)
b) Isohypsen und Isotachen
c) Isobaren und Windpfeile
d) Isohypsenrichtung und Fiederung

328. Was bedeutet die Bewölkungsmengenangabe BKN (broken)?
a) Der Himmel ist ganz mit Wolken bedeckt
b) Der Bedeckungsgrad schwankt zwischen 5/8 und 7/8
c) Die Bewölkungsmenge schwankt zwischen bedeckt und heiter
d) Der sonst blaue Himmel ist mit wenigen Wolken erfüllt

329. Welche Bedeutung hat die Bewölkungsabkürzung OVC (overcast)?
a) Über den Wolken
b) Wolkig
c) Bedeckt
d) Heiter

330. Welche Bedeutung hat die Bewölkungsabkürzung SCT (scattered)?
a) Der Himmel ist bedeckt
b) Der Bedeckungsgrad schwankt zwischen 5/8 und 7/8
c) Der Bedeckungsgrad schwankt zwischen 1/8 und 4/8
d) Es ist wolkenlos

Lösungen

1 b)	44 d)	87 b)	130 b)	173 a)	216 b)	259 c)	302 a)
2 d)	45 c)	88 d)	131 d)	174 d)	217 d)	260 a)	303 b)
3 c)	46 d)	89 a)	132 c)	175 d)	218 b)	261 d)	304 a)
4 d)	47 b)	90 d)	133 a)	176 b)	219 a)	262 c)	305 d)
5 c)	48 a)	91 d)	134 b)	177 d)	220 a)	263 a)	306 c)
6 a)	49 a)	92 d)	135 c)	178 d)	221 b)	264 d)	307 a)
7 a)	50 a)	93 a)	136 c)	179 d)	222 c)	265 b)	308 b)
8 b)	51 b)	94 a)	137 c)	180 a)	223 d)	266 d)	309 d)
9 b)	52 d)	95 c)	138 d)	181 b)	224 b)	267 b)	310 c)
10 c)	53 b)	96 a)	139 d)	182 d)	225 b)	268 a)	311 d)
11 a)	54 a)	97 a)	140 a)	183 b)	226 d)	269 c)	312 d)
12 a)	55 d)	98 d)	141 a)	184 c)	227 c)	270 b)	313 b)
13 d)	56 d)	99 b)	142 a)	185 d)	228 b)	271 d)	314 a)
14 d)	57 d)	100 c)	143 c)	186 a)	229 a)	272 b)	315 c)
15 d)	58 a)	101 d)	144 c)	187 d)	230 b)	273 a)	316 a)
16 c)	59 c)	102 b)	145 d)	188 b)	231 a)	274 c)	317 a)
17 c)	60 b)	103 d)	146 a)	189 b)	232 a)	275 b)	318 b)
18 b)	61 c)	104 c)	147 c)	190 d)	233 a)	276 b)	319 a)
19 a)	62 d)	105 d)	148 b)	191 d)	234 b)	277 d)	320 b)
20 d)	63 a)	106 b)	149 c)	192 d)	235 b)	278 d)	321 d)
21 d)	64 c)	107 a)	150 a)	193 d)	236 c)	279 b)	322 c)
22 d)	65 b)	108 b)	151 d)	194 c)	237 c)	280 d)	323 a)
23 a)	66 b)	109 d)	152 a)	195 a)	238 b)	281 c)	324 c)
24 a)	67 d)	110 d)	153 b)	196 a)	239 b)	282 a)	325 b)
25 b)	68 d)	111 c)	154 b)	197 a)	240 b)	283 c)	326 d)
26 b)	69 d)	112 a)	155 c)	198 d)	241 b)	284 d)	327 a)
27 c)	70 a)	113 c)	156 d)	199 a)	242 a)	285 b)	328 b)
28 b)	71 c)	114 b)	157 c)	200 d)	243 d)	286 a)	329 c)
29 d)	72 a)	115 b)	158 b)	201 a)	244 b)	287 b)	330 c)
30 d)	73 b)	116 d)	159 a)	202 c)	245 d)	288 b)	
31 b)	74 b)	117 d)	160 c)	203 c)	246 b)	289 d)	
32 c)	75 d)	118 a)	161 d)	204 c)	247 b)	290 b)	
33 d)	76 c)	119 d)	162 c)	205 b)	248 d)	291 d)	
34 a)	77 c)	120 d)	163 b)	206 a)	249 b)	292 b)	
35 a)	78 c)	121 a)	164 b)	207 c)	250 c)	293 a)	
36 c)	79 d)	122 d)	165 d)	208 b)	251 d)	294 a)	
37 b)	80 b)	123 d)	166 d)	209 c)	252 b)	295 c)	
38 b)	81 c)	124 c)	167 b)	210 b)	253 d)	296 a)	
39 d)	82 d)	125 a)	168 c)	211 d)	254 b)	297 c)	
40 a)	83 b)	126 c)	169 b)	212 a)	255 d)	298 d)	
41 c)	84 c)	127 b)	170 a)	213 d)	256 a)	299 d)	
42 a)	85 d)	128 b)	171 a)	214 c)	257 b)	300 a)	
43 c)	86 a)	129 d)	172 c)	215 d)	258 b)	301 c)	

Abkürzungsverzeichnis

°C > Degrees Celsius (Centigrade) > Celsius-Grade
°F > Degrees Fahrenheit > Fahrenheit-Grade
AAL > Above Aerodrome Level > Über Flugplatzhöhe
Ac > Altocumulus
ACFT > Aircraft > Luftfahrzeug
ACT > Activated > Aktiviert, in Betrieb
AD > Aerodrome > Flughafen
ADJ > Adjacent > In Wolkennähe
AFIS > Aerodrome Flight Information Service > Flugplatz-Fluginformationsdienst
AFWA > Automatic Flight Weather Advisory > Automatische Flugwetteransage
AGL > Above Ground Level > Über Grund
AIC > Aeronautical Information Circular > Luftfahrtinformationsblatt
AIP > Aeronautical Information Publication > Luftfahrthandbuch
AIREP > Air Report > Flugmeldung
AIS > Aeronautical Information Service > Flugberatungsdienst
ALS > Approach Light System > Anflugbefeuerungssystem
ALT > Altitude > Höhe über Meer
ALTN > Alternate Aerodrome > Ausweichflugplatz
AMD > Amend or amended > Ändern, geändert
AMSL > Above Mean Sea Level > Über mittlerer Meereshöhe
AOC > Aerodrome Obstruction Chart > Flugplatzhinderniskarte
APP > Approach > Landeanflug
APR > Apron > Vorfeld
ARFOR > Area Forecast > Gebiets-Wettervorhersage
ARP > Aerodrome Reference Point > Flugplatzbezugspunkt
As > Altostratus
ASC > Ascending to > aufsteigend bis
ASR > Altimeter Setting Region > Gebiet mit einheitlich festgelegtem Luftdruckwert für die Höhenmessereinstellung
ATA > Actual Time of Arrival > Tatsächliche Ankunftszeit
ATC > Air Traffic Control > Flugverkehrskontrolle
ATD > Actual Time of Departure > Tatsächliche Abflugzeit
ATIS > Automatic Terminal Information Service > Automatische Ausstrahlung von Start- und Landeinformationen
atm > Tyre Pressure > Reifendruck

BA > Braking Action > Bremswirkung
BASE > Base of Clouds > Wolkenuntergrenze (Bestimmung z.B. Cumuli bei Sonne am Aufstiegsort der thermischen Konvektion: Spread x 400)
BCMT > Beginning of Civil Morning Twilight > Beginn der bürgerlichen Morgendämmerung
BCN > Beacon > Leuchtfeuer
BECMG > Becoming > Änderung innerhalb des Zeitraums GG G_eG_e (Verwendung in TAF)
BKN > Broken > Aufgerissen (5/8-7/8)
BLO > Below Clouds > Unterhalb von Wolken
BLW > Below > Unter
BTN > Between > Zwischen

CAT > Clear Air Turbulence > Turbulenz in wolkenfreier Luft
CAVOK > Clouds And Visibility OK > Sicht, Wolken und gegenwärtiges Wetter besser als die vorgeschriebenen Werte oder Bedingungen
Cb > Cumulonimbus
Cc > Cirrocumulus
Chart > Karte
Ci > Cirrus
CLD > Clouds > Wolken
CLSD > Closed > Geschlossen
CNS > Continuous > Zusammenhängend (8/8)
COM > Communications > Fernmeldewesen
COT > Coast > Über/entlang der Küste
COV > Cover, Covered, Covering > Decke, bedeckt, bedeckend
Crosswind > Gegenwind
Cs > Cirrostratus
Cu > Cumulus

CUF > Cumuliform > Cumulusförmig
CVFR > Controlled VFR Flight > Kontrollierter Sichtflug

DEG > Degrees > Grad
DEP > Departure > Abflug
DEST > Destination > Zielflughafen
Dewpoint > Taupunkt > Temperatur, auf die sich die Luft abkühlen muß, damit der in ihr enthaltene Wasserdampf zu kondensieren beginnt
DFS > Deutsche Flugsicherung GmbH
DLA > Delayed > Verspätet
DNG > Danger > Gefahr, gefährlich
DWD > Deutscher Wetterdienst

E > East > Ost
EAT > Expected Approach Time > Voraussichtliche Anflugzeit
ECET > End of Civil Evening Twilight > Ende der bürgerlichen Abenddämmerung
ELEV > Elevation > Ortshöhe über Meer
EM > Emission > Ausstrahlung
EMBD > Embedded > Eingelagert, eingebettet
ENE > East-North-East > Ost-Nord-Ost
ENRT > Enroute > Unterwegs
ESE > East-South-East > Ost-Süd-Ost
ETA > Estimated Time of Arrival > Voraussichtliche Ankunftszeit
ETD > Estimated Time of Departure > Voraussichtliche Abflugzeit
EXC > Except > Ausgenommen
EXP > Expected > Erwartet
EXTD > Extend, Extending > Ausdehnen, Erstrecken

FBL > Light (Faible) > Schwach
Fc > Fractocumulus
FCST > Forecast > Wettervorhersage
FFW > Flugwetterwarte
FL > Flight Level > Flugfläche
FMGG > From > Neuer Wetterzustand nach Zeitpunkt GG (Verwendung in TAF)
FPM > Feet Per Minute > Fuß pro Minute
FREQ > Frequency > Frequenz
FRQ > Frequent > Häufig

Fs > Fractostratus
FT, ft > Feet > Fuß (0,3048 m)

GAFOR > General Aviation Forecast > Flugwettervorhersage für die Allgemeine Luftfahrt
GEN > General > Allgemeines
GEO > Geographic > Geografisch, rechtweisend
GMT > Greenwich Mean Time > UTC > Universal Time Coordinated > Mittlere Greenwich-Zeit
GND > Ground > Grund, Boden, Rollkontrolle
GRADU > Gradual, gradually > Allmählich, stufenweise

HGT > Height > Höhe
HJ > Sunrise to Sunset (SR-SS) > Sonnenaufgang bis Sonnenuntergang
HN > Sunset to Sunrise (SS-SR) > Sonnenuntergang bis Sonnenaufgang
hPa > Hectopascal > Hektopascal

IAO > In and Out > Wechselnd in und aus den Wolken
IAS > Indicated Air Speed > Angezeigte Fluggeschwindigkeit
ICAO > International Civil Aviation Organization > Internationale Organisation der Zivilluftfahrt
ID > Identifier, identify > Kennung, erkennen
IFR > Instrument Flight Rules > Instrumentenflugregeln
ILS > Instrument Landing System > Instrumenten-Landesystem,
IMC > Instrument Meteorological Conditions > Instrumentenflug-Wetterbedingungen
INT > Intersection > Kreuzung (Rollbahnen, S/L-Bahnen)
IR > Infrared > Infrarot, z.B. bei Satellitenbildern
ISOL > Isolated > Isoliert

KM > Kilometres > Kilometer
KMH > Kilometres per Hour > Kilometer pro Stunde > km/h
KT, kt > Knot > Knoten (1,853 km)

L > Left > Links, z.B. RWY 09L > S/L-Bahn 09 Links
LAN > Land > Über dem Land/Festland
LAT > Latitude > Geografische Breite
LBA > Luftfahrtbundesamt
LBZ > Luftfahrtberatungszentrum des Deutschen Wetterdienstes
LDA > Landing Distance Available > Verfügbare Landestrecke
LDG > Landing > Landung
LOC > Locally > Örtlich
LON(G) > Longitude > Geografische Länge
LT > Local Time > Mittlere Ortszeit
LTD > Limited > Begrenzt
LYR > Layer > Schichten

m > metres > Meter
MAG > Magnetic > Mißweisend
MAP > Aeronautical MAPs and Charts > Luftfahrtkarten
MAR > Maritime > Über dem Meer
MAX > Maximum
mb > Millibar > Millibar
MET > Meteorological > Wetter...
METAR > Meteorological Aerodrome Routine Report > Planmäßige Flugwettermeldung
MIN > Minute
MMO > Main Meteorological Office > Hauptflugwetterwarte
MNM > Minimum
MOD > Moderate > Mäßig
MON > Mountain > Über dem Gebirge, über Bergen
MOTNE > Meteorological Operational Telecommunications Network Europe > Europäisches Flugwetter-Fernmeldenetz
MPH > Miles Per Hour > Land-Meilen (1,609 km) pro Stunde
MPS > Metres Per Second > Meter pro Sekunde
MS > Minus
MSL > Mean Sea Level > Mittlere Meereshöhe
MTW > Mountain Waves > Leewellen in den Bergen
MWO > Meteorological Watch Office > Flugwetter-Überwachungsstelle

N > North > Nord
N/A > Not Available > Nicht verfügbar
NAV > Navigation
NC > In Clouds > In Wolken
NE > North-East > Nord-Ost
NfL > Nachrichten für Luftfahrer
NGT > Night > Nacht
NM > Nautical Mile > Nautische Meile (1,852 km)
NML > Normal > Normal
NNE > North-North-East > Nord-Nord-Ost
NNW > North-North-West > Nord-Nord-West
NOSIG > NO SIGnificant Change > Keine bedeutende Veränderung (bei Landewetter-Vorhersage)
NOTAM > Notice to Airmen > Nachrichten für Luftfahrer
Ns > Nimbostratus
NSC > No Siginicicant Clouds > Keine signifikante Bewölkung
NSW > No Significant Weather > Keine sugnifikanten Wettererscheinungen
NW > North-West > Nord-West

O/R > On Request > Auf Anforderung
OCNL > Occasional > Gelegentlich
OP HR > Opening Hours > Betriebszeiten
OPMET > Operational Meteorological Information > Flugmeteorologische Daten
OPS > Operations > Betrieb
OTP > On Top > Über den Wolken
OVC > Overcast > Bedeckt (8/8)

PERM > Permanent > Dauernd
PROB > Probability > Wahrscheinlichkeit

QDM > Magnetic Heading > Mißweisender Steuerkurs
QDR > Magnetic Bearing > Mißweisende Peilung
QFE > Atmospheric Pressure at Aerodrome Elevation > Der auf Stationshöhe herrschende Luftdruck
QFF > Atmospheric Pressure reduced to Sea Level > Der auf Meereshöhe reduzierte Luftdruck

QFU > Magnetic Orientation of Runway > Mißweisende Richtung der Start-/Landebahn
QNE > Altimeter subscale set to 1.013,2 hPa > Höhenmessereinstellung auf 1.013,2 hPa
QNH > Altimeter subscale setting to obtain elevation when on ground > Höhenmessereinstellung, um bei der Landung die Flugplatzhöhe zu erhalten
QTE > True Bearing > Rechtweisende Peilung

R > Right > Rechts, z.B. RWY 09R > S/L-Bahn 09 Rechts
RAD > Radar
RVR > Runway Visual Range > Start-/Landebahnsicht
RWY > Runway > Start-/Landebahn (S/L-Bahn)
RZ > Regionalzentrum des Deutschen Wetterdienstes mit flugmeteorologischer Betreuung

S > South > Süd
Sc > Stratocumulus
SCT > Scattered > Verstreut, vereinzelt (1/8-4/8)
SE > South-East > Süd-Ost
SEC > Seconds > Sekunden
SEV > Severe > Stark
SFC > Surface > Oberfläche (Grund oder Wasser)
SIGMET > Informationen über SIGnifikante METeorologische Erscheinungen auf der Strecke, die die Sicherheit des Flugbetriebs beeinträchtigen können
SKC > Sky Clear > Klarer Himmel
SL > Sea Level > Wasser-Oberfläche, Meeres-Oberfläche
SNOWTAM > Spezielles NOTAM über das Vorhandensein oder die Beseitigung gefährlicher Zustände, verursacht durch Schnee, Eis, Schneematsch oder stehendes Wasser in Verbindung mit Schnee, Schneematsch und Eis auf den Flugplatz-Bewegungsflächen.
SPECI > Aviation Selected Special Weather Report > Ausgewählte Sonderwettermeldung für die Luftfahrt
SPECIAL > Special Meteorological Report > Sonderwettermeldung

SR > Sunrise > Sonnenuntergang
SS > Sunset > Sonnenuntergang
SSE > South-South-East > Süd-Süd-Ost
SSW > South-South-West > Süd-Süd-West
St > Stratus
Standard Atmosphere > Standardatmosphäre > Basisdruck in Meereshöhe 1.013,2 hPa, Temperatur in Meereshöhe +15° C, vertikaler Temperatur-Gradient bis in 11.000 m Höhe 0,65° C pro 100 m, konstante Temperatur von 11.000 bis 20.000 m, relative Feuchtigkeit 0% (Luft ist trocken)
STBY > Stand-By > Bereitschaft
STD > Standard (Altimeter Setting) > Standard (Höhenmessereinstellung)
STF > Stratiform > Stratusförmig
STOL > Short Take-Off and Landing > Kurzstart und Kurzlandung
SVFR > Special VFR > Sonder VFR
SW > South-West > Süd-West
SWC > Significant Weather Chart > Karte markanter Wettererscheinungen
SYNOP > Synoptische Beobachtungen, Grundlage zur Erstellung der Wetterkarten

T > Temperature > Temperatur
TAF > Terminal Aerodrome Forecast > Flughafen-Wettervorhersage
TAS > True Air Speed
TEMPO > Temporarily > Zeitweilig
Terminal > Abfertigungsgebäude
THR > Threshold > Schwelle
TODA > Take Off Distance Available > Verfügbare Startstrecke
TOP > Cloud Top > Wolkenobergrenze
TORA > Take Off Run Available > Verfügbare Startlaufstrecke
Touch Down Point > Aufsetzpunkt des Flugzeuges
Tower > Kontrollturm
TREND / GRADU > Gradually > Allmähliche Änderung (mehr als 1/2 Stunde)
TREND / INTER > Intermittent > Häufige, kurzfristige Änderung
TREND / PROB % > Probability % > Wahrscheinlichkeitsgrad in % eines in der TAF-

Meldung enthaltenen Wetterelements
TREND / RAPID > Rapid > Schnelle Änderung (innerhalb von max. 1/2 Stunde)
TREND / TEMPO > Temporary > Zeitweise Änderung (max. 1 Stunde)
TREND > Landewettervorhersage mit den folgenden Angaben:
TURB > Turbulence > Böigkeit, Turbulenz
TWR > Tower > Kontrollturm
TWY > Taxiway > Rollbahn, Rollweg

UTC > Universal Time Coordinated > Koordinierte Weltzeit (= GMT)

VAL > Visual Approach and Landing Chart > Sichtanflug- und Landekarte
VFR > Visual Flight Rules > Sichtflugregeln
VIS > Visibility > Sicht; VIS wird auch verwendet bei Satellitenbildern zur Unterscheidung von IR-Bildern
VMC > Visual Meteorological Conditions > Sichtwetterbedingungen
VOLMET > Meteorological Information for Aircraft in Flight > Wetterinformationen für Luftfahrzeuge im Fluge
VRB > Vaiable > Veränderlich
VSA > Visual Reference to the Ground > Erdsicht
VSP > Vertical Speed > Vertikalgeschwindigkeit

W > West
WDI > Wind Direction Indicator > Windgeschwindigkeitsanzeiger
WNW > West-North-West > West-Nord-West
WSW > West-South-West > West-Süd-West
WX > Weather > Wetter

XS > Atmospherics, Atmospheric Distortions > Atmosphärische Störungen
XX... > Heavy (used to qualify weather phenomena such as rain, e.g. heavy rain = XXRA) > Stark, schwer (zur Bezeichnung von Wettererscheinungen wie z.B. starker Regen = XXRA)
Z > Zulu-Time > Zulu-Zeit (= UTC, GMT)

Anschriften

Hier finden Sie die Telefonnummern der Flugwetterwarten und Luftfahrtberatungszentralen Deutschlands für die individuelle Flugwetterberatung, Telefaxnummern zum automatischen Speicherabruf (Fax-Polling) für IFR- und VFR-Piloten sowie die Rufnummern der automatischen Flugwetteransage (AFWA/GAFOR).

Luftfahrtberatungszentrale Berlin
Vorwahl: 030
Flugwetterberatung: 69008350, 69008352
Telefax IFR: 69008393
Telefax VFR: 69008392, 96008394
AFWA/GAFOR: 19725

Flugwetterwarte Bremen
Vorwahl: 0421
Flugwetterberatung: 5372170
Telefax VFR: 5372174
AFWA/GAFOR: 19704

Flugwetterwarte Dresden
Vorwahl: 0351
Flugwetterberatung: 782722, 782723
Telefax IFR: 75563
Telefax VFR: 75550

Luftfahrtberatungszentrale Düsseldorf
Vorwahl: 0211
Flugwetterberatung: 424140, 4216269
Telefax IFR: 419515
Telefax VFR Segelflieger: 4791117
Telefax VFR Ballonfahrer: 412523
AFWA/GAFOR: 19721

Luftfahrtberatungszentrale Offenbach
Vorwahl: 069
Flugwetterberatung: 80622615, 80622616
Telefax IFR: 823453, 823454
Telefax VFR: 821769
Telefax VFR Segelflieger: 814153, 887230
AFWA/GAFOR: 19737

Luftfahrtberatungszentrale Hamburg
Vorwahl: 040
Flugwetterberatung: 50050444, 50050454
Telefax IFR: 50050412, 50050413
Telefax VFR: 50050414
AFWA/GAFOR: 19713

Flugwetterwarte Hannover
Vorwahl: 0511
Flugwetterberatung: 9739624
Telefax IFR: 9735849
Telefax VFR: 9735848
AFWA/GAFOR: 19710

Flugwetterwarte Köln/Bonn
Vorwahl: 02203
Flugwetterberatung: 402247, 402248
Telefax IFR: 54156
Telefax VFR: 591549
AFWA/GAFOR: 19702

Luftfahrtberatungszentrale Leipzig
Vorwahl: 0341
Flugwetterberatung: 8664113
Telefax IFR: 2241866
Telefax VFR: 2241865

Luftfahrtberatungszentrale München
Vorwahl: 089
Flugwetterberatung: 9785317
Telefax IFR: 9701819, 9702726
Telefax VFR: 9701818
Telefax VFR Ballonfahrer: 9701521
AFWA/GAFOR: 19706

Flugwetterwarte Münster/Osnabrück
Vorwahl: 02571
Flugwetterberatung: 91183
Telefax IFR: 91168
Telefax VFR: 91251
AFWA/GAFOR: 19702

Flugwetterwarte Nürnberg
Vorwahl: 0911
Flugwetterberatung: 3651680
Telefax IFR: 3650543
Telefax VFR: 3650545
AFWA/GAFOR: 19708

Flugwetterwarte Saarbrücken
Vorwahl: 06893
Flugwetterberatung: 4650

Luftfahrtberatungszentrale Stuttgart
Vorwahl: 0711
Flugwetterberatung: 9484338
Telefax IFR: 795926
Telefax VFR: 9484384
AFWA/GAFOR: 227964

Literaturverzeichnis

Bachmann, Peter:
Wetterhandbuch für Piloten
Motorbuch Verlag, Stuttgart 1978

Baur, Franz:
Langfristige Witterungsvorhersagen
Wiss. Verlagsgesellschaft, Stuttgart 1972

Eichenberger, Willy:
Flugwetterkunde
Motorbuch Verlag, Stuttgart 1995

Eynem, Peter von:
Das Wetter im Gebirge
Nymphenburger Verlagshandlung,
München 1976

Fischer, Burkhard:
Meteorologie - Alle Fragen gut erklärt
Franzen Verlag, Bad Oeynhausen 1994

Fortak, Heinz:
Meteorologie
Habel Verlagsbuchhandlung, Darmstadt
1971

Frick, Martin:
Wetterkunde
Hallwag, Bern 1979

Krauß, Meldau:
Wetter und Meereskunde für Seefahrer
Springer, Berlin 1973

Kühr, Wolfgang:
Grundlagen der Flugwetterkunde
Schiffmann Verlag, Bergisch Gladbach
1995

Nosari, Jacques:
Sonne, Wind und Regen
Ullstein, Frankfurt 1979

P.M. Perspektive:
Wetter und Mensch
Gruner + Jahr, München 1992

Reuter, Heinz:
Die Wettervorhersage
Springer, Wien - New York 1976

Roth, Günter:
Wetterkunde für alle
BLV, München 1977

Scharnow, Berth, Keller:
Wetterkunde
Transpress, Berlin 1982

Schneider, Adolf:
Wetter und Bergsteigen
Verlag Rother, München 1977

Schöpfer, Siegfried:
Wie wird das Wetter?
Kosmos, Stuttgart 1980

Scorer, Richard:
Clouds of the world
Lothian Publishing, Melbourne 1972

Stein, Walter:
Wetterkunde
Klasing, Bielefeld 1980

Thompson, O´Brien:
Das Wetter
Rowohlt, Reinbek 1970

Watts, Alan:
Wolken und Wetter
Delius + Klasing, Bielefeld 1977

Der Autor

Peter Bachmann (Jahrgang 1942) studierte nach dem Abitur Wirtschaftswissenschaften an der J.W.v.-Goethe-Universität in Frankfurt. Nach dem Studium war er fünf Jahre lang Geschäftsführer in drei großen deutschen Verlagen, bevor er 1975 einen eigenen Verlag und ein betriebswirtschaftliches Beratungsbüro gründete. Bis heute sind in diesem Verlag weit über 100 Publikationen, vorwiegend über Luftfahrt-Themen, erschienen. Daneben werden seit 1975 im Beratungsbereich des Verlages Wirtschaftlichkeitsanalysen über den Einsatz von ein- und zweimotorigen Privat- und Geschäftsreiseflugzeugen erstellt.

Neben diesem Know-How über die betriebswirtschaftlichen Aspekte in der Luftfahrt stehen die praktischen Erfahrungen aus rund 3.500 VFR- und IFR-Flugstunden als Pilot-In-Command und Co-Pilot seit 1973. Vor diesem Hintergrund ist das vorliegende Handbuch entstanden.

Bisherige Veröffentlichungen im Motorbuch Verlag, Stuttgart:

Einmotorige Flugzeuge
Bilder, Daten, Kosten (1976 und 1978)

Ein- und zweimotorige Flugzeuge
Bilder, Daten, Kosten (1980, 1991, 1993)

Flugzeuginstrumente
*Vom Sportflugzeug zum Airbus
Typen, Technik, Funktion (1992)*

Handbuch der Satelliten-Navigation
*GPS (Global Positioning System) Technik
Geräte - Anwendung (1993)*

Luftfahrtberufe
Voraussetzungen - Ausbildung - Perspektiven (1994)

Internationale Flughäfen Europas
Pläne - Daten - Fakten (1995)

Privatpiloten-Bibliothek, Band 6
Wetter (1996)

[Ihr schneller Start zum aktuellen Flugwetter.]

Wetter im Sekundentakt METARs, TAFs, Wetterkarten, Satelliten- und Radarbilder. Alles was Sie brauchen ist ein PC, ein Modem und unsere Software! Wir senden Ihnen gerne Informationsmaterial: Tel. 069 / 80 62-26 95, Fax 80 62-2014.

Deutscher Wetterdienst